"十四五"职业教育国家规划教材

"十三五"职业教育国家规划教材

"十二五"职业教育国家规划教材
经全国职业教育教材审定委员会审定

21世纪会计专业主干课程教材

Financial Laws and Regulations

财经法规

第七版

王辉 程思 主编

东北财经大学出版社
Dongbei University of Finance & Economics Press
大连

图书在版编目（CIP）数据

财经法规 / 王辉，程思主编．—7版．—大连：东北财经大学出版社，2021.8（2023.8重印）
（21世纪会计专业主干课程教材）
ISBN 978-7-5654-4201-8

Ⅰ．财… Ⅱ．①王… ②程… Ⅲ．①财政法-中国-高等职业教育-教材 ②经济法-中国-高等职业教育-教材 Ⅳ．D922.2

中国版本图书馆CIP数据核字（2021）第089660号

东北财经大学出版社出版
（大连市黑石礁尖山街217号 邮政编码 116025）
网 址：http：//www.dufep.cn
读者信箱：dufep@dufe.edu.cn

大连永盛印业有限公司印刷 东北财经大学出版社发行

幅面尺寸：185mm×260mm 字数：357千字 印张：15.25
2021年8月第7版 2023年8月第4次印刷

责任编辑：包利华 责任校对：张爱华
封面设计：冀贵收 版式设计：钟福建

定价：42.00元

教学支持 售后服务 联系电话：（0411）84710309

如有印装质量问题，请联系营销部：（0411）84710711

第七版前言

党的二十大报告将“坚持以人民为中心的发展思想”，推进中国式法治现代化。中国式法治现代化坚持把人民主体地位贯彻到立法、执法、司法、守法全过程，探索全过程人民民主的法治运行模式，让人民群众成为法治的深度参与者。作为参与者，其前提是学法、知法。学法、知法是广大人民群众的应尽责任，更是新时代大学生的应尽义务，是推进中国式法治现代化的基础。

“财经法规”课程不仅是一门会计相关法规的“普法”课程，更是财会类专业的专业基础课。通过本课程的学习，有助于学生重温法律基础理论知识，全面系统地了解会计、税收、财政等与会计职业密切相关的法律法规，树立法治观念，增强守法意识，同时也为后续的“财务会计”“纳税实务”等专业核心课程的学习和初级会计专业技术资格考试打下良好基础。为满足人才培养的需要，我们组织编写了本教材，并在长期的教学实践中不断改进与完善。

本教材是“十二五”职业教育国家规划教材、“十三五”职业教育国家规划教材、“十四五”职业教育国家规划教材。本次修订是在第六版的基础上，根据近年来相关法律法规的最新变化完成的，具体内容包括：

（1）根据新发布的《中华人民共和国民法典》《中华人民共和国城市维护建设税法》《中华人民共和国印花税法》以及其他政策法规制度的调整与修订，更新、调整了本教材的相关内容。

（2）根据税收法律制度的最新变化对增值税、消费税、企业所得税、个人所得税、印花税等法律制度的教学内容进行更新、补充与完善。同时，增加了财产税、资源税、行为税等其他税收法律制度，较完整地介绍了我国现行的税制体系，完善了税收法律制度的教学内容。

（3）增加了“德技兼修”和“思政课堂”专栏。以党的二十大精神为指引，根据教学内容，有针对性地收集了典型的、社会影响较大的视频和案例，并以专栏形式在教学内容中适时呈现，能够较好地为“课程思政”改革提供参考和思路。

（4）对本教材的其他内容进行了更新、补充与完善。

修订后的本书，利用二维码技术呈现微课和随堂测相关解析，活泼了本书形式、拓展了本书载体，使之具备“富媒体”特色；同时，内容更加翔实、新颖，结构更加严谨、简洁，语言更加通俗、规范，更具现代气息，更符合财会类专业教育特点，易教、易学。本书既可作为各类职业院校财经类相关专业的教学用书，也可作为财会人员的培训、自学用书。

本书由安徽工商职业学院王辉教授、程思教授主编，参加编写的人员有：程思（第一章）、王辉（第二章、第三章、第四章、第五章）、程竞副教授（第六章、第七章）、孙朝霞副教授（第八章）。最后由王辉、程思总纂定稿。

为方便教学，本书配有电子课件、教学大纲、教学建议、教学案例等教学资源，任课教师可登录东北财经大学出版社网站（www.dufep.cn）下载使用。

本书参考和引用了国内许多作者的观点和有关资料，在此谨向各位作者表示感谢。因作者水平有限，书中疏漏之处在所难免，望广大读者特别是使用本书的师生，通过东北财经大学出版社反映本书的不足和缺陷，或者提出使用中遇到的疑问，具体联系方式如下：

电话：0411-84711800

传真：0411-84710731

邮件：dufep6@163.com

或通过QQ扫描以下二维码：

老师您好！

同学您好！

编　者

2023年8月

目　录

第一章　总　论

学习目标

- 了解法的本质与特征、法律关系的要素及法律的形式和分类。
- 掌握法律事实的内涵和我国的法律部门与现行的法律体系。
- 掌握我国解决经济纠纷的途径和方式。
- 掌握法律责任的含义与种类。

课程思政

学法、懂法，为推进中国式法治现代化做贡献

党的二十大报告将“坚持以人民为中心的发展思想”作为全面建设社会主义现代化国家必须牢牢把握的重大原则，明确要求“维护人民根本利益，增进民生福祉，不断实现发展为了人民、发展依靠人民、发展成果由人民共享，让现代化建设成果更多更公平惠及全体人民”。中国式现代化区别于西方式现代化的重要特征就在于坚持以人民为中心，而西方式现代化是以资本为中心。习近平总书记强调，“全面依法治国最广泛、最深厚的基础是人民”“要始终坚持以人民为中心，坚持法治为了人民、依靠人民、造福人民、保护人民，把体现人民利益、反映人民愿望、维护人民权益、增进人民福祉落实到法治体系建设全过程”。习近平法治思想创造性提出了系统化的以人民为中心的法治思想，推动以人民为中心贯彻到法治运行全过程和各方面，构建起以人民为中心的法治现代化新样态。作为新时代的大学生，应当胸怀国之大者，刻苦钻研习近平法治思想，打好基础，掌握本领，为推进中国式法治现代化贡献力量

第一节　法律基础

一、法的本质与特征

(一) 法的本质

法是由国家制定或认可，以权利义务为主要内容，并由国家强制力保证实施的社会行为规范及其相应的规范性文件的总称。法是反映统治阶级意志的规范体系。这一意志的内容由统治阶级的物质生活条件所决定，它通过规定人们在社会关系中的权利和义务，确认、保护和发展有利于统治阶级的社会关系和社会秩序。

法是统治阶级的国家意志的体现。法不是超阶级的产物，并非社会各阶级的意志都能体现为法，法只能是统治阶级意志的体现。但法所体现的统治阶级的意志，不是随心所欲、凭空产生的，而是由统治阶级的物质生活条件决定

法和法律

的，是社会客观需要的反映。它体现的是统治阶级的整体意志和根本利益，而不是统治阶级每个成员个人意志的简单相加。法体现的也不是一般的统治阶级意志，而是被奉为法律的统治阶级意志，即统治阶级的国家意志。所以，法是统治阶级的国家意志的体现，这是法的本质。

（二）法的特征

法作为一种特殊的行为规则和社会规范，不仅具有行为规则、社会规范的一般共性，还具有自己的特征。其特征主要体现在以下四方面：

1.法是经过国家制定或认可才得以形成的规范，具有国家意志性

统治阶级意志并不能直接形成法，必须通过一定的组织和程序，即通过统治阶级的国家制定或认可，才能形成法。制定和认可是国家创制法的两种方式，也是统治阶级把自己的意志变为国家意志的两条途径。法是通过国家制定和发布的，但并不是国家发布的任何文件都是法。首先，法是国家发布的规范性文件；其次，法是按照法定的职权和方式制定和发布的，有确定的表现形式。也就是说，法需要通过特定的国家机关，按照特定的方式，表现为特定的法律文件形式才能成立。

2.法凭借国家强制力的保证而获得普遍遵行的效力，具有强制性

法是由国家强制力保障其实施的规范。法的强制性是由国家提供和保证的，因而与一般社会规范的强制性不同。其他社会规范虽然也有一定的强制性，如道德主要依靠社会舆论的强制，习惯受到习惯势力的强制，但这些强制都不同于国家的强制。国家强制力是以国家的强制机构（如军队、警察、法庭、监狱）为后盾，与国家制裁相联系，表现为对违法者采取国家强制措施。法是最具有强制力的规范。

3.法是确定人们在社会关系中权利和义务的行为规范，具有规范性

法是调节人们行为的一种社会规范，具有能为人们提供一个行为模式、标准的属性（概括性）。法的主要内容是由规定权利、义务的条文构成的，通过规定人们的权利和义务来分配利益，从而影响人们的动机和行为，进而影响社会关系，实现统治阶级的意志和要求，维护社会秩序。所以，法同时又具有利益导向性，简称利导性。

4.法是明确而普遍适用的规范，具有明确公开性和普遍约束性

法具有明确的内容，能使人们预知自己或他人一定行为的法律后果（可预测性）。法具有普遍适用性，凡是在国家权力管辖和法律调整的范围、期限内，对所有社会成员及其活动都普遍适用。

法的效力

二、法律关系

法律关系是法律规范在调整人们的行为过程中所形成的一种特殊的社会关系，即法律上的权利与义务关系。或者说，法律关系是指被法律规范所调整的权利与义务关系。社会关系是多种多样的，因而调整它的法律规范也是多种多样的。如调整平等主体之间的财产关系和人身非财产关系而形成的法律关系，称为民事法律关系或民商法律关系；调整行政管理关系而形成的法律关系，称为行政法律关系；调整因国家对经济活动的管理而产生的社会经济关系，称为经济法律关系。

法律关系由法律关系的主体、法律关系的内容和法律关系的客体三个要素构成。缺少其中任何一个要素，都不能构成法律关系。

（一）法律关系的主体

1.法律关系主体的概念和种类

法律关系的主体又称权利主体或义务主体，是指参加法律关系，依法享有权利和承担义务的当事人。法律关系主体的数目因法律关系的具体情况而定，但任何一个法律关系至少要有两个主体，这样才能在它们之间形成以权利和义务为内容的法律关系。但什么人或者组织能具备法律关系的主体资格，是由一国法律规定和确认的。根据我国法律规定，法律关系主体包括：

（1）自然人。自然人是指具有生命的个体的人，即生物学上的人，是基于出生而取得主体资格的人，既包括中国公民，也包括居住在中国境内或在境内活动的外国公民和无国籍人。公民是各国法律关系的基本主体之一，是指具有一国国籍的自然人。

（2）组织（法人和非法人组织）。法人组织分为营利法人、非营利法人和特别法人。营利法人包括有限责任公司、股份有限公司和其他企业法人等。非营利法人包括事业单位、社会团体、基金会、社会服务机构等。机关法人、农村集体经济组织法人、城镇农村的合作经济组织法人、基层群众性自治组织法人为特别法人。非法人组织包括个人独资企业、合伙企业、不具有法人资格的专业服务机构等。

（3）国家。在特殊情况下，国家可以作为一个整体成为法律主体。例如，在国内，国家是国家财产所有权唯一和统一的主体；在国际法上，国家则是国际法关系中的主体，也可以成为对外贸易关系中的债权人或债务人。

2.法律关系的主体资格

根据规定，法律关系的主体资格包括权利能力和行为能力。

（1）权利能力。权利能力是指一定个人或组织能够参加某种法律关系，依法享有一定的权利和承担一定的义务的法律资格。也是就说，权利能力是自然人或组织能够成为法律关系主体的资格，它是任何个人或组织参加法律关系的前提条件。

公民权利能力依不同标准可以进行不同的分类。例如，根据享有权利能力的主体范围不同，可以分为一般权利能力和特殊权利能力。一般权利能力又称基本的权利能力，是一国所有公民均具有的权利能力，它是任何人取得公民法律资格的基本条件，不能被任意剥夺或解除；特殊权利能力是公民在特殊条件下具有的法律资格，这种资格并不是每个公民都可以享有，而只授予某些特定的法律主体。如国家机关及其工作人员行使职权的资格，就是特殊的权利能力。而按照法律部门的不同，权利能力分为民事权利能力、政治权利能力、行政权利能力、劳动权利能力、诉讼权利能力等。

法人权利能力的范围则由法人成立的宗旨和业务范围决定，自法人成立时产生，至法人终止时消灭。

（2）行为能力。行为能力是指法律关系主体能够通过自己的行为实际取得权利和履行义务的能力。法人的行为能力和权利能力是一致的，同时产生、同时消灭。而自然人的行为能力不同于其权利能力，具有行为能力必须首先具有权利能力，但具有权利能力并不必然具有行为能力。确定自然人有无行为能力，一看能否认识自己行为的性质、意义和后果；二看能否控制自己的行为并对自己的行为负责。

我国法律将自然人民事行为能力划分为三类：

❶完全民事行为能力人。完全民事行为能力人是指达到法定年龄、智力健全、能够对

自己行为负完全责任的自然人。在民法上，18周岁以上的自然人是成年人，具有完全民事行为能力，可以独立进行民事活动，是完全民事行为能力人。16周岁以上的未成年人，以自己的劳动收入为主要生活来源的，视为完全民事行为能力人。

❷限制民事行为能力人。限制民事行为能力人是指行为能力受到一定的限制，只有部分行为能力的自然人。在民法上，8周岁以上的未成年人和不能完全辨认自己行为的成年人为限制民事行为能力人。

❸无民事行为能力人。无民事行为能力人是指完全不能以自己的行为行使权利、履行义务的公民。在民法上，不满8周岁的未成年人，8周岁以上的未成年人不能辨认自己行为的以及不能辨认自己行为的成年人为无民事行为能力人。

（二）法律关系的内容

法律关系的内容是指法律关系主体所享有的权利和承担的义务。

权利是指法律关系主体依法享有的权益，表现为权利享有者依照法律规定具有的自主决定做出或者不做出某种行为、要求他人做出或者不做出某种行为和一旦被侵权有权请求国家予以法律保护的权益。依法享有权利的主体称为权利主体或权利人。例如，所有权人可以自主占有、使用其财产以获得收益；债权人有权请求债务人偿还债务。

义务是指法律关系主体依照法律规定所担负的必须做出某种行为或者不得做出某种行为的负担或约束。依法承担义务的主体称为义务主体或义务人。义务主体必须做出某种行为是指以积极的作为方式去履行义务，称为积极义务，如纳税、服兵役等。义务主体不得做出某种行为是指以消极的不作为方式去履行义务，称为消极义务，如不得毁坏公共财物、不得侵害他人生命健康权等。

法律权利和义务作为构成法律关系内容的两个方面，是密切联系、不可分离的，共同处于法律关系这一统一体中。任何一方的权利都必须有另一方义务的存在；而任何一方的义务又都是为实现他方的权利而设定的。没有无义务的权利，也没有无权利的义务。在大多数民商法律关系中，各方主体都既享有权利，又承担义务。也就是说，任何一方既是权利主体，也是义务主体。如买卖关系中，买方承担向卖方支付价款的义务，同时享有获得卖方出售物的权利；卖方享有获得买方价款的权利，同时承担向买方支付出售物的义务。

法律上的权利和义务，都受国家法律保护。当义务人拒不履行义务时，权利人可以请求司法机关或其他国家机关依法采取必要的强制措施来保障权利的实现和义务的履行；当法律关系主体的权利受到侵害时，可以请求司法机关或其他国家机关依法给予保护。

（三）法律关系的客体

法律关系的客体又称权利客体或义务客体，是指法律关系主体的权利和义务所指向的对象。客体是确立权利与义务关系性质和具体内容的依据，也是确定权利行使与否和义务是否履行的客观标准。权利和义务只有通过客体才能得到体现和落实。如果没有客体，权利与义务就失去了依附的目标和载体，无所指向，也就不可能发生权利与义务。因此，客体也是法律关系不可缺少的三要素之一。

法律关系客体的内容和范围是由法律规定的。能够作为法律关系客体的东西应当是能为人类所控制并对人类有价值的。只有这样的东西才适宜由法律调整，才能成为主体的权利和义务指向和作用的对象。在不同国家与不同历史时期，法律关系客体的具体内容及范围不同，并且随着经济、科技的发展，不断出现新的法律关系客体，如数据、网络虚拟财产等。概括地说，法律关系的客体主要包括以下四类：

1. 物

物是指能够满足人们需要，具有一定的稀缺性，并能为人们现实支配和控制的各种物质资源。物可以是自然物，如土地、矿藏、水流、森林等；也可以是人造物，如建筑、机器、各种产品等；还可以是财产物品的一般价值表现形式——货币及有价证券。物既可以是有体物也可以是无体物。有体物既可以是固定形态的，也可以是没有固定形态的，如天然气、电力等。无体物，如权利、数据信息等，依照相关法律的规定，也都可以作为物权客体。

2. 精神产品

精神产品也称智力成果，是指人们通过脑力劳动创造的能够带来经济价值的精神财富，如著作、发现、发明、设计等。精神产品是一种精神形态的客体，是一种思想或者技术方案，不是物，但通常有物质载体，如书籍、图册、录像、录音等。

3. 行为（行为结果）

行为作为法律关系的客体，不是指人们的一切行为，而是指法律关系的主体为达到一定目的所进行的作为（积极行为）或不作为（消极行为），是人的有意识的活动，如生产经营行为、经济管理行为等。行为是行为过程与其结果的统一。

4. 人身、人格

人身和人格分别代表着人的物质形态和精神利益，是人之为人的两个不可或缺的要素。一方面，人身和人格是生命权、身体权、健康权、姓名权、肖像权、名誉权、荣誉权、隐私权、婚姻自主权等人身权指向的客体。另一方面，人身和人格又是禁止非法拘禁他人、禁止对犯罪嫌疑人刑讯逼供、禁止侮辱或诽谤他人、禁止卖身为奴、禁止卖淫等法律义务所指向的客体。以人身、人格作为法律关系客体的范围，法律有严格的限制。人的整体只能是法律关系的主体，不能作为法律关系的客体。而人的部分是可以作为客体的“物”，如当人的头发、血液、骨髓、精子和其他器官从身体中分离出去，成为与身体相分的外部之物时，在某些情况下也可视为法律上的“物”。

小思考1-1 公民王某与某医疗中心签订协议，承诺死后将自己的眼角膜无偿捐赠给该医疗中心，用于帮助失明患者重见光明。王某与该医疗中心形成怎样的法律关系？

三、法律事实

任何法律关系的发生、变更或消灭，都要有法律事实的存在。

法律事实是指由法律规范所确定的，能够产生法律后果，即能够直接引起法律关系发生、变更或消灭的情况。法律规范和法律主体只是法律关系产生的抽象的、一般的前提，并不能直接引起法律关系的变化；法律事实则是法律关系产生的具体条件，只有当法律规范规定的法律事实发生时，才会引起法律关系的发生、变更或消灭。法律事实是法律关系发生、变更或者消灭的直接原因。按照是否以当事人的意志为转移，法律事实可以划分为两大类：法律事件和法律行为。

（一）法律事件

法律事件是指不以当事人的主观意志为转移的，能够引起法律关系发生、变更或消灭的法定情况或者现象。

事件可以是自然现象，如地震、洪水、台风、森林大火等不因人的因素而造成的自然灾害；也可以是某些社会现象，如爆发战争、重大政策的改变等。虽然这些社会现象属人的行为引起，但其出现在特定法律关系中，不以当事人的意志为转移时也构成法律事实。自然灾害可引起保险赔偿关系的发生或合同关系的解除；人的出生可引起抚养关系、户籍管理关系的发生；人的死亡可引起抚养关系、婚姻关系、劳动合同关系的消灭，继承关系的发生；重大社会变迁与社会革命可引起整个社会关系状况的全面变革，进而导致国家法律关系的变化。由自然现象引起的事实又称自然事件、绝对事件，由社会现象引起的事实又称社会事件、相对事件。它们的出现都是不以人们（当事人）的意志为转移的，具有不可抗力的特征。

（二）法律行为

法律行为是指以法律关系主体意志为转移，能够引起法律后果，即引起法律关系发生、变更或消灭的人们有意识的活动。它是引起法律关系发生、变更或消灭的最普遍的法律事实。其对应的是“非法律行为”，即不受法律调整、不发生法律效力、不产生法律后果的行为，简言之，即不具有法律意义的行为。根据不同的标准，可以对法律行为做不同的分类。

1.合法行为与违法行为

这是根据行为是否符合法律规范的要求，即行为的法律性质所做的分类。合法行为是指行为人所实施的具有一定的法律意义、与法律规范要求相符合的行为；违法行为是指行为人所实施的违反法律规范的要求、应受惩罚的行为。

2.积极行为（作为）与消极行为（不作为）

这是根据行为的表现形式不同，对法律行为所做的分类。积极行为，又称作为，是指以积极、主动作用于客体的形式表现的、具有法律意义的行为；消极行为，又称不作为，则指以消极的、抵制的形式表现的、具有法律意义的行为。

3.意思表示行为与非表示行为

这是根据行为是否通过意思表示所做的分类。意思表示行为，又称表示行为，是指行为人基于意思表示做出的具有法律意义的行为；非表示行为，是指非经行为者意思表示而是基于某种事实状态即具有法律效果的行为，如拾得遗失物、发现埋藏物等。

4.单方行为与多方行为

这是根据主体意思表示的形式所做的分类。单方行为是指由法律主体一方的意思表示即可成立的法律行为，如遗嘱、行政命令等；多方行为是指由两个或两个以上的多方法律主体意思表示一致而成立的法律行为，如合同行为等。

5.要式行为与非要式行为

这是根据行为是否需要特定形式或实质要件所做的分类。要式行为是指必须具备某种特定形式或程序才能成立的法律行为；非要式行为是指无须特定形式或程序即能成立的法律行为。

6.自主行为与代理行为

这是根据主体实际参与行为的状态所做的分类。自主行为是指法律主体在没有其他主体参与的情况下，以自己的名义独立从事的法律行为；代理行为是指法律主体根据法律授权或其他主体的委托而以被代理人的名义所从事的法律行为。

小思考1-2　会计张某在其单位领导的授意下，将一私自购入的空白发票填写虚构的交易和金额后入账。会计张某与其单位领导的行为是否构成法律行为？

四、法的形式和分类

（一）法的形式

法的形式，即法学上所谓的法的渊源，是指法的具体的表现形态，即法是由何种国家机关，依照什么方式或程序创制出来的，并表现为何种形式、具有何种效力等级的法律文件。在我国，法的形式主要有以下几种：

1.宪法

宪法由国家最高权力机关——全国人民代表大会制定，是国家的根本大法。宪法规定国家的基本制度和根本任务，具有最高的法律效力，也具有最为严格的制定和修改程序。我国现行宪法是1982年12月4日第五届全国人民代表大会第五次会议通过的《中华人民共和国宪法》（简称《宪法》），全国人民代表大会于1988年、1993年、1999年、2004年、2018年先后五次以宪法修正案的形式对现行宪法做了修改和补充。

2.法律

法律是由全国人民代表大会及其常务委员会经一定的立法程序制定颁布的规范性文件，如《中华人民共和国刑法》《中华人民共和国会计法》《中华人民共和国公司法》《中华人民共和国税收征收管理法》等。法律通常规定和调整国家、社会和公民生活中某一方面带有根本性的社会关系或基本问题。其法律效力和地位仅次于宪法，是制定其他规范性文件的依据。另外，全国人民代表大会及其常务委员会还有权就有关问题做出规范性决议或决定，它们与法律具有同等地位和效力。

3.行政法规

行政法规是由国家最高行政机关——国务院在法定职权范围内为实施宪法和法律制定、发布的规范性文件，通常冠以条例、办法、规定等名称，如国务院令第287号发布的《企业财务会计报告条例》。行政法规的地位低于宪法和法律，高于地方性法规，是一种重要的法的形式。

4.地方性法规、自治条例和单行条例

省、自治区、直辖市的人民代表大会及其常务委员会在与宪法、法律和行政法规不相抵触的前提下，可以根据本地区的具体情况和实际需要制定、发布规范性文件，即地方性法规。设区的市、自治州的人民代表大会及其常务委员会根据本市的具体情况和实际需要，在不与宪法、法律、行政法规和本省、自治区的地方性法规相抵触的前提下，可以对城乡建设与管理、环境保护、历史文化保护等方面的事项制定地方性法规。经济特区所在地的省、市的人民代表大会及其常务委员会根据全国人民代表大会的授权决定，制定法规，在经济特区范围内实施。民族自治地方的人民代表大会有权依照当地民族的政治、经济和文化的特点，制定自治条例和单行条例。地方性法规、自治条例和单行条例的效力不超出本行政区域范围，是地方司法的依据之一。

5.特别行政区的法

《宪法》规定，国家在必要时得设立特别行政区。在特别行政区内实行的制度按照具体情况由全国人民代表大会以法律规定。目前，特别行政区实行不同于全国其他地区的经济、政治、法律制度，因而在立法权限和法律形式上也有特殊性。全国人民代表大会制定的特别行政区基本法以及特别行政区依法制定并报全国人民代表大会常务委员会备案的、在该特别行政区内有效的规范性法律文件，属于特别行政区的法。

6.规章

国务院各部、委员会、中国人民银行、审计署和具有行政管理职能的直属机构，可以根据法律和国务院的行政法规、决定、命令，在本部门的权限范围内，制定规章。没有法律或者国务院的行政法规、决定、命令的依据，部门规章不得设定减损公民、法人和其他组织权利或者增加其义务的规范，不得增加本部门的权力或者减少本部门的法定职责。省、自治区、直辖市和设区的市、自治州的人民政府，可以根据法律、行政法规和本省、自治区、直辖市的地方性法规，制定规章。没有法律、行政法规、地方性法规的依据，地方政府规章不得设定减损公民、法人和其他组织权利或者增加其义务的规范。

7.国际条约

国际条约属于国际法而不属于国内法的范畴，但我国签订和加入的国际条约对于我国的国家机关、社会团体、企业、事业单位和公民也有约束力，因此，这些条约就其具有与国内法同样的约束力而言，也是我国法律的形式之一，如《国际民用航空公约》。

小思考1-3 小李认为，在我国，最高人民法院的判决书也是法的形式之一。小李的观点是否正确？

提示

（二）法的分类

对法进行分类，不仅有助于分析不同种类的法的各自不同个性，廓清相互之间的界限，而且有助于从不同侧面了解法的各有关方面，帮助我们从整体上、大局上把握一般的法的概念。根据不同的标准，可以对法做不同的分类。

1.根据法的创制方式和发布形式的不同，分为成文法和不成文法

成文法是指有立法权的国家机关，依照法定程序所制定的具有条文形式的规范性文件。不成文法是指国家机关认可的、不具有条文形式的习惯。有的观点认为判例法也是不成文法。

2.根据法的内容、效力和制定程序不同，分为根本法和普通法

根本法就是宪法，它规定国家制度和社会制度的基本原则，具有最高的法律效力，是普通法立法的依据。因此，它的制定和修改通常需要经过比普通法更为严格的程序。普通法泛指宪法以外的所有法律，它根据宪法确认的原则就某个方面或某些方面的问题做出具体规定，其效力低于宪法。

3.根据法的内容不同，分为实体法和程序法

实体法是指从实际内容上规定主体的权利和义务的法律，如民法、刑法、公司法、行政法等。程序法是指为了保障实体权利和义务的实现而制定的关于程序方面的法律，如刑事诉讼法、民事诉讼法、行政诉讼法等。

4.根据法的空间效力、时间效力或对人的效力不同，分为一般法和特别法

一般法是指在一国领域内对一般公民、法人、组织和一般事项都普遍适用，而且在它

被废除前始终有效的法律，如宪法、刑法、民事诉讼法、刑事诉讼法等。特别法是指只在一国的特定地域内或只对特定主体或在特定时期内或对特定事项有效的法律。一般法与特别法的划分是相对的。如公司法相对于民法典是特别法，相对于各具体企业法就是一般法。

5.根据法的主体、调整对象和渊源不同，分为国际法和国内法

国际法的主体主要是国家，调整的对象主要是国家间的相互关系，渊源主要是国际条约和各国公认的国际惯例，实施则以国家单独或集体的强制措施为保证。国内法的主体主要是该国的公民和社会组织，调整对象是一国内部的社会关系，渊源主要是制定国立法机关颁布的规范性文件，实施则以该国的强制力加以保证。

五、法律部门与法律体系

法律部门又称部门法，是指根据一定标准和原则所划定的同类法律规范的总称。法律部门划分的标准首先是法律调整的对象，即法律调整的社会关系。例如，调整行政主体与行政相对人之间行政管理关系的法律规范的总和，即构成行政法法律部门。其次是法律调整的方法。例如，民法和刑法都调整财产关系和人身关系，但民法是以自行调节为主要调整方式，而刑法是以强制干预为主要调整方式；民法要求对损害予以财产赔偿，而刑法则对犯罪人处以严厉的人身惩罚。

一个国家现行的法律规范分类组合为若干法律部门，由这些法律部门组成的具有内在联系的、互相协调的统一整体即为法律体系。我国现行的法律体系大体可以划分为以下七个主要的法律部门：

（一）宪法及宪法相关法法律部门

宪法是国家的根本法，宪法相关法是与宪法相配套、直接保障宪法实施和国家政权运作等方面的法律规范的总和，主要包括四个方面的法律：❶有关国家机构的产生、组织、职权和基本工作制度的法律；❷有关民族区域自治制度、特别行政区制度、基层群众自治制度的法律；❸有关维护国家主权、领土完整和国家安全的法律；❹有关保障公民基本政治权利的法律。

【随堂测】（单选题）下列法的形式中，属于国家的根本大法、具有最高法律效力的是（ ）。

A.《中华人民共和国全国人民代表大会组织法》

B.《中华人民共和国立法法》

C.《中华人民共和国宪法》

D.《中华人民共和国刑法》

（二）民商法法律部门

民法、商法是规范民事、商事活动的法律规范的总和，所调整的是自然人、法人和其他组织之间以平等地位发生的各种法律关系（称为横向关系）。民法调整的是公民与公民之间、法人与法人之间、公民与法人之间的财产关系以及人身关系。商法可以看作是民法中的一个特殊部分，是在民法基本原则的基础上适应现代商事活动的需要逐渐发展起来的，主要包括公司、破产、证券、期货、保险、票据、海商等方面的法律。

（三）行政法法律部门

行政法是规范国家行政管理活动的法律规范的总和，包括有关行政管理主体、行政行为、行政程序、行政监督以及国家公务员制度等方面的法律规范。行政法调整的是行政机

关与行政管理相对人（公民、法人和其他组织）之间因行政管理活动而发生的法律关系（称为纵向关系）。在这种管理与被管理的纵向法律关系中，行政机关与行政管理相对人的地位是不平等的，行政行为由行政机关单方面依法做出，不需要双方平等协商，如《中华人民共和国行政许可法》《中华人民共和国行政处罚法》等。

（四）经济法法律部门

经济法是调整国家从社会整体利益出发对市场经济活动实行干预、管理、调控所产生的社会经济关系的法律规范的总和。经济法是在国家干预市场经济活动过程中逐渐发展起来的一个法律门类，一方面与行政法的联系很密切，另一方面又与民法、商法的联系很密切。经济法主要调整同时具有纵向因素和横向因素的法律关系，如财政法律关系、会计法律关系、税收法律关系等。

（五）劳动法、社会法法律部门

劳动法是调整劳动关系以及与劳动关系有密切联系的其他社会关系的法律关系的总称，如《中华人民共和国劳动法》《中华人民共和国劳动合同法》。社会法是调整有关社会保障和社会福利关系的法律规范的总和。社会法是在国家干预社会生活过程中逐渐发展起来的一个法律门类，所调整的是政府与社会之间、社会不同部门之间的法律关系，如《中华人民共和国社会保险法》《中华人民共和国未成年人保护法》。

（六）刑法法律部门

刑法是规范犯罪、刑事责任和刑事处罚的法律规范的总和。刑法是一个传统的法律门类，与其他门类相比，具有所调整的社会关系最广泛、强制性最严厉两个显著特点。

（七）诉讼与非诉讼程序法法律部门

诉讼与非诉讼程序法是调整因诉讼活动和非诉讼活动而产生的社会关系的法律规范的总和。我国的诉讼制度分为刑事诉讼、民事诉讼、行政诉讼三种。解决经济纠纷，除通过诉讼“打官司”外，还可以通过调解、仲裁等非诉讼的途径。非诉讼程序法是解决非诉案件的程序法，主要有《中华人民共和国人民调解法》《中华人民共和国仲裁法》《中华人民共和国公证法》等。

第二节 经济纠纷的解决途径

德技兼修

视频

还不清的债

一、经济纠纷及其解决途径

经济纠纷是指市场经济主体之间因经济权利和经济义务的矛盾而引起的权益争议，包括平等主体之间涉及经济内容的纠纷和公民、法人或者其他组织作为行政管理相对人与行政机关之间因行政管理所发生的涉及经济内容的纠纷。

在市场经济条件下，市场经济主体为实现各自的经济目标，必然要进行各种经济活动，由于各自的经济权益相互独立，加之客观情况经常变化，因而不可避免地发生各种各样的权益争议，产生经济纠纷，如合同纠纷、纳税人与税务机关就纳税事务发生争议等。为了保护当事人的合法权益，维持社会经济秩序，必须利用有效手段，及时处理、解决这些纠纷。在我国，解决经济纠纷的途径和方式主要有仲裁、民事诉讼、行政复议、行政诉讼。

仲裁与民事诉讼都是适用于横向关系经济纠纷的解决方式。作为平等民事主体的当事人之间发生的经济纠纷，只能在仲裁和民事诉讼两种方式中选择一种解决争议。有效的仲裁协议可排除法院的管辖权，只有在没有仲裁协议或者仲裁协议无效，或者当事人放弃仲裁协议的情况下，法院才可以行使管辖权，这在法律上称为或裁或审原则。

当公民、法人或者其他组织认为行政机关的具体行政行为侵犯其合法权益时，可采取申请行政复议或者提起行政诉讼的方式解决。行政复议与行政诉讼方式都是针对纵向关系经济纠纷的解决方式，都由行政管理相对人一方提出申请，选择哪种方式则与纠纷的性质有关。根据法律的不同规定，有的可以直接向法院起诉，或者先申请行政复议、对行政复议决定不服时再起诉；有的则只能先申请行政复议，对行政复议决定不服时才能提起诉讼；还有的则只能通过行政复议的方式解决，由行政机关对纠纷做出最终裁决。

二、仲裁

（一）仲裁的概念与特征

仲裁是指由经济纠纷的各方当事人共同选定仲裁机构，对纠纷依法定程序做出具有约束力的裁决的活动。仲裁具有以下三个要素或者特征：

第一，仲裁以双方当事人自愿协商为基础。

第二，仲裁由双方当事人自愿选择的中立第三者（仲裁机构）进行裁判。仲裁机构是民间性的组织，不是国家行政机关或司法机关，对经济纠纷案件没有强制管辖权。

第三，仲裁裁决对双方当事人都具有约束力。

1994年8月31日第八届全国人民代表大会常务委员会第九次会议通过，历经2009年、2017年两次修正的《中华人民共和国仲裁法》（以下简称《仲裁法》）是仲裁活动进行的基本法律依据。

（二）仲裁的适用范围

平等主体的公民、法人和其他组织之间发生的合同纠纷和其他财产权益纠纷，可以仲裁。

下列纠纷不能提请仲裁：

➢关于婚姻、收养、监护、抚养、继承纠纷；

➢依法应当由行政机关处理的行政争议。

下列仲裁不适用于《仲裁法》，不属于《仲裁法》所规定的仲裁范围，而由别的法律予以调整：

➢劳动争议的仲裁；

➢农业集体经济组织内部的农业承包合同纠纷的仲裁。

（三）仲裁的基本原则

1.自愿原则

当事人采用仲裁方式解决纠纷，应当双方自愿，达成仲裁协议。没有仲裁协议，一方申请仲裁的，仲裁委员会不予受理。

2.依据事实和法律，公平合理地解决纠纷的原则

仲裁要坚持以事实为根据、以法律为准绳的原则，在法律没有规定或者规定不完备的情况下，仲裁庭可以按照公平合理的一般原则来解决纠纷。

3.独立仲裁原则

仲裁机关不依附于任何机关而独立存在，仲裁依法独立进行，不受任何行政机关、社会团体和个人的干涉。

4.一裁终局原则

仲裁实行一裁终局的制度，即仲裁庭做出的仲裁裁决为终局裁决。裁决做出后，当事人就同一纠纷再申请仲裁或者向人民法院起诉的，仲裁委员会或者人民法院不予受理。

小思考1-4 甲、乙两公司因合同纠纷向某市仲裁委员会申请仲裁。仲裁庭做出裁决后，甲公司不服，拟再次申请仲裁，或向法院起诉。甲公司是否可以再次申请仲裁或向法院起诉？

（四）仲裁机构

仲裁机构主要是指仲裁委员会。仲裁委员会是有权对当事人提交的经济纠纷进行审理和裁决的机构。仲裁委员会可以在直辖市和省、自治区人民政府所在地的市设立，也可以根据需要在其他设区的市设立，不按行政区划层层设立。仲裁委员会独立于行政机关，与行政机关没有隶属关系。仲裁委员会之间也没有隶属关系。

仲裁委员会由主任1人、副主任2～4人和委员7～11人组成。仲裁委员会的主任、副主任和委员由法律、经济贸易专家和有实际工作经验的人员担任。仲裁委员会的组成人员中，法律、经济贸易专家不得少于2/3。仲裁委员会从公道正派且符合一定专业条件的人员中聘任仲裁员。

（五）仲裁协议

1.仲裁协议及其内容

仲裁协议是指双方当事人自愿把他们之间可能发生或者已经发生的经济纠纷提交仲裁机构裁决的书面约定。仲裁协议应当以书面形式订立，口头达成仲裁的意思表示无效。

仲裁协议包括合同中订立的仲裁条款和以其他书面方式在纠纷发生前或者纠纷发生后达成的请求仲裁的协议。仲裁协议应当具有下列内容：

（1）请求仲裁的意思表示；

（2）仲裁事项；

（3）选定的仲裁委员会。

仲裁协议对仲裁事项或者仲裁委员会没有约定或者约定不明确的，当事人可以补充协议；达不成补充协议的，仲裁协议无效。

2.仲裁协议的效力

仲裁协议一经依法成立，即具有法律约束力。仲裁协议独立存在，合同的变更、解除、终止或者无效，不影响仲裁协议的效力。仲裁庭有权确认合同的效力。

当事人对仲裁协议的效力有异议的，可以请求仲裁委员会做出决定或者请求人民法院做出裁定。一方请求仲裁委员会做出决定，另一方请求人民法院做出裁定的，由人民法院

裁定。当事人对仲裁协议的效力有异议，应当在仲裁庭首次开庭前提出。

当事人达成仲裁协议，一方向人民法院起诉未声明有仲裁协议，人民法院受理后，另一方在首次开庭前提交仲裁协议的，人民法院应当驳回起诉，但仲裁协议无效的除外；另一方在首次开庭前未对人民法院受理该案提出异议的，视为放弃仲裁协议，人民法院应当继续审理。

小思考1-5 甲、乙公司因租赁合同发生纠纷，甲公司向某仲裁委员会申请仲裁，乙公司向法院提起诉讼。据了解，双方并没有签订仲裁协议。甲、乙公司解决纠纷的途径是什么？仲裁委员会和法院对甲、乙公司的请求分别会做出怎样的处理？

（六）仲裁裁决

仲裁不实行级别管辖和地域管辖，仲裁委员会应当由当事人协议选定。仲裁庭可以由3名仲裁员或者1名仲裁员组成。由3名仲裁员组成的，设首席仲裁员。当事人约定由3名仲裁员组成仲裁庭的，应当各自选定或者各自委托仲裁委员会主任指定1名仲裁员，第3名仲裁员由当事人共同选定或者共同委托仲裁委员会主任指定。第3名仲裁员是首席仲裁员。当事人约定由1名仲裁员成立仲裁庭的，应当由当事人共同选定或者共同委托仲裁委员会主任指定。当事人没有在仲裁规则规定的期限内约定仲裁庭的组成方式或者选定仲裁员的，由仲裁委员会主任指定。仲裁庭组成后，仲裁委员会应当将仲裁庭的组成情况书面通知当事人。

仲裁员有下列情形之一的，必须回避，当事人也有权提出回避申请：❶是本案当事人或者当事人、代理人的近亲属；❷与本案有利害关系；❸与本案当事人、代理人有其他关系，可能影响公正仲裁的；❹私自会见当事人、代理人，或者接受当事人、代理人的请客送礼的。

仲裁应当开庭进行。当事人协议不开庭的，仲裁庭可以根据仲裁申请书、答辩书以及其他材料做出裁决。所谓开庭审理，是指在仲裁庭的主持下，在双方当事人和其他仲裁参与人的参加下，按照法定程序，对案件进行审理并做出裁决的方式。

仲裁不公开进行。当事人协议公开的，可以公开进行，但涉及国家秘密的除外。所谓不公开进行，是指仲裁庭在审理案件时不对社会公开，不允许群众旁听，也不允许新闻记者采访和报道。

当事人申请仲裁后，可以自行和解。达成和解协议的，可以请求仲裁庭根据和解协议做出裁决书，也可以撤回仲裁申请。当事人达成和解协议，撤回仲裁申请后反悔的，可以根据仲裁协议申请仲裁。

仲裁庭在做出裁决前，可以先行调解。当事人自愿调解的，仲裁庭应当调解。调解不成的，应当及时做出裁决。调解达成协议的，仲裁庭应当制作调解书或者根据协议的结果制作裁决书。调解书与裁决书具有同等法律效力。

调解书经双方当事人签收后，即发生法律效力。在调解书签收前当事人反悔的，仲裁庭应当及时做出裁决。

裁决应当按照多数仲裁员的意见做出，少数仲裁员的不同意见可以记入笔录。仲裁庭不能形成多数意见时，裁决应当按照首席仲裁员的意见做出。裁决书自做出之日起发生法律效力。

当事人应当履行裁决。一方当事人不履行的，另一方当事人可以依照《中华人民共和国民事诉讼法》（以下简称《民事诉讼法》）的有关规定向人民法院申请执行。受申请的人民法院应当执行。

三、民事诉讼

微课

仲裁与民事诉讼的异同

诉讼是指国家审判机关即人民法院，依照法律规定，在当事人和其他诉讼参与人的参加下，依法解决纷争的活动。平等主体当事人之间发生经济纠纷提起诉讼，适用《民事诉讼法》解决纷争。1991年4月9日第七届全国人民代表大会第四次会议通过，历经2007年、2012年、2017年三次修正的《民事诉讼法》是民事诉讼活动进行的法律依据。

（一）民事诉讼的适用范围

公民之间、法人之间、其他组织之间以及他们相互之间因财产关系和人身关系发生纠纷，可以提起民事诉讼。适用《民事诉讼法》的案件具体有四类：

1.民事案件

民事案件具体包括：（1）由民法调整的物权关系、债权关系、知识产权关系、人身权关系引起的诉讼，如房屋产权争议案件、合同纠纷案件、侵犯著作权案件、侵犯名誉权案件等。（2）由民法调整的婚姻家庭关系、继承关系、收养关系引起的诉讼，如离婚案件、追索抚养费案件、财产继承案件、解除收养关系案件等。（3）由经济法调整的经济关系中属于民事性质的诉讼，如因污染引起的侵权案件、因不正当竞争行为引起的损害赔偿案件等。

2.商事案件

商事案件是指由商法调整的商事关系引起的诉讼，如票据案件、股东权益纠纷案件、保险合同纠纷案件、海商案件等。

3.劳动争议案件

劳动争议案件是指因劳动法调整的社会关系发生的争议，法律规定适用民事诉讼程序的案件，如劳动合同纠纷案件等。

4.指定非讼案件

指定非讼案件是指法律规定人民法院适用《民事诉讼法》审理的非讼案件，主要包括三种情形：（1）适用特别程序审理的案件，如选民资格案件，宣告失踪或宣告死亡案件、认定公民无民事行为能力或限制行为能力案件等非诉讼案件；（2）适用督促程序审理的案件；（3）适用公示催告程序审理的案件。

（二）审判制度

1.合议制度

合议制度是指由3名以上审判人员组成审判组织，代表法院行使审判权，对案件进行审理并做出裁判的制度。合议制度是相对于独任制度而言的，后者是指由一名审判员独立地对案件进行审理和裁判的制度。法院审理第一审民事案件，除适用简易程序审理的民事案件由审判员一人独任审理外，一律由审判员、陪审员共同组成合议庭或者由审判员组成合议庭。法院审理第二审民事案件，由审判员组成合议庭。合议庭的成员，应当是3人以上的单数。

2.回避制度

回避制度是指审判人员和其他有关人员，遇有法律规定的情形时，退出对某一案件的审理活动的制度。审判人员、书记员、翻译人员、鉴定人、勘验人有下列情形之一的，应当自行回避，当事人有权用口头或者书面方式申请他们回避：（1）是本案当事人或者当事人、诉讼代理人的近亲属的；（2）与本案有利害关系的；（3）与本案当事人、诉讼代理人有其他关系，可能影响对案件公正审理的。上述人员接受当事人、诉讼代理人请客送礼，或者违反规定会见当事人、诉讼代理人的，当事人有权要求他们回避。

3.公开审判制度

公开审判制度是指法院的审判活动依法向社会公开的制度。法律规定，法院审理民事或行政案件，除涉及国家秘密、个人隐私或者法律另有规定的以外，应当公开进行。公开审理案件，应当在开庭前公告当事人姓名、案由和开庭的时间、地点，以便群众旁听。公开审判包括审判过程公开和审判结果公开两项内容。不论案件是否公开审理，一律公开宣告判决。

4.两审终审制度

两审终审制度是指一个诉讼案件经过两级法院审判后即终结的制度。我国法院分为最高人民法院、高级人民法院、中级人民法院、基层人民法院四级。除最高人民法院外，其他各级法院都有自己的上一级法院。按照两审终审制，一个案件经第一审法院审判后，当事人如果不服，有权在法定期限内向上一级法院提起上诉，由该上一级法院进行第二审。二审法院的判决、裁定是终审的判决、裁定。适用特别程序、督促程序、公示催告程序和企业法人破产还债程序审理的案件，实行一审终审。对终审判决、裁定，当事人不得上诉。如果发现终审裁判确有错误，可以通过审判监督程序予以纠正。

（三）诉讼管辖

诉讼管辖是指各级法院之间以及不同地区的同级法院之间，受理第一审民事案件、经济纠纷案件的职权范围和具体分工。管辖可以按照不同标准做多种分类，其中最重要、最常用的是级别管辖和地域管辖。

1.级别管辖

级别管辖是根据案件性质、案情繁简、影响范围来确定上、下级法院受理第一审案件的分工和权限。大多数民事案件均归基层人民法院管辖。

2.地域管辖

各级法院的辖区和各级行政区划是一致的。按照地域标准也即按照法院的辖区和民事案件隶属关系，确定同级法院之间受理第一审民事案件的分工和权限，称为地域管辖。地域管辖又分为一般地域管辖、特殊地域管辖和专属管辖等。

（1）一般地域管辖。一般地域管辖是按照当事人所在地与法院辖区的隶属关系来确定案件管辖法院，也称普通管辖。通常实行“原告就被告”原则，即由被告住所地法院管辖，原告向被告住所地法院起诉。这样规定，既有利于被告应诉，又便于法院行使审判权，还有利于法院采取财产保全和执行措施，同时也可在一定程度上防止原告滥用起诉权。

（2）特殊地域管辖。特殊地域管辖也称特别管辖，是以诉讼标的所在地、法律事实所在地为标准确定管辖法院。如因合同纠纷提起的诉讼，由被告住所地或者合同履行地法院管辖；因票据纠纷提起的诉讼，由票据支付地或者被告住所地法院管辖等。

（3）专属管辖。专属管辖是指法律强制规定某案件必须由特定的法院管辖，其他法院无权管辖，当事人也不得协议变更的管辖。如因不动产纠纷提起的诉讼，由不动产所在地法院管辖。

（4）协议管辖。协议管辖又称合意管辖或者约定管辖，是指双方当事人在合同纠纷或者其他财产权益纠纷发生之前或发生之后，以协议的方式选择解决他们之间纠纷的管辖人民法院。合同或者其他财产权益纠纷的当事人可以书面协议选择被告住所地、合同履行地、合同签订地、原告住所地、标的物所在地等与争议有实际联系的地点的人民法院管辖，但不得违反《民事诉讼法》对级别管辖和专属管辖的规定。

（5）两个以上人民法院都有管辖权时管辖的确定（共同管辖和选择管辖）。两个以上法院都有管辖权（共同管辖）的诉讼，原告可以向其中一个法院起诉（选择管辖）；原告向两个以上有管辖权的法院起诉的，由最先立案的法院管辖。

（四）诉讼时效

诉讼时效是指权利人在法定期间内不行使权利而失去诉讼保护的制度。诉讼时效期间是指权利人请求法院或仲裁机关保护其民事权利的法定期间。诉讼时效期间届满，权利人丧失的是胜诉权，即丧失依诉讼程序强制义务人履行义务的权利。诉讼时效期间届满的，义务人可以提出不履行义务的抗辩。诉讼时效期间届满后，义务人同意履行的，不得以诉讼时效期间届满为由抗辩；义务人已自愿履行的，不得请求返还。人民法院不得主动适用诉讼时效的规定。

诉讼时效的期间、计算方法以及中止、中断的事由由法律规定，当事人约定无效。根据《中华人民共和国民法典》（简称《民法典》）的规定，向人民法院请求保护民事权利的诉讼时效期间为3年。法律另有规定的，依照其规定。诉讼时效期间自权利人知道或应当知道权利受到损害以及义务人之日起计算。法律另有规定的，依照其规定。但是，从权利被侵害之日起超过20年的，法院不予保护。有特殊情况的，法院可以根据权利人的申请决定延长诉讼时效期间。

（五）调解、判决和执行

1.调解

人民法院审理民事案件，根据当事人自愿的原则，在事实清楚的基础上，分清是非，进行调解。当事人一方或者双方坚持不愿调解的，应当及时裁判。人民法院审理离婚案件，应当进行调解，但不应久调不决。适用特别程序、督促程序、公示催告程序的案件，婚姻等身份关系确认案件以及其他根据案件性质不能调解的案件，不得调解。

除特别情况外，调解达成协议，人民法院应当制作调解书。调解书应当写明诉讼请求、案件的事实和调解结果。调解书由审判人员、书记员署名，加盖人民法院印章，送达双方当事人。调解书经双方当事人签收后，即具有法律效力。

2.判决

法院审理民事案件，除涉及国家秘密、个人隐私或者法律另有规定的以外，应当公开进行。但不论案件是否公开审理，一律公开宣告判决。当事人不服法院第一审判决的，有权在判决书送达之日起15日内向上一级法院提起上诉。最高人民法院的一审判决，以及依法不准上诉或者超过上诉期没有上诉的一审判决，是发生法律效力的判决。第二审法院的判决是终审的判决，也就是发生法律效力的判决。

3.执行

发生法律效力的民事判决、裁定，当事人必须履行。一方拒绝履行的，对方当事人可以向人民法院申请执行，也可以由审判员移送执行员执行。调解书和其他应当由人民法院执行的法律文书，当事人必须履行。一方拒绝履行的，对方当事人可以向人民法院申请执行。

对于发生法律效力的民事判决、裁定，以及刑事判决、裁定中的财产部分，由第一审人民法院或者与第一审人民法院同级的被执行的财产所在地人民法院执行；法律规定由人民法院执行的其他法律文书，则由被执行人住所地或者被执行的财产所在地人民法院执行。

小思考1-6 甲公司与乙公司因合同纠纷诉至法院。法院经审理判决甲公司败诉，甲公司不服，提起上诉。二审法院判决驳回上诉，维持原判。二审法院判决的法律效力有哪些？

四、行政复议

行政复议是指国家行政机关在依照法律、法规的规定履行对社会的行政管理职责过程中，作为行政管理主体的行政机关一方与作为行政管理相对人的公司、法人或者其他组织一方，对于法律规定范围内的具体行政行为发生的争议，由行政管理相对人向做出具体行政行为的行政机关的上一级行政机关或者法律规定的其他行政机关提出申请，由该行政机关对引起争议的具体行政行为进行审查，并做出相应决定的一种行政监督活动。行政复议是现代国家保护公民免受行政机关具体行政行为不法侵害的一项重要的法律制度。

1999年4月29日，第九届全国人民代表大会常务委员会第九次会议通过，经历2009年、2017年两次修正的《中华人民共和国行政复议法》（以下简称《行政复议法》）和2007年5月23日国务院第一百七十七次常务会议通过的《中华人民共和国行政复议法实施条例》（国务院令第499号），是行政复议活动进行的基本法律依据。

（一）行政复议范围

公民、法人或者其他组织认为行政机关的具体行政行为侵犯其合法权益，符合《行政复议法》规定范围内的，可以申请行政复议，如对行政机关做出的警告、罚款、没收违法所得、没收非法财物、责令停业、暂扣或者吊销许可证、暂扣或者吊销执照、行政拘留等行政处罚决定不服的；对行政机关做出的限制人身自由或者查封、扣押、冻结财产等强制措施决定不服的；认为行政机关侵犯其合法的经营自主权的等。但下列事项不能申请行政复议：第一，不服行政机关做出的行政处分或者其他人事处理决定（可依照有关法律、行政法规的规定提出申诉）；第二，不服行政机关对民事纠纷做出的调解或者其他处理（可依法申请仲裁或者向人民法院提起诉讼）。

（二）行政复议申请和受理

公民、法人或者其他组织认为具体行政行为侵犯其合法权益的，可以自知道该具体行政行为之日起60日内提出行政复议申请，但是法律规定的申请期限超过60日的除外。因不可抗力或者其他正当理由耽误法定申请期限的，申请期限自障碍消除之日起继续计算。

申请人申请行政复议，可以书面申请，也可以口头申请。口头申请的，行政复议机关应当当场记录申请人的基本情况、行政复议请求以及申请行政复议的主要事实、理由和时间。但公民、法人或者其他组织向人民法院提起行政诉讼，人民法院已经依法受理的，不得申请行政复议。

行政复议机关受理行政复议申请，不得向申请人收取任何费用。行政复议期间，具体行政行为不停止执行。但是，有下列情形之一的，可以停止执行：被申请人认为需要停止执行的；行政复议机关认为需要停止执行的；申请人申请停止执行，行政复议机关认为其要求合理，决定停止执行的；法律规定停止执行的。

（三）行政复议参加人和行政复议机关

行政复议参加人是指具体参加行政复议活动全过程，以保护其合法权益不受非法侵害的人，包括申请人、被申请人和第三人。依照《行政复议法》的规定，申请行政复议的公民、法人或者其他组织是申请人，做出具体行政行为的行政机关是被申请人。同申请行政复议的具体行政行为有利害关系的其他公民、法人或者其他组织，可以作为第三人参加行政复议。

依照《行政复议法》的规定，履行行政复议职责的行政机关是行政复议机关。行政复议机构是指有行政复议权的行政机关内部设立的专门负责行政复议案件的受理、审查和裁决工作的办事机构。例如，对县级以上地方各级人民政府工作部门的具体行政行为不服的，由申请人选择，可以向该部门的本级人民政府申请行政复议，也可以向上一级主管部门申请行政复议。这里的“本级人民政府”或“上一级主管部门”即为行政复议机关，它们内设的相关办事机构即为行政复议机构。

（四）行政复议决定

行政复议原则上采取书面审查的方法，即行政复议机关根据书面材料查清案件事实并做出行政复议决定。但是，申请人提出要求或者行政复议机关负责法制工作的机构认为有必要时，可以向有关组织和人员调查情况，听取申请人、被申请人和第三人的意见。行政复议的举证责任由被申请人承担。行政复议机关应当自受理申请之日起60日内做出行政复议决定，但是法律规定的行政复议期限少于60日的除外。情况复杂，不能在规定期限内做出行政复议决定的，经行政复议机关的负责人批准，可以适当延长，并告知申请人和被申请人，但延长期限最多不得超过30日。

行政复议机构应当对被申请人做出的具体行政行为进行审查，提出意见，经行政复议机关的负责人同意或者集体讨论通过后，按照下列规定做出行政复议决定：

➢具体行政行为认定事实清楚，证据确凿，适用依据正确，程序合法，内容适当的，决定维持。

➢被申请人不履行法定职责的，决定其在一定期限内履行。

➢具体行政行为有下列情形之一的，决定撤销、变更或者确认该具体行政行为违法：主要事实不清、证据不足的；适用依据错误的；违反法定程序的；超越或者滥用职权的；具体行政行为明显不当的。决定撤销或者确认该具体行政行为违法的，可以责令被申请人在一定期限内重新做出具体行政行为。

被申请人不按照法律规定提出书面答复，提交当初做出具体行政行为的证据、依据和其他有关材料的，视为该具体行政行为没有证据、依据，决定撤销该具体行政行为。行政复议机关责令被申请人重新做出具体行政行为的，被申请人不得以同一事实和理由做出与原具体行政行为相同或者基本相同的具体行政行为。

行政复议机关做出行政复议决定，应当制作行政复议决定书，并加盖印章。行政复议决定书一经送达，即发生法律效力。

小思考1-7 甲、乙公司因买卖合同发生纠纷，经西城区市场监督管理局调解，双方对合同的履行达成谅解。后来甲公司越想越觉得调解结果对自己不利，于是向市市场监督管理局申请行政复议。市市场监督管理局应如何处理甲公司的申请？

提示

五、行政诉讼

行政诉讼是指公民、法人或者其他组织认为行政机关或法律、法规授权的组织的行政行为侵犯其合法权益，依法向人民法院请求司法保护，人民法院通过对被诉行政行为的合法性进行审查，在双方当事人和其他诉讼参与人的参与下，对该行政争议进行审理和裁判的司法活动。1989年4月4日由第七届全国人民代表大会第二次会议通过，经历2014年、2017年两次修正的《中华人民共和国行政诉讼法》（以下简称《行政诉讼法》）是行政诉讼的法律依据。在我国，行政诉讼与刑事诉讼、民事诉讼并称为三大诉讼，是国家诉讼制度的基本形式之一。行政诉讼也是行政法制监督的一种特殊形式。

（一）行政诉讼的适用范围

公民、法人或者其他组织认为行政机关和行政机关工作人员的具体行政行为侵犯其合法权益，有权向人民法院提起行政诉讼。此处所称的行政行为包括法律、法规、规章授权的组织做出的行政行为。法院受理公民、法人或者其他组织提起的行政诉讼主要包括：对行政拘留、暂扣或吊销许可证和执照、责令停产停业、没收违法所得、没收非法财物、罚款、警告等行政处罚不服的；对限制人身自由或者对财产的查封、扣押、冻结等行政强制措施和行政强制执行不服的；认为行政机关侵犯其经营自主权或者农村土地承包经营权、农村土地经营权的；认为行政机关滥用行政权力排除或者限制竞争的；认为行政机关违法集资、摊派费用或者违法要求履行其他义务的等。但法院不受理公民、法人或者其他组织对下列事项提起的诉讼：

➢国防、外交等国家行为；

➢行政法规、规章或者行政机关制定、发布的具有普遍约束力的决定、命令；

➢行政机关对行政机关工作人员的奖惩、任免等决定；

➢法律规定由行政机关最终裁决的具体行政行为。

（二）行政诉讼管辖

1.级别管辖

基层人民法院管辖第一审行政案件。中级人民法院管辖下列第一审行政案件：（1）海关处理的案件；（2）对国务院各部门或者县级以上人民政府所做的行政行为提起诉讼的案件；（3）本辖区内重大、复杂的案件；（4）其他法律规定由中级人民法院管辖的案件。

2.地域管辖

行政案件由最初做出具体行政行为的行政机关所在地人民法院管辖。经复议的案件，也可以由复议机关所在地人民法院管辖。经最高人民法院批准，高级人民法院可以根据审判工作的实际情况，确定若干人民法院跨行政区域管辖行政案件。对限制人身自由的行政强制措施不服提起的诉讼，由被告所在地或者原告所在地人民法院管辖。因不动产提起的行政诉讼，由不动产所在地人民法院管辖。

（三）起诉和受理

对属于人民法院受案范围的行政案件，公民、法人或者其他组织可以先向行政机关申请复议，对复议不服的，再向人民法院提起诉讼；也可以直接向人民法院提起诉讼。

公民、法人或者其他组织申请行政复议，行政复议机关已经依法受理的，或者法律、法规规定应当先向行政复议机关申请复议、对行政复议决定不服再向人民法院提起行政诉讼的，在法定行政复议期限内不得向人民法院提起行政诉讼。

法律、法规规定应当先向行政复议机关申请行政复议、对行政复议决定不服再向人民法院提起行政诉讼的，行政复议机关决定不予受理或者受理后超过行政复议期限不作答复的，公民、法人或者其他组织可以自收到不予受理决定书之日起或者行政复议期满之日起15日内，依法向人民法院提起行政诉讼。

公民、法人或者其他组织直接向人民法院提起诉讼的，应当自知道或者应当知道做出具体行政行为之日起6个月内提出，法律另有规定的除外。因不动产提起诉讼的案件自行政行为做出之日起超过20年，其他案件自行政行为做出之日起超过5年提起诉讼的，人民法院不予受理。

公民、法人或者其他组织因不可抗力或者其他不属于其自身的原因耽误起诉期限的，被耽误的时间不计算在诉讼期限内。公民、法人或者其他组织因上述情形以外的其他特殊情况耽误起诉期限的，在障碍消除后10日内，可以申请延长期限，是否准许由人民法院决定。

人民法院在接到起诉状时对符合法律规定的起诉条件的，应当登记立案。对当场不能判定是否符合法律规定的起诉条件的，应当接收起诉状，出具注明收到日期的书面凭证，并在7日内决定是否立案。不符合起诉条件的，做出不予立案的裁定。裁定书应当载明不予立案的理由。原告对裁定不服的，可以提起上诉。

公民、法人或者其他组织认为行政行为所依据的国务院部门和地方人民政府及其他部门制定的规范性文件（不含规章）不合法，在对行政行为提起诉讼时，可以一并请求对该规范性文件进行审查。

（四）审理和判决

人民法院公开审理行政案件，但涉及国家秘密、个人隐私和法律另有规定的除外。涉及商业秘密的案件，当事人申请不公开审理的，可以不公开审理。审理行政案件，不适用调解。但是，行政赔偿、补偿以及行政机关行使法律、法规规定的自由裁量权的案件可以调解。

人民法院审理行政案件，以法律和行政法规、地方性法规为依据。地方性法规适用于本行政区域内发生的行政案件。人民法院审理民族自治地方的行政案件，应以该民族自治地方的自治条例和单行条例为依据。人民法院审理行政案件，参照规章。

当事人认为审判人员、书记员、翻译人员、鉴定人、勘验人与本案有利害关系或者有其他关系可能影响公正审判，有权申请上述人员回避。上述人员认为自己与本案有利害关系或者有其他关系的，应当申请回避。

当事人不服人民法院第一审判决的，有权在判决书送达之日起15日内向上一级人民法院提起上诉。当事人不服人民法院第一审裁定的，有权在裁定书送达之日起10日内向上一级人民法院提起上诉。逾期不提起上诉的，人民法院的第一审判决或裁定发生法律效力。

第三节 法律责任

一、法律责任的概念

法律责任是现实社会生活中和现行法律、法规中常用和必不可少的一个法律术语，多见于一个法律规范性文件的后部。法律责任这一概念可以从正反两个方面理解，即积极意义（正面）的法律责任与消极意义（反面）的法律责任。积极意义的法律责任是指所有组织和个人都有遵守法律的义务，即将法律责任与法律义务含义等同，也称广义的法律责任。现行立法所用的法律责任是一种消极意义的法律责任，是指法律关系主体由于违反法定的义务而应承担的不利的法律后果，也称狭义的法律责任。

狭义的法律责任与违法行为和法律制裁紧密相连，三者保持着一定的逻辑关系。在违法行为与法律责任关系上，违法行为是因，法律责任是果；在法律责任与法律制裁关系上，法律责任是因，法律制裁是果。

违法行为是指一切违反现行法律要求的或超出现行法律允许范围以外的危害社会的活动。违法也有广义和狭义的理解。广义的违法包括一般违法和犯罪；狭义的违法是指不构成犯罪的一般违法行为。

法律制裁是由特定国家机关对违法者依其所应负的法律责任而实施的强制性惩罚措施。法律制裁与法律责任有着密切的联系。法律制裁是承担法律责任的重要方式，法律责任是前提，法律制裁是结果或体现。法律制裁的目的是强制责任主体承担否定的法律后果，惩罚违法者，恢复被侵害的权利和法律秩序。法律制裁与法律责任又有明显的区别，有法律责任不等于有法律制裁。当责任人主动履行了其应承担的法律责任时，就不存在法律制裁。只有由特定国家机关凭借国家强制力追究违法者的法律责任时，才称为法律制裁。

违法行为、法律责任、法律制裁三者中，违法行为是首要因素，它是法律责任和法律制裁的原因和前提。

二、法律责任的种类

根据我国法律的有关规定，可将法律责任分为民事责任、行政责任和刑事责任三种，也有人将民事责任和行政责任中的经济内容部分称为经济责任。

（一）民事责任

民事责任是指民事主体违反了约定或法定的义务所应承担的不利民事法律后果。根据《民法典》的规定，承担民事责任的主要形式如下：

微课

民法典姓“民”

➢停止侵害。这种责任形式适用于侵权行为正在进行或仍在延续中，受害人可依法要求侵害人立即停止其侵害行为。

➢排除妨碍。行为人实施的侵害行为使受害人无法行使或不能正常行使自己的财产权利、人身权利的，受害人有权请求排除妨碍。

➢消除危险。行为人的行为对他人人身和财产安全造成威胁，或存在着侵害他人人身或者财产的可能，他人有权要求行为人采取有效措施消除危险。

➢返还财产。行为人非法占有财产，权利人有权要求其返还。

➢恢复原状，即恢复权利被侵害前的原有状态。

➢修理、重作、更换，即将被损害的财产通过修理、重新制作或者更换损坏的部分，使财产恢复到原有正常状态。

➢继续履行。行为人不履行或不当履行合同义务，另一方合同当事人有权要求违反合同义务的行为人承担继续履行合同义务的责任。

➢赔偿损失。行为人因违反合同或者侵权行为而给他人造成损害，应以其财产赔偿受害人所受的损失。

➢支付违约金。行为人因违反合同规定的义务，而应按照合同的约定，向权利人支付一定数额的货币作为违约的补偿或惩罚。

➢消除影响、恢复名誉。行为人因其侵害了公民或者法人的人格、名誉而应承担的，在影响所及的范围内消除不良后果、将受害人的名誉恢复到未受侵害时的状态。

➢赔礼道歉。行为人向受害人公开认错、表示歉意的责任形式。既可由加害人向受害人口头表示，也可以由加害人以写道歉书的形式进行。

以上承担民事责任的方式，可以单独适用，也可以合并适用。

（二）行政责任

行政责任是指违反法律法规规定的单位和个人所应承受的由国家行政机关或国家授权单位对其依行政程序所给予的制裁。行政责任包括行政处罚和行政处分。

1.行政处罚

行政处罚是指行政主体对行政相对人违反行政法律规范尚未构成犯罪的行为所给予的法律制裁。行政处罚分为人身自由罚（行政拘留）、行为罚（责令停产停业、吊销或暂扣许可证和执照）、财产罚（罚款、没收财物）和声誉罚（警告）等多种形式。根据《行政处罚法》的规定，行政处罚的具体种类有：

（1）警告，是行政主体对违法者实施的一种书面形式的谴责和告诫。

（2）罚款，是指行政主体强制违法相对方承担金钱给付义务的处罚形式。

（3）没收违法所得、没收非法财物，是由行政主体实施的将行政违法行为人的违法收入、物品或者其他非法占有的财物收归国家所有的处罚形式。

（4）责令停产停业，是限制违法相对方从事生产、经营活动的处罚形式。一般常附有限期整顿的要求，如果受罚人在限期内纠正了违法行为，则可恢复生产、营业。

（5）暂扣或者吊销许可证、暂扣或者吊销执照，是禁止违法相对方从事某种特许权利或资格的处罚，行政主体依法收回或暂扣违法者已获得的从事某种活动的权利或资格的证书。吊销许可证、执照是对违法者从事某种活动或者其享有的某种资格的彻底取消；而暂扣许可证和执照，则是中止行为人从事某项活动的资格，待行为人改正以后或经过一定期限后，再发还。

（6）行政拘留，是对违反治安管理的人，依法在短期内限制其人身自由的处罚。

（7）法律、行政法规规定的其他行政处罚。

2.行政处分

行政处分是指对违反法律规定的国家机关工作人员或被授权、委托的执法人员所实施的内部制裁措施。

根据《中华人民共和国公务员法》，对违法违纪应当承担纪律责任的公务员给予的行政处分种类有：警告、记过、记大过、降级、撤职、开除六类。

（三）刑事责任

刑事责任是指触犯刑法的犯罪人所应承受的由国家审判机关（法院）给予的制裁后果，即刑罚。刑罚是法律责任中最严厉的责任形式，分为主刑和附加刑两类。

1.主刑

主刑是对犯罪分子适用的主要刑罚方法，包括：

（1）管制，是对犯罪分子不实行关押，但是限制其一定的自由，交由公安机关管束和监督的刑罚。期限为3个月以上2年以下。

（2）拘役，是剥夺犯罪分子短期的人身自由的刑罚，由公安机关就近执行。期限为1个月以上6个月以下。

（3）有期徒刑，是剥夺犯罪分子一定期限的人身自由，实行劳动改造的刑罚。期限为6个月以上15年以下。

（4）无期徒刑，是剥夺犯罪分子终身自由，实行劳动改造的刑罚。

（5）死刑，是剥夺犯罪分子生命的刑罚。死刑只适用于罪行极其严重的犯罪分子。对于应当判处死刑的犯罪分子，如果不是必须立即执行的，可以判处死刑同时宣告缓期2年执行。

2.附加刑

附加刑是补充、辅助主刑适用的刑罚方法。附加刑可以附加于主刑之后作为主刑的补充，同主刑一起适用；也可以独立适用。附加刑包括：

（1）罚金，是强制犯罪分子或者犯罪的单位向国家缴纳一定数额金钱的刑罚。

（2）剥夺政治权利，是剥夺犯罪分子参加国家管理和政治活动权利的刑罚。剥夺的具体政治权利是指：选举权和被选举权；言论、出版、集会、结社、游行、示威自由的权利；担任国家机关职务的权利；担任国有公司、企业、事业单位和人民团体领导职务的权利。

（3）没收财产，是指没收犯罪分子个人所有财产的一部分或者全部，强制无偿地收归国有的刑罚。

（4）驱逐出境，是强迫犯罪的外国人离开中国国（边）境的刑罚。

一人犯数罪的，除判处死刑和无期徒刑的以外，应当在总和刑期以下、数刑中最高刑期以上，酌情决定执行刑罚，但是管制最高不能超过3年，拘役最高不能超过1年，有期徒刑总和刑期不满35年的，最高不能超过20年，总和刑期在35年以上的，最高不能超过25年。数罪中有判处附加刑的，附加刑仍须执行，其中，附加刑种类相同的，合并执行；种类不同的，分别执行。

【随堂测】（多选题）下列法律责任形式中，属于刑事责任的有（　　）。

A.罚金　　B.罚款

C.没收财产　　D.没收违法所得

本章小结

法是统治阶级意志的体现，具有国家意志性、强制性、规范性、公开性和普遍约束性等特征。法律关系是法律上的权利与义务关系，由法律关系的主体、法律关系的内容和法律关系的客体三个要素构成。任何法律关系的发生、变更和消灭，都要有法律事实的存在。法律事实包括法律事件和法律行为。

我国法律的形式主要有宪法，法律，行政法规，地方性法规、自治条例和单行条例，特别行政区的法，规章，国际条约等，我国现行法律体系由宪法及宪法相关法法律部门，民商法法律部门，行政法法律部门，经济法法律部门，劳动法、社会法法律部门，刑法法律部门，诉讼与非诉讼程序法法律部门等七个主要法律部门构成。

经济纠纷是市场经济主体之间因经济权利和经济义务的矛盾而引起的权益争议，解决经济纠纷的途径和方式主要有仲裁、民事诉讼、行政复议和行政诉讼。其中，仲裁和民事诉讼是适用于横向关系经济纠纷的解决方式，行政复议与行政诉讼则是针对纵向关系经济纠纷的解决方式。

法律责任，是指法律关系主体由于违反法定的义务而应承受的不利的法律后果，包括民事责任、行政责任和刑事责任。民事责任和行政责任中的经济内容部分也可称为经济责任。

本章练习

一、选择题

1.下列关于法的本质与特征的表述中，正确的是（　　）。

A.法是由国家制定或认可的规范

B.法是全社会成员共同意志的体现

C.法由统治阶级的物质生活条件所决定

D.法凭借国家强制力的保证获得普遍遵行的效力

2.下列各项中，属于法律事实的有（　　）。

A.纵火　　B.爆发战争　　C.地震　　D.签发汇票

3.下列法的形式中，属于国家的根本大法、具有最高法律效力的是（　　）。

A.《中华人民共和国全国人民代表大会组织法》

B.《中华人民共和国立法法》

C.《中华人民共和国宪法》

D.《中华人民共和国刑法》

4.下列争议解决方式中，适用于解决平等民事主体当事人之间发生的经济纠纷的有（　　）。

A.仲裁　　B.民事诉讼　　C.行政复议　　D.行政诉讼

5.下列纠纷中，可以适用《仲裁法》解决的是（　　）。

A.甲、乙之间的农村土地承包合同纠纷

B.甲、乙之间的货物买卖合同纠纷

C.甲、乙之间的遗产继承纠纷

D.甲、乙之间的劳动争议纠纷

6.根据《仲裁法》的规定，下列关于仲裁委员会的表述中，正确的有（ ）。

A.仲裁委员会是司法机关

B.仲裁委员会不按行政区划层层设立

C.仲裁委员会独立于行政机关

D.仲裁委员会之间没有隶属关系

7.甲、乙因房屋买卖纠纷欲提起诉讼，则对该案件享有管辖权的法院是（ ）。

A.甲住所地法院　　B.乙住所地法院

C.房屋所在地法院　　D.甲、乙协议的法院

8.当事人拒绝履行已经发生法律效力的民事判决时，以另一方当事人申请，法院可以采取的强制执行措施有（ ）。

A.查询、冻结、划拨被执行人的财产

B.扣留、提取被执行人的财产

C.搜查被执行人的财产

D.要求有关单位办理财产权证明转移手续

9.根据《行政复议法》的规定，下列各项中，不属于行政复议范围的是（ ）。

A.对市场监督管理机关做出的吊销营业执照决定不服

B.对市场监督管理机关做出的罚款决定不服

C.对财政部门做出的五年内不得从事会计工作决定不服

D.对税务机关做出的给予其职工的撤职处分决定不服

10.下列法律责任形式中，属于刑事责任的有（ ）。

A.罚金　　B.罚款

C.没收财产　　D.没收违法所得

选择题

二、判断题

1.统治阶级意志的内容是由统治阶级的物质生活条件所决定的。（ ）

2.法是超阶级的产物，是社会各阶级意志的集中体现。（ ）

3.行政法律关系是调整平等主体之间的财产关系等而形成的法律关系。（ ）

4.法律主体的数目因法律关系的具体情况而定，但任何一个法律关系至少要有两个主体，只有如此才能形成以权利和义务为内容的法律关系。（ ）

5.法律关系的客体主要包括物、智力成果和行为，人身不能成为法律关系的客体。（ ）

6.法律事件与法律行为之间的区别在于是否以当事人的意志为转移。（ ）

7.财政部发布的《企业会计准则》应属于行政法规的范畴。（ ）

8.当事人之间发生的经济纠纷都可以在仲裁和民事诉讼之间进行选择。（ ）

9.各级法院的辖区和各级行政区划是一致的。（ ）

10.申请人申请行政复议，必须采用书面申请。（ ）

11.行政复议参加人包括申请人、被申请人和第三人。（ ）

12.行政诉讼是行政法制监督的一种特殊形式。（ ）

判断题

三、思考题

1.什么是法律关系？法律关系由哪些要素构成？

2. 我国法的基本形式有哪些？我国现行法律体系由哪些法律部门组成？

3. 在我国，经济纠纷的解决途径和方式有哪些？应如何选择？

4. 如何理解法律责任？根据我国法律规定，法律责任包括哪些种类？

思考题

第二章　会计法律制度

学习目标

- 了解会计法律制度的构成，掌握会计工作的基本管理制度和管理方法。
- 了解会计机构与会计人员的职责权限，掌握会计机构设置与会计人员配备的基本要求，理解会计职业道德的内涵。
- 了解会计核算的基本内容，掌握会计核算的基本原则与基本方法，以及财务会计报告与会计档案管理的基本要求。
- 了解并掌握会计监督的基本内容，以及“三位一体”的会计监督体系的基本内涵。
- 了解应承担法律责任的会计违法行为，以及应承担法律责任的具体种类。

第一节　会计法律制度的构成

一、会计法律体系

会计法律制度是指国家权力机关和行政机关制定的各种有关会计工作的法律、法规、规章和规范性文件的总称。会计法律制度是调整会计关系的法律规范。会计关系是会计机构和会计人员在办理会计事务过程中以及国家在管理会计工作过程中发生的经济关系。在一个单位，会计关系的主体为会计机构和会计人员，客体为与会计工作相关的具体事务。

为保证会计工作的有序进行，国家通过制定一系列会计法律制度，调整和规范各种会计关系。目前，我国的会计法律制度基本形成了以《中华人民共和国会计法》为主体的比较完整的会计法律体系，主要包括会计法律、会计行政法规和国家统一的会计制度三个层次。

（一）会计法律

会计法律是指由全国人民代表大会及其常务委员会经过一定立法程序制定的有关会计工作的法律，是调整我国经济生活中会计关系的法律总规范。我国目前有两部会计法律，分别是《中华人民共和国会计法》（以下简称《会计法》）和《中华人民共和国注册会计师法》（以下简称《注册会计师法》）。

1.《会计法》

现行的《会计法》是2017年11月4日第十二届全国人民代表大会常务委员会第三十次会议修订，自2017年11月5日起施行的，是一部与新经济环境相适应的新会计法典。《会计法》是会计法律制度中层次最高的法律规范，是制定其他会计法规的依据，是指导会计工作的最高准则。

《会计法》的立法宗旨是规范会计行为，保证会计资料真实、完整，加强经济管理和财务管理，提高经济效益，维护社会主义市场经济秩序。《会计法》主要规定了会计工作的基本目的、会计管理权限、会计责任主体、会计核算和会计监督的基本要求、会计人员和会计机构的职责权限，以及会计法律责任。

2.《注册会计师法》

为了发挥注册会计师在社会经济活动中的鉴证和服务作用，加强对注册会计师的管理，维护社会公共利益和投资者的合法权益，促进社会主义市场经济的健康发展，1993年10月31日第八届全国人民代表大会常务委员会第四次会议通过了《注册会计师法》，该法于2014年8月31日第十二届全国人民代表大会常务委员会第十次会议修订。

（二）会计行政法规

会计行政法规是由国务院制定并发布或者由国务院有关部门拟定经国务院批准颁布的，用以调整经济生活中某些方面会计关系的法律规范，如2011年1月8日国务院修订发布的《总会计师条例》和2000年6月21日国务院颁布的《企业财务会计报告条例》等。

（三）国家统一的会计制度

国家统一的会计制度是指国务院财政部门根据《会计法》制定的关于会计核算、会计监督、会计机构和会计人员以及会计工作管理的制度，包括会计部门规章和会计规范性文件。

1.会计部门规章

会计部门规章是国务院财政部门以部长令发布的，对会计核算、会计管理制度等方面所作的具体规范，如2006年2月15日发布并于2007年1月1日起实施、2014年7月23日修订的《企业会计准则——基本准则》（财政部令2014年第76号），2019年3月14日修订发布的《代理记账管理办法》（财政部令第98号）等。在会计法规体系中，部门规章所占的比例较大，且涉及面较广，具有较强的及时性、针对性和普遍适用性。

2.会计规范性文件

会计规范性文件是财政部门以财会字文件印发的，针对具体会计问题所作的具体规范，如2006年2月15日发布的具体会计准则（财会字〔2006〕3号）及其应用指南（财会字〔2006〕18号），2018年5月19日发布的《关于印发〈会计专业技术人员继续教育规定〉的通知》（财会〔2018〕10号），2019年3月14日财政部修订发布的《会计基础工作规范》（财政部令第98号）等。此外，会计规范性文件还包括其他有关会计处理问题的解释性文件，如财政部印发的《企业会计准则解释第6号》（财会〔2014〕1号）等。在会计法规体系中，规范性文件的针对性最强，具有及时性、解释性和可操作性强等特点，是规范会计实务的主要形式，对会计实务产生直接影响。

微课

我国会计法律体系的建立与完善

二、会计工作管理体制

会计工作管理体制是指会计工作的管理制度和管理方法，具体包括会计工作管理组织形式、管理权限划分、管理机构设置等内容。根据我国《会计法》第七条的规定，国务院财政部门主管全国的会计工作；县级以上地方各级人民政府财政部门管理本行政区域内的会计工作。可见，财政部门是我国会计工作的主管机关。

（一）会计工作的行政管理

会计工作的行政管理是指会计工作的主管部门（即财政部门）按照“统一领导，分级管理”的原则，在宏观上对会计工作进行必要的指导、监督和管理，包括制定会计政策、会计标准，进行会计政策和标准执行情况的检查，会计人员专业技术资格的确认，会计人员行使职权的保障，以及会计方面的教育和培训等。

财政部门履行的会计行政管理职能主要有：

1.会计准则制度及相关标准规范的制定和组织实施

《会计法》规定，国家实行统一的会计制度。国家统一的会计制度由国务院财政部门根据《会计法》制定并公布；国务院有关部门对会计核算和会计监督有特殊要求的行业，可以依照《会计法》和国家统一的会计制度，制定实施国家统一会计制度的具体办法或者补充规定，报国务院财政部门审核批准。中国人民解放军总后勤部可以依照《会计法》和国家统一的会计制度，制定军队实施国家统一的会计制度的具体办法，报国务院财政部门备案。会计准则制度及相关标准规范由财政部门组织实施，并对执行情况进行监督。

小思考2-1 会计制度与会计准则的关系如何？

2.会计市场管理

会计是一项专业性很强的工作，会计信息质量以及会计师事务所执业质量直接影响到市场秩序，进而关系到国家和社会公众利益。在市场经济条件下，政府必须加强对会计市场的管理，包括会计市场的准入管理、过程的监管和会计市场退出管理三个方面。根据《会计法》和《注册会计师法》的规定，财政部门是会计行业和注册会计师行业的主管部门，履行相应的会计市场管理职责。其中，会计市场准入包括注册会计师执业资格、会计师事务所的设立、代理机构的设立等；会计市场退出方式主要包括撤销许可证、吊销执业资格证书等。

3.会计专业人才评价

我国会计专业人才评价机制包括初级、中级、高级会计人才的评价和会计行业领军人才的培养评价等。对初级、中级、高级会计人才的评价，主要是通过会计专业技术考试来进行，由财政部门组织实施，人力资源和社会保障部门监督指导，包括初级、中级、高级三种级别的会计专业技术资格全国统一考试。

会计领军人才培养是适应我国当前经济发展的一种新的会计人才评价方式。财政部负责组织全国范围内的会计领军人才培养工作，地方财政部门和中央各单位负责本地区、本部门、本系统内的会计领军人才培养工作。

对会计人员的表彰奖励也属于会计专业人才评价的范畴。《会计法》规定，对认真执行《会计法》，忠于职守，坚持原则，做出显著成绩的会计人员，给予精神的或物质的奖励。

此外，我国规定会计人员应当参加继续教育，以不断提高会计人员的专业胜任能力，促进会计人员整体素质的提高。

4.会计监督检查

会计监督检查属于政府市场监督的范畴，它是规范会计秩序，打击违法行为，保证会计信息质量，保护国家、投资者、债权人、社会公众利益，维护社会主义市场经济秩序的重要举措。财政部门实施的会计监督检查主要是会计信息质量检查和会计师事务所执业质量检查。

根据《会计法》的规定，县级以上人民政府财政部门为各单位会计工作的监督检查部门，对各单位会计工作行使监督权，对违法会计行为实施行政处罚。因此，财政部门是《会计法》的执行主体，是会计工作的政府监督实施主体。其中，财政部门是指国务院财政部门、国务院财政部门的派出机构和县级以上人民政府财政部门。

财政部应当加强对省级财政部门监督、指导注册会计师、会计师事务所工作的监督检查。省级财政部门应当建立信息报告制度，对会计师事务所、注册会计师发生的重大违法违规案件及时上报财政部。

（二）会计工作的自律管理

会计行业自律管理制度是对行政管理制度的一种有益的补充，有助于督促会计人员依法开展会计工作，树立良好的行业风气，促进行业发展。

1.中国注册会计师协会

中国注册会计师协会是依据《注册会计师法》和《社会团体登记管理条例》的有关规定设立的社会团体法人，是中国注册会计师行业的自律管理组织，成立于1988年11月。

中国注册会计师协会分别于1996年10月和1997年5月加入亚太会计师联合会和国际会计师联合会，并与40多个境外会计师职业组织建立了友好合作和交往关系。

中国注册会计师协会最高权力机构为全国会员代表大会。全国会员代表大会选举产生理事会。理事会选举产生会长、副会长、常务理事会。理事会设若干专门委员会和专业委员会。常务理事会在理事会闭会期间行使理事会职权。协会下设秘书处，为其常设执行机构。

中国注册会计师协会的基本职责包括：拟定注册会计师执业准则、规则，监督、检查实施情况；组织对注册会计师的任职资格、注册会计师和会计师事务所的执业情况进行年度检查；制定行业自律管理规范，对违反行业自律规范的行为予以惩戒；组织实施注册会计师全国统一考试等。

2.中国会计学会

中国会计学会是由全国会计领域各类专业组织及会计理论界、实务界会计工作者自愿结成的“会员制”社会组织。以组织、推动会计理论和实务交流，建立和完善适应社会主义市场经济发展需要的、具有国际影响力的会计理论与方法体系为目标；致力于通过专业活动为会员提供终身持续的专业化服务，同时为社会提供不同层次的专业人才。中国会计学会个人会员中许多人在各自领域担任重要职务。中国会计学会还有单位会员，涵盖国有大中型企业、高等院校、省级会计管理机构。

（三）单位会计工作管理

1.单位负责人要组织、管理好本单位的会计工作

单位负责人负责单位内部的会计工作管理，应当保证会计机构、会计人员依法履行职责，不得授意、指使、强令会计机构、会计人员违法办理会计事项。由于单位负责人是单位的最高管理者，必须对本单位的一切经营管理和业务活动负有责任，当然也必须对会计工作和会计资料的真实性、完整性负有责任。

2.会计人员的选拔任用由所在单位具体负责

根据会计相关法规的规定，会计从业人员必须具备相应的资格条件，总会计师、会计机构负责人或会计主管人员必须具备符合要求的专业技术职务资格或工作经历。各单位应当依法选拔任用（或聘用）会计人员，加强对本单位会计人员的管理，依法合理设置会计岗位，督促会计人员按照国家统一的会计制度的规定进行会计核算和监督。

三、会计人员管理体制

会计人员管理体制是对会计从业人员的职业道德、会计专业职务和会计专业技术资格、会计继续教育等进行管理所建立的制度，主要包括会计专业技术资格管理、会计继续教育和会计职业道德规范等内容。

（一）会计专业职务与会计专业技术资格

1.会计专业职务

会计专业职务，即会计职称，是区别会计人员业务技能的技术等级。根据《关于深化会计人员职称制度改革的指导意见》（人社部发〔2019〕8号）的规定，会计人员职称层级分为初级、中级、副高级和正高级。初级职称只设助理级，高级职称分副高级和正高级，形成初级、中级、高级层次清晰、相互衔接、体系完整的会计人员职称评价体系。初级、中级、副高级和正高级职称名称依次为助理会计师、会计师、高级会计师和正高级会计师。会计各等级专业职务的主要工作职责和任职条件如下：

（1）助理会计师的主要工作职责和任职条件。

助理会计师主要负责草拟一般的财务会计制度、规定、办法，解释、解答财务会计法规、制度中的一般规定，分析、检查某一方面或某些项目的财务收支和预算的执行情况。其基本任职条件为：❶掌握一般的财务会计基础理论和专业知识。❷熟悉并能正确执行有关的财经方针、政策和财务会计法规、制度。❸能担负一个方面或某个重要岗位的财务会计工作。❹取得硕士学位，或取得第二学士学位或研究生班结业证书，具备履行助理会计师职责的能力；大学本科毕业，在财务会计工作岗位上见习1年期满；大学专科毕业并担任会计员职务2年以上；中等专业学校毕业并担任会计员职务4年以上。

（2）会计师的主要工作职责和任职条件。

会计师主要负责草拟比较重要的财务会计制度、规定、办法，解释、解答财务会计法规、制度中的重要问题，分析、检查财务收支和预算执行情况，培养初级会计人才。其基本任职条件为：❶较系统地掌握财务会计基础理论和专业知识。❷掌握并能正确贯彻执行有关的财经方针、政策和财务会计法规制度。❸具有一定的财务会计工作经验，能担负一个单位或者管理一个地区、一个部门、一个系统某个方面的财务会计工作。❹取得博士学位，并具有履行会计师职能的能力；取得硕士学位并担任助理会计师职务2年左右；取得

第二学士学位或研究生班结业证书，并担任助理会计师职务2～3年；大学本科或大学专科毕业并担任助理会计师职务4年以上。❺掌握一门外语。

（3）高级会计师的主要工作职责和任职条件。

高级会计师主要负责草拟和解释、解答一个地区、一个部门、一个系统或在全国施行的财务会计法规、制度、办法，组织和指导一个地区或一个部门、一个系统的经济核算和财务会计工作，培养中级以上会计人才。

高级会计师的基本任职条件为：❶能较系统地掌握经济、财务会计理论和专业知识。❷具有较高的政策水平和丰富的财务会计工作经验，能担负一个地区、一个部门或一个系统的财务会计管理工作。❸取得博士学位并担任会计师职务2～3年；取得硕士学位、第二学士学位或研究生班结业证书，大学本科毕业并担任会计师职务5年以上。❹较熟练地掌握一门外语。

（4）正高级会计师的主要工作职责和任职条件。

正高级会计师的主要工作职责与高级会计师基本相同，其基本任职条件包括：必须遵守宪法和法律，具有良好的职业道德和敬业精神，具备正常履行岗位职责必需的身体条件和心理素质。还应同时具备以下条件：❶具有系统、扎实的专业理论和实践功底，科研水平、学术造诣或科学实践能力强，全面掌握本专业国内外前沿发展动态，取得重大理论研究成果和关键技术突破，或取得其他创造性研究成果，推动了本专业的发展。❷长期从事本专业工作，工作业绩突出，能够主持完成本专业领域重大项目，能够解决重大疑难问题或掌握关键技术，取得了显著的经济效益和社会效益。❸在本专业领域具有较高的知名度和影响力，在指导、培养中青年学术技术骨干方面做出突出贡献，发挥了较强的引领和示范作用。❹一般应具有大学本科及以上学历，取得本系列相应专业副高级职称，在副高级岗位上从事相关工作5年及以上。

对各级专业职务的学历和从事财务会计工作年限的要求，一般都应具备，但对确有真才实学、成绩显著、贡献突出、符合任职条件的，在确定其相应专业职务时，可以不受以上学历和工作年限的限制规定。

2.会计专业技术资格

会计专业技术资格，简称会计资格，是指担任会计专业职务的任职资格。会计专业技术资格分为初级资格、中级资格和高级资格三个级别，分别对应初级、中级、副高级会计职称（会计专业职务）的任职资格。目前，初级、中级资格实行全国统一考试制度，高级会计师资格实行考试与评审相结合制度。

（1）初级、中级会计专业技术资格的取得。

初级、中级会计专业技术资格的取得实行全国统一考试制度，实行全国统一组织、统一考试时间、统一考试大纲、统一考试命题和统一合格标准。会计专业技术初级资格的考试科目分为初级会计实务、经济法基础两个科目。参加初级资格考试的人员必须在一个考试年度内通过全部科目的考试。会计专业技术中级资格的考试科目分为中级会计实务、财务管理和经济法。中级会计资格考试成绩以两年为一个周期，单科成绩采取滚动计算的方法；初级会计资格考试未实行单科成绩采取滚动计算的方法，而实行一年内一次通过全部科目考试的方法。

报名参加会计专业技术资格考试的人员，应具备下列基本条件：坚持原则，具备良好的职业道德品质；认真执行《中华人民共和国会计法》（简称《会计法》）和国家统一的会计制度，以及有关财经法律、法规、规章制度，无严重违反财经纪律的行为；履行岗位职责，热爱本职工作。报名参加会计专业技术初级资格考试的人员，还必须具备教育部门认可的高中毕业以上学历。报名参加会计专业技术中级资格考试的人员，除上述各项基本条件外，还必须具备下列条件之一：取得大学专科学历，从事会计工作满5年；取得大学本科学历，从事会计工作满4年；取得双学士学位或研究生班毕业，从事会计工作满2年；取得硕士学位，从事会计工作满1年；取得博士学位。

上述考试报名条件中所说的学历是指国家教育部门承认的学历；会计工作年限是指取得相应学历前、后从事会计工作时间的总和。

通过全国统一考试取得初级或中级会计专业技术资格的会计人员，表明其已具备担任相应级别会计专业技术职务的任职资格。用人单位可根据工作需要和德才兼备的原则，从获得会计专业技术资格的会计人员中择优录取。对于已取得中级会计资格并符合国家有关规定的会计人员，可聘任会计师职务；对于已取得初级会计资格的人员，如具备大专毕业且担任会计员职务满2年，或中专毕业担任会计员职务满4年，或者不具备规定学历，担任会计员职务满5年并符合国家有关规定的，可聘任助理会计师职务。不符合以上条件的人员，可聘任会计员职务。

（2）高级会计师资格的取得。

高级会计师资格的取得实行考试与评审相结合制度。凡申请参加高级会计师资格评审的人员，须经考试合格后，方可参加评审。考试科目为：高级会计实务。高级会计师考试实行国家统一考试，考试大纲由财政部制定并公布，主要考核应试者运用会计、财务、税收等相关的理论知识、政策法规，对所提供的有关背景资料和业务进行分析、判断和处理的综合能力。参加国家统一考试并达到合格标准的人员，由全国会计专业技术资格考试办公室核发高级会计师资格考试成绩合格证，该证书在全国范围内3年有效。考试合格并符合规定条件的可在考试合格成绩有效期内，向所在省、自治区、直辖市或中央单位会计专业高级职务评审委员会申请进行评审，通过后即表示其已具备担任高级会计师的资格，经单位聘任或任命后担任高级会计师。

（3）正高级会计师资格的取得。

正高级会计师资格的取得则实行评审制度，即满足申报条件的人员向所在省、自治区、直辖市或中央单位会计专业高级职务评审委员会申请进行评审，通过后即表示其已具备担任正高级会计师的资格，经单位聘任或任命后担任正高级会计师。

（二）会计专业技术人员的继续教育

1.会计专业技术人员继续教育工作的基本原则

会计专业技术人员继续教育是指对会计专业技术人员持续接受一定形式的、有组织的理论知识、专业技能和职业道德的教育和培训活动，不断提高和保持其专业胜任能力和职业道德水平。为加强会计专业技术人员继续教育的管理，推进会计专业技术人员继续教育工作科学化、规范法、信息化，培养造就高素质的会计队伍，提高会计专业技术人员的专业胜任能力，财政部于2018年5月修订发布了《会计专业技术人员继续教育规定》。该规定明确要求，会计专业技术人员继续教育工作应当遵循以下基本原则：

（1）以人为本，按需施教。会计专业技术人员继续教育面向会计专业技术人员，引导会计专业技术人员更新知识、拓展技能，完善知识结构、全面提高素质。

（2）突出重点，提高能力。把握会计行业发展趋势和会计专业技术人员从业基本要求，引导会计专业技术人员树立诚信理念、提高职业道德和业务素质，全面提升专业胜任能力。

（3）加强指导，创新机制。统筹教育资源，引导社会力量参与继续教育，不断丰富继续教育内容，创新继续教育方式，提高继续教育质量，逐步形成政府部门规划指导、社会力量积极参与、用人单位支持配合的会计专业技术人员继续教育新格局。

2.会计专业技术人员继续教育的内容

会计专业技术人员继续教育的内容包括公需科目和专业科目。其中，公需科目包括专业技术人员应当普遍掌握的法律法规、政策理论、职业道德、技术信息等基本知识；专业科目包括会计专业技术人员从事会计工作应当掌握的财务会计、管理会计、财务管理、内部控制与风险管理、会计信息化、会计职业道德、财税金融、会计法律法规等相关专业知识。

3.会计专业技术人员继续教育的形式和学分要求

会计专业技术人员继续教育的形式具有多样性。会计专业技术人员可以自愿选择参加继续教育的形式。根据《会计专业技术人员继续教育规定》的规定，会计专业技术人员继续教育的形式主要有：❶参加继续教育管理部门组织的会计专业技术人员继续教育培训、高端会计人才培训、全国会计专业技术资格考试等会计相关考试、会计类专业会议等。❷参加会计继续教育机构或用人单位组织的会计专业技术人员继续教育培训。❸参加国家教育行政主管部门承认的中专以上（含中专，下同）会计类专业学历（学位）教育；承担继续教育管理部门或行业组织（团体）的会计类研究课题，或在有国内统一刊号（CN）的经济、管理类报刊上发表会计类论文；公开出版会计类书籍；参加注册会计师、资产评估师、税务师等继续教育培训。❹继续教育管理部门认可的其他形式。

具有会计专业技术资格的人员应当自取得会计专业技术资格的次年开始参加继续教育，并在规定时间内取得规定学分。不具有会计专业技术资格但从事会计工作的人员应当自从事会计工作的次年开始参加继续教育，并在规定时间内取得规定学分。

会计专业技术人员参加继续教育实行学分制管理，每年参加继续教育取得的学分不少于90学分。其中，专业科目一般不少于总学分的2/3。会计专业技术人员参加继续教育取得的学分，在全国范围内当年度有效，不得结转以后年度。

用人单位应当建立本单位会计专业技术人员继续教育与使用、晋升相衔接的激励机制，将参加继续教育情况作为会计专业技术人员考核评价、岗位聘用的重要依据。会计专业技术人员参加继续教育情况，应当作为聘任会计专业技术职务或者申报评定上一级资格的重要条件。

对会计专业技术人员参加继续教育情况实行登记管理。

（三）会计职业道德

1.会计职业道德及其内容

会计职业道德是指会计人员在会计工作中应当遵循的、体现会计职业特征、调整会计职业关系的职业行为准则和规范。它是调整与单位有关各方面经济利益关系、有效达成财务会计目标和内部会计控制目标的手段。自律是会计从业人员职业道德建设的基石。会计人员应当自觉遵守会计职业道德规范，以规范要求约束自己的职业行为。

会计职业道德规范，是一般社会道德规范在会计职业行为活动中的具体体现，是由会计职业活动的具体内容、方式、所涉及的权责利关系等所决定的。就内容而言，它构成引导、制约、调节会计行为的道德准则；对外而言，它代表着整个会计职业界对社会所承担的道德责任和义务。根据我国国情和现有的会计职业道德规范，结合国际上会计职业道德的一般要求，我国会计职业道德规范的主要内容包括以下八个方面：

（1）爱岗敬业。要求会计人员正确认识会计职业，树立职业荣誉感；热爱会计工作，敬重会计职业；安心工作，任劳任怨；严肃认真，一丝不苟；忠于职守，尽职尽责。

（2）诚实守信。要求会计人员做老实人，说老实话，办老实事，不搞虚假；保密守信，不为利益所诱惑；执业谨慎，信誉至上。

（3）廉洁自律。要求会计人员树立正确的人生观和价值观；公私分明、不贪不占；遵纪守法，一身正气。廉洁就是不贪污钱财，不收受贿赂，保持清白。自律是指按照一定的标准，自己约束自己、自己控制自己的言行和思想的过程。自律的核心是用道德观念自觉抵制自己的不良欲望。对于整天与钱财打交道的会计人员来说，经常会受到财、权的诱惑，如果职业道德观念不强、自律意志薄弱，很容易成为权、财的奴隶，走向犯罪的深渊。

（4）客观公正。要求会计人员端正态度，依法办事；实事求是，不偏不倚；如实反映，保持应有的独立性。

（5）坚持准则。要求会计人员熟悉国家法律、法规和国家统一的会计制度，始终坚持按法律、法规和国家统一的会计制度的要求进行会计核算，实施会计监督。会计人员在实际工作中，应当以准则作为自己的行动指南，在发生道德冲突时，应坚持准则，维护国家利益、社会公众利益和正常的经济秩序。

（6）提高技能。要求会计人员具有不断提高会计专业技能的意识和愿望；具有勤学苦练的精神和科学的学习方法，刻苦钻研，不断进取，提高业务水平。

（7）参与管理。要求会计人员在做好本职工作的同时，努力钻研业务，全面熟悉本单位经营活动和业务流程，主动提出合理化建议，积极参与管理，使管理活动更有针对性和实效性。

（8）强化服务。要求会计人员树立服务意识，提高服务质量，努力维护和提升会计职业的良好社会形象。

2.会计职业道德与会计法律制度的关系

会计职业道德与会计法律制度作为社会规范，均属于会计人员行为规范的范畴，两者既相互联系，又相互区别。在社会主义市场经济条件下，会计法律制度与会计职业道德共同对会计人员及其会计行为发挥规范作用。

（1）会计职业道德与会计法律制度的联系。

会计职业道德是会计法律制度正常运行的社会和思想基础，而会计法律制度则是促进会计职业道德规范形成和得到遵守的制度保障。会计职业道德与会计法律制度有着共同的目标、相同的调整对象，承担着同样的职责，都是通过约束会计职业行为，调整在会计活动中发生的各种具体经济关系，以达到保证会计主体的资产安全与完整、会计信息的真实与可靠、提高经济效益的目的。

在内容上，会计法律制度中含有会计职业道德规范的内容，同时，会计职业道德规范中也包含会计法律制度的某些条款。会计法律制度中的许多具体规定，直接或间接地反映了会计职业道德的要求，是从会计职业道德规范中转化而来的。因此，在一般情况下，凡是会计法律制度不允许的行为，都是会计职业道德要谴责的行为；而会计法律制度所规定的行为，又都是会计职业道德所倡导的行为，会计法律制度是会计职业道德的最低要求。

总之，会计职业道德与会计法律制度在内容上相互渗透、相互重叠，在地位上相互转化、相互吸收，在实施上相互作用、相互促进，共同维护着正常的会计职业环境。

（2）会计职业道德与会计法律制度的主要区别。

会计职业道德与会计法律制度既有相互联系的一面，也存在有差异的一面。会计职业道德与会计法律制度的差异，主要体现在以下几个方面：❶性质不同。会计法律制度通过国家机器强制执行，具有很强的他律性；会计职业道德主要依靠会计从业人员的自觉性，具有很强的自律性。❷作用范围不同。会计法律制度侧重于调整会计人员的外在行为和结果的合法化；会计职业道德不仅要求调整会计人员的外在行为，还要调整会计人员的内在精神世界。❸表现形式不同。会计法律制度是通过一定的程序由国家立法机关或行政管理机关制定的，其表现形式是具体的、明确的、正式形成文字的成文规定；会计职业道德出自于会计人员的职业生活和职业实践，其表现形式既有明确的成文规定，也有不成文的规范，存在于人们的意识和信念之中。❹实施保障机制不同。会计法律制度由国家强制力保障实施；会计职业道德既有国家法律的相应要求，又需要会计人员的自觉遵守。❺评价标准不同。会计法律制度以法律规定为评价标准，会计职业道德以道德评价为标准。

3.会计职业道德教育

发挥会计职业道德的作用，提升我国会计人员会计职业道德水平，离不开会计职业道德教育。会计职业道德教育的主要形式包括接受教育和自我教育。接受教育是指通过学校或培训单位对会计人员进行以职业责任、职业义务为核心内容的正面灌输，以规范其职业行为，维护国家和社会公众利益的教育；自我教育是指会计人员自我学习、提高自身道德修养的行为活动。

（1）会计职业道德教育的内容。

会计职业道德教育主要包括观念教育、规范教育和警示教育三个方面。会计职业道德观念教育是指通过学习会计职业道德知识，树立会计职业道德观念，了解会计职业道德对社会经济秩序、会计信息质量的影响，以及违反会计职业道德将受到的惩戒和处罚；会计职业道德规范教育是以会计职业道德规范为核心，以爱岗敬业、诚实守信、廉洁自律、客观公正、坚持准则、提高技能、参与管理和强化服务为主要内容进行的会计职业道德规范教育，它贯穿于会计职业道德教育的始终；会计职业道德警示教育是通过对违反会计职业道德行为和违法会计行为的典型案例进行讨论和剖析，从中得到警示，以增强法律意识、会计职业道德观念和辨别是非的能力。

会计职业道德教育除上述内容外，还包括其他与会计职业道德相关的教育，如形势政策教育、法治教育、业务素质和心理素质等其他方面的配套教育，以提高会计人员的政治思想觉悟和综合业务素质与能力。

（2）会计职业道德教育的途径。

会计职业道德教育的途径多种多样，在我国当前的市场经济体制下，会计职业道德教育的途径主要有以下几种：

❶通过会计学历教育进行会计职业道德教育。在学习会计理论和技能的同时，学习会计职业道德规范内容，了解会计职业面临的道德风险，树立会计职业道德情感和观念，提高运用道德标准判断是非的能力。

❷通过会计继续教育进行会计职业道德教育。在不断更新、补充、拓展会计专业理论、业务能力的同时，通过会计职业道德信念教育、会计职业义务教育、会计职业荣誉教育，形成良好的会计职业道德品行。

❸通过会计人员的自我教育与修养进行会计职业道德教育。通过自我教育、自我锻炼、自我修养，将会计职业道德规范转化为会计人员的内在品质，规范和约束自身会计行为。

4.会计职业道德的检查与奖惩

会计职业道德的检查与奖惩是全面提高会计职业道德水平的必要保障措施，需要政府部门、行业组织、有关单位的积极参与，同时需要运用经济、法律、行政、自律等综合治理手段，具体包括以下内容：

（1）财政部门对会计职业道德进行监督检查。财政部门作为《会计法》的执行主体，可以依法对社会各单位执行会计法律制度情况及会计信息质量进行不同形式的检查或抽查。通过检查，一方面督促各单位严格执行会计法律法规；另一方面也是对各单位会计人员执行会计职业道德情况的检查和检验。检查途径主要有：❶将会计执法检查与会计职业道德检查相结合；❷将会计从业资格证书注册登记管理与会计职业道德检查相结合；❸将会计专业技术资格考评、聘用与会计职业道德检查相结合。

（2）会计行业组织对会计职业道德进行自律管理与约束。建立健全会计行业自律组织，由职业团体通过自律性监督，对发现违反会计职业道德规范的行为进行相应的惩罚，根据情节轻重程度采取通报批评、罚款、支付费用、取消其会员资格、警告、参加后续教育等方式，以达到对会计职业道德进行自律管理与约束的目的。

（3）依据会计法等法律法规，建立激励机制，对会计人员遵守职业道德情况进行考核和奖惩。《会计法》明确规定，对认真执行本法，忠于职守，坚持原则，取得显著成绩的会计人员，给予精神的或者物质的奖励。

（4）建立严重失信会计人员“黑名单”制度。2018年4月19日，财政部发布了《关于加强会计人员诚信建设的指导意见》。该指导意见指出，要建立严重失信会计人员“黑名单”制度，将有提供虚假财务会计报告，做假账，隐匿或者故意销毁会计凭证、会计账簿、财务报告，贪污，挪用公款，职务侵占等与会计职务有关违法行为的会计人员，作为严重失信会计人员列入“黑名单”，纳入全国信用信息共享平台，依法通过“信用中国”网站等途径，向社会公开披露相关信息。

5.会计职业道德建设的组织与实施

会计职业道德建设是一项复杂的系统工作，需要加强和改善会计职业道德建设的组织和领导，各级财政部门、会计职业团体、机关和企事业单位要齐抓共管，保证会计职业道德建设的各项任务和要求落到实处。具体分工与要求是：

（1）财政部门组织和推动会计职业道德建设，依法行政，探索会计职业道德建设的有效途径和实现形式。

（2）会计职业组织建立行业自律机制和会计职业道德惩戒制度。

（3）企事业单位任用合格会计人员，开展会计人员职业道德教育，建立和完善内部控制制度，形成内部约束机制，防范舞弊和经营风险，支持并督促会计人员遵循会计职业道德，依法开展会计工作。

课程思政

财务总监卷款案分析

（4）社会各界各尽其责，相互配合，齐抓共管。

（5）加强社会舆论监督，形成良好的社会氛围。

第二节 会计机构和会计人员

一、会计机构和会计工作岗位的设置

（一）单位会计机构的设置

会计机构是各单位办理会计事务的职能部门。《会计法》对各单位是否设置会计机构以及如何设置会计机构，提出了三个层次的原则规定：第一，单独设置会计机构。这是对会计机构设置的第一层次的要求。第二，不单独设置会计机构的，在有关机构中设置会计人员并指定会计主管人员。这是对会计机构设置的第二层次的要求。第三，不具备会计机构设置条件的，应当委托经批准设立的代理记账机构代理记账。

一个单位是否单独设置会计机构，往往取决于以下三个因素：第一，单位规模的大小；第二，经济业务和财务收支的繁简；第三，经营管理的要求。一般来说，大、中型企业和具有一定规模的行政事业单位，以及财务收支数额较大、会计业务较多的社会团体和其他经济组织，应单独设置会计机构，以便及时组织本单位各项经济活动和财务收支的核算，实行有效的会计监督。对于不具备单独设置会计机构的单位，如财务收支数额不大、会计业务比较简单的企业、机关、团体、事业单位等，可以在有关机构中配备专职会计人员。对于不具备设置会计机构条件的单位，应当委托中介机构代理记账。

（二）会计工作岗位的设置

1.设置会计工作岗位的基本原则

会计工作岗位是指一个单位会计机构内部根据业务分工而设置的职能岗位。根据《会计基础工作规范》的规定，在会计机构内部设置会计工作岗位应当符合以下要求：

（1）根据本单位会计业务的需要设置会计工作岗位。各单位会计工作岗位的设置应与其业务活动规模、特点和管理要求相适应，保证单位会计信息的生成、加工和传递真实可靠、及时有效。各单位的业务活动规模、特点和管理要求不同，其会计工作组织方法、会计人员的数量和会计工作岗位的职责分工也不同。通常，业务活动规模大、业务过程复杂、经济业务量大和管理严格的单位，会计机构会相应较大，会计人员相应较多，会计机构内部的岗位职责分工也相应较细；相反，业务活动规模小、业务过程简单、经济业务量少和管理要求不高的单位，会计机构就会相应较小，会计人员相应较少，会计机构内部的岗位职责分工也相应较粗。

（2）符合内部牵制制度的要求。《会计基础工作规范》规定，会计工作岗位可以一人一岗、一人多岗或一岗多人。一般在小型企业中，一人一岗、一人多岗的现象较多，而在大中型企业中，一岗多人的现象较普遍。但无论何种情况，在设置会计工作岗位时，都必须遵循“不相容职务分离”的原则，出纳人员不得兼管审核、会计档案保管和收入、费

用、债权债务账目的登记工作，实行“钱账分管”。这是内部牵制制度的基本要求。

单位内部牵制制度是为了提高会计信息质量，保护资产的安全与完整，确保有关法律、法规、规章制度的贯彻执行等而制定和实施的一系列的控制方法、措施和程序，包括职务分离控制、授权批准控制、文件记录控制、财产保全控制、业绩报告控制、人力资源管理和内部审计等。因此，在设置单位会计岗位及岗位职责时，必须在一些会计确认、计量、记录和报告等关键环节，设置必要的具有预防性和自查自纠性功能的内部控制方法、措施和程序，预防错弊。同时，在预防措施失效时，能及时发现错弊，并按规定及时处理、纠正。

不相容职务的含义

（3）要定期或不定期地进行轮岗。《会计基础工作规范》规定，会计人员的工作岗位应当有计划地进行轮换。定期或不定期地轮换会计人员的工作岗位有利于会计人员全面熟悉会计核算与监督业务，不断提高会计业务技能和业务素质，也有助于降低舞弊风险。

（4）要建立岗位责任制。会计工作岗位责任制是指明确各项会计工作的职责范围、具体内容和要求，并落实到每个会计工作岗位或会计人员的一种工作责任制度。建立会计岗位责任制是为了分清每一位会计人员的职责和要求，做到事事有人管、人人有专责，从而提高会计工作效率，保证会计信息质量。

2.主要会计工作岗位

根据《会计基础工作规范》的规定，会计工作岗位一般分为：总会计师（或行使总会计师职权）岗位；会计机构负责人（会计主管人员）岗位；出纳岗位；稽核岗位；资本、基金核算岗位；收入、支出、债权债务核算岗位；工资核算、成本费用核算、财务成果核算岗位；财产物资的收发、增减核算岗位；总账岗位；对外财务会计报告编制岗位；会计电算化岗位；会计档案管理岗位。

二、代理记账

所谓代理记账，是指代理记账机构接受委托办理会计业务。其中，代理记账机构是指依法取得代理记账资格，从事代理记账业务的机构。会计师事务所及其分所可以依法从事代理记账业务。为规范代理记账活动，财政部于2019年3月修订发布了《代理记账管理办法》（财政部令第98号）。该办法对代理记账资格的申请、取得和管理，代理记账的业务范围，委托人和代理记账机构及其从业人员的义务、法律责任等进行了规范。

会计工作岗位的界定

（一）代理记账机构的设立

除会计师事务所以外的机构从事代理记账业务应当经县级以上地方人民政府财政部门批准，领取由财政部统一规定样式的代理记账许可证书。即县级以上人民政府财政部门为代理记账机构的审批机关。

根据《代理记账管理办法》的规定，符合下列条件的机构可以申请代理记账资格：为依法设立的企业；专职从业人员不少于3名；主管代理记账业务的负责人具有会计师以上专业技术职务资格或者从事会计工作不少于3年，且为专职从业人员；有健全的代理记账业务内部规范。

申请代理记账资格的机构，应当向所在地的审批机关提交申请及以下材料，并对提交材料的真实性负责：统一社会信用代码证；主管代理记账业务的负责人具备会计师以上专业技术职务资格或者从事会计工作不少于3年的书面承诺；专职从业人员在本机构专职从业的书面承诺；代理记账业务内部规范。

审批机关受理申请后应当按照规定对申请材料进行审核，并自受理申请之日起10日内做出批准或者不予批准的决定。决定批准的，审批机关将发放代理记账许可证书。

代理记账机构名称、主管代理记账业务的负责人发生变更，设立或撤销分支机构，跨原审批机关管辖地迁移办公地点的，应当自做出变更决定或变更之日起30日内依法向审批机关办理变更登记，并应当自变更登记完成之日起20日内通过企业信用信息公示系统向社会公示。

（二）代理记账的业务范围

根据《代理记账管理办法》的规定，代理记账机构可以接受委托办理下列业务：

➢根据委托人提供的原始凭证和其他资料，按照国家统一的会计制度的规定进行会计核算，包括审核原始凭证、填制记账凭证、登记会计账簿、编制财务会计报告等。

➢对外提供财务会计报告。根据规定，代理记账机构为委托人编制的财务会计报告，经代理记账机构负责人和委托人负责人签名并盖章后，按照有关法律、法规和国家统一的会计制度的规定对外提供。

➢向税务机关提供税务资料。

➢委托人委托的其他会计业务。

委托人委托代理记账机构代理记账，应当在相互协商的基础上，订立书面委托合同。委托合同除应具备法律规定的基本条款外，应当明确下列内容：双方对会计资料真实性、完整性各自应当承担的责任；会计资料传递程序和签收手续；编制和提供财务会计报告的要求；会计档案的保管要求及相应的责任；终止委托合同应当办理的会计业务交接事宜。

（三）委托代理记账的委托人的义务

为确保代理记账业务操作规范，符合国家统一的会计制度的要求，《代理记账管理办法》规定，委托代理记账的委托人对代理记账机构在委托合同约定范围内的行为承担责任。同时，还应当认真履行以下义务：

➢对本单位发生的经济业务事项，应当填制或者取得符合国家统一的会计制度规定的原始凭证；

➢应当配备专人负责日常货币收支和保管；

➢及时向代理记账机构提供真实、完整的原始凭证和其他相关资料；

➢对于代理记账机构退回的，要求按照国家统一的会计制度规定进行更正、补充的原始凭证，应当及时予以更正、补充。

（四）代理记账机构及其从业人员的义务

根据《代理记账管理办法》的规定，代理记账机构及其从业人员应当认真履行以下相关义务：

➢遵守有关法律、行政法规和国家统一的会计制度的规定，按照委托合同办理代理记账业务；

➢对在执行业务中知悉的商业秘密予以保密；

➢对委托人要求其做出不当的会计处理，提供不实的会计资料，以及其他不符合法律、法规和国家统一的会计制度行为的，予以拒绝；

➢对委托人提出的有关会计处理相关问题予以解释。

三、会计人员的配备

（一）会计人员的范围

会计人员是指根据《会计法》的规定，在国家机关、社会团体、企业、事业单位和其他组织中从事会计核算、实行会计监督等会计工作的人员，具体包括从事以下具体会计工作的人员：出纳；稽核；资产、负债和所有者权益（净资产）的核算；收入、费用（支出）的核算；财务成果（政府预算执行结果）的核算；财务会计报告（决算报告）编制；会计监督；会计机构内会计档案管理；其他会计工作。担任单位会计机构负责人（会计主管人员）、总会计师的人员，属于会计人员。

（二）会计人员的配备

1.基本原则

《会计基础工作规范》第十六条规定，国家机关、国有企业、事业单位任用会计人员应当实行回避制度。这是会计人员配备的基本原则。

所谓回避制度，是指为了保证执法或者执业的公正性，对可能影响其公正性的执法或者执业的人员实行职务回避和业务回避的一种制度。回避制度已成为我国人事管理的一项重要制度。在会计工作中，由于亲情关系而串通舞弊和违法违纪的案件时有发生，因此，在会计人员中实行回避制度十分必要。

需要回避的直系亲属关系为：夫妻关系、直系血亲关系、三代以内旁系血亲关系以及近姻亲关系。从会计工作的特殊性出发，单位负责人的直系亲属不得担任本单位的会计机构负责人、会计主管人员；会计机构负责人、会计主管人员的直系亲属不得在本单位会计机构中担任出纳工作。

2.一般要求

会计人员从事会计工作，应当符合下列要求：遵守《会计法》和国家统一的会计制度等法律法规；具备良好的职业道德；按照国家有关规定参加继续教育；具备从事会计工作所需要的专业能力。

会计人员具有会计类专业知识，基本掌握会计基础知识和业务技能，能够独立处理基本会计业务，表明具备从事会计工作所需要的专业能力。

会计机构负责人或会计主管人员，是在一个单位内具体负责会计工作的中层领导人员。担任单位会计机构负责人（会计主管人员）的，应当具备会计师以上专业技术职务资格或者从事会计工作3年以上经历。

3.不得从事会计工作的人员

因有提供虚假财务会计报告，做假账，隐匿或者故意销毁会计凭证、会计账簿、财务会计报告，贪污，挪用公款，职务侵占等与会计职务有关的违法行为被依法追究刑事责任的人员，不得再从事会计工作。

因伪造、变造会计凭证、会计账簿，编制虚假财务会计报告，隐匿或者故意销毁依法应当保存的会计凭证、会计账簿、财务会计报告，尚不构成犯罪的，5年内不得从事会计工作。

会计人员具有违反国家统一的会计制度的一般违法行为，情节严重的，5年内不得从事会计工作。

（三）总会计师制度

国有的和国有资产占控股地位或者主导地位的大、中型企业必须设置总会计师。总会计师是在单位主要领导人领导下，主管本单位的会计机构进行会计核算、会计监督工作的负责人。建立总会计师制度，是我国在企业管理中加强财务管理、成本管理，充分发挥会计核算、会计监督职能，促进企业经济效益不断提高的一项重要经验。

1.总会计师的设置和任免

总会计师是单位领导成员，协助单位主要领导人工作，直接对单位主要领导人负责。凡设置总会计师的单位，在单位行政领导成员中，不再设与总会计师职权重叠的副职。总会计师作为单位财会工作的主要负责人，全面负责本单位的财务会计管理和经济核算工作，参与单位的重大经营决策活动，是单位主要领导人的得力参谋和助手。

企业的总会计师由本单位主要行政领导人提名，政府主管部门任命或者聘任；免职或者解聘程序与任命或者聘任程序相同。事业单位和业务主管部门的总会计师依照干部管理权限任命或者聘任；免职或者解聘程序与任命或者聘任程序相同。总会计师的职权受国家法律的保护，任何人包括单位主要领导人都应当支持并保障总会计师依法行使职权。

2.总会计师的任职条件

根据《总会计师条例》的有关规定，总会计师必须具备下列条件：

微课

会计师、总会计师和注册会计师辨析

（1）坚持社会主义方向，积极为社会主义市场经济建设和改革开放服务。总会计师不仅是财务会计方面的专家，而且也是单位领导人之一，负有一定的领导责任，必须具有良好的政治素质。

（2）坚持原则，廉洁奉公。总会计师是经济技术领导干部，主要领导单位的财务会计工作和经济核算工作，掌握着生财、聚财、用财的大权，并负有严格维护财经纪律的责任。因此，总会计师要求做到坚持原则、廉洁奉公，否则，很难担当为维护社会主义市场经济管理服务的重任。

（3）取得会计师专业技术资格后，主管一个单位或者单位内一个重要方面的财务会计工作的时间不少于3年。作为总会计师，不但要有较高的财务会计等方面的专业知识，而且还要具有独立、全面地组织领导本单位的财务会计工作、协调处理各方面关系的能力和经验。因为总会计师不仅仅是专业人员，更重要的是单位的高层次管理和决策人员，在管理能力、经验等方面应有更高的要求。

（4）要有较高的政策水平，熟悉国家财经纪律、法规、方针和政策，掌握现代化管理的有关知识。

（5）具备本行业的基本业务知识，熟悉行业情况，有较强的组织领导能力。

（6）身体健康，能胜任本职工作。总会计师的责任重大、工作繁忙，必须要有健康的体魄。

3.总会计师的职责

根据《总会计师条例》的有关规定，总会计师是企业行政领导成员，协助主要行政领导人工作，直接对主要领导人负责。总会计师组织领导企业的财务管理、成本管理、成本核算和会计监督等方面的工作，参与企业重要经济问题的分析与决策。其具体职责包括以下方面：

（1）编制和执行预算、财务收支计划、信贷计划，拟订资金筹措和使用方案，开辟财源，有效地使用资金。

（2）进行成本费用预测、计划、控制、核算、分析和考核，督促本单位有关部门降低消耗，节约费用，提高经济效益。

（3）建立健全经济核算制度，利用财务会计资料进行经济活动分析。

（4）承办单位主要行政领导人交办的其他工作。

此外，总会计师还应具体组织本单位执行国家有关的财经法律、法规、方针、政策和制度，保护国家财产；应负责对本单位财会机构的设置和会计人员的配备、会计专业职务的设置和聘任提出方案；组织会计人员的业务培训和考核；支持会计人员依法行使职权等。

4.总会计师的权限

根据《总会计师条例》的有关规定，总会计师的权限主要包括以下方面：

（1）对违法违纪问题的制止和纠正权。《会计法》赋予会计人员对本单位的经济活动具有会计监督权，作为单位领导成员之一和财务会计负责人的总会计师，自然有权对本单位的经济活动进行全面的监督。总会计师对违反国家财经法律、法规、方针、政策、制度和有可能在经济上造成损失、浪费的行为，有权制止或者纠正。制止或者纠正无效时，提请单位主要行政领导人处理，以保证本单位的经济活动在国家法律允许的范围内进行。

（2）对建立健全经济核算制的组织指挥权。各单位建立健全经济核算制，开展财务管理、成本管理、经济活动分析等，涉及单位内部许多职能部门及直属单位，必须使单位内部各职能部门协同进行。总会计师是负责经济核算和财务会计工作的单位领导成员，必须赋予其对有关的职能部门及直属基层组织的指挥权，才能有效地保证经济核算工作的顺利开展。

（3）对财务收支的审批签署权。总会计师负责财务收支计划等各项经济计划的编制和执行，为了保证各项经济计划切实可行和有效地执行，总会计师必须对各项经济计划进行认真的审查，并主管审批财务收支工作，对各项经济开支是否符合国家规定进行严格把关，除一般的财务收支可以由总会计师授权的财会机构负责人或者其他指定人员审批外，重大的财务收支，须经总会计师审批或者由总会计师报单位主要行政领导人批准，以保证本单位各项经济活动合法、真实、准确、完整。

（4）对会计机构人员的管理权。总会计师直接领导财务会计机构，应有权负责本单位会计机构的设置、会计人员的配备、会计人员的培训和考核，以保障会计人员依法行使职权，从而有效地调动会计人员的积极性，搞好本单位的会计队伍建设。

四、会计人员的工作交接

会计人员的工作交接，是指会计人员调动或者离职时，就其所承担的各项工作、所持有的各项会计数据资料，按照规定转交给接替其工作的其他会计人员，并明确各自责任的一种工作交接手续。会计人员的工作交接是会计工作中的一项重要制度，也是会计基础工作的重要内容。《会计法》第四十一条规定：会计人员调动工作或者离职，必须与接管人员办清交接手续。

（一）需要办理会计工作交接的情形

根据有关规定，会计人员发生下列情况之一者，必须将本人所经管的会计工作全部移交给接替人员，没办清手续的不得离职：工作调动；因病不能工作超过3个月；因故临时离职超过3个月；撤销会计职务；单位撤销（向上级主管部门移交）；单位合并（被合并单位向合并单位办理交接手续）；单位分立（被分立单位向分出单位办理交接手续）。如遇到上述情况，单位领导人应当督促经办人员及时办理移交手续。

（二）办理会计工作交接的基本程序

1.交接前的准备工作

交接前的准备工作主要包括：(1) 已经受理的经济业务尚未填制会计凭证的，应当填制完毕。(2) 尚未登记的账目应当登记完毕，结出余额，并在最后一笔余额后加盖经办人印章。(3) 整理好应该移交的各项资料，对未了事项和遗留问题要写出书面说明材料。(4) 编制移交清册，列明应该移交的会计凭证、会计账簿、财务会计报告、公章、现金、有价证券、支票簿、发票、文件、其他会计资料和物品等内容；实行会计电算化的单位，从事该项工作的移交人员应在移交清册上列明会计软件及密码、会计软件数据盘、磁带等内容。(5) 会计机构负责人（会计主管人员）移交时，应将财务会计工作、重大财务收支问题和会计人员的情况等向接替人员介绍清楚。

2.移交点收

移交人员离职前，必须将本人经管的会计工作，在规定的期限内，全部向接管人员移交清楚。接管人员应认真按照移交清册逐项点收。其具体要求是：(1) 现金要根据会计账簿记录余额进行当面点交，不得短缺，接管人员发现不一致或“白条抵库”现象时，移交人员在规定期限内负责查清处理。(2) 有价证券的数量要与会计账簿记录一致，有价证券面额与发行价不一致时，按照会计账簿余额交接。(3) 会计凭证、会计账簿、财务会计报告和其他会计资料必须完整无缺，不得遗漏。如有短缺，必须查清原因，并在移交清册中加以说明，由移交人负责。(4) 银行存款账户余额要与银行对账单核对相符，如有未达账项，应编制银行存款余额调节表调节相符；各种财产物资和债权债务的明细账户余额，要与总账有关的余额核对相符；对重要实物要实地盘点，对余额较大的往来账户要与往来单位、个人核对。(5) 公章、收据、空白支票、发票、科目印章以及其他物品等必须交接清楚。(6) 实行会计电算化的单位，交接双方应在电子计算机上对有关数据进行实际操作，确认有关数字正确无误后，方可交接。

3.专人负责监交

为了明确责任，会计人员办理工作交接时，必须有专人负责监交，具体要求是：(1) 一般会计人员办理交接手续，由会计机构负责人（会计主管人员）监交；(2) 会计机构负责人（会计主管人员）办理交接手续，由单位负责人监交，必要时主管单位可以派人会同监交。

4.交接后的有关事宜

交换后的有关事宜主要包括：(1) 会计工作交接完毕后，交接双方和监交人在移交清册上签名或盖章，并应在移交清册上注明：单位名称，交接日期，交接双方和监交人的职务、姓名，移交清册页数以及需要说明的问题和意见等；(2) 接管人员应继续使用移交前的账簿，不得擅自另立账簿，以保证会计记录前后衔接，内容完整；(3) 移交清册一般应当填制一式三份，交接双方各执一份，存档一份。

（三）移交后的责任

会计工作交接中，合理、公正地区分移交人和接替者的责任是非常必要的。交接工作完成后，移交人员所移交的会计凭证、会计账簿、财务会计报告和其他会计资料是在其经办会计工作期间内发生的，应当对这些会计资料的真实性、完整性负责，即便接替人员在交接时因疏忽没有发现所接会计资料在真实性、完整性方面的问题，如事后发现仍应由原移交人负责，原移交人员不应以会计资料已移交而推脱责任。

第三节　会计核算

一、会计核算的基本要求

会计核算是指以货币为主要量度，对各单位的生产经营活动或者预算执行的过程及结果连续地、系统地记录、计算、分析，定期编制会计报表，形成一系列会计指标，据以考核目标或计划的完成情况，为经营决策和宏观经济管理提供可靠的信息和资料的一项管理活动。

会计核算是会计工作的基本职责之一，是会计工作的重要环节。我国会计法律制度对会计核算做出了统一规定，提出了基本核算要求，具体包括以下方面：

（一）依法建账

建账是如实记录和反映经济活动情况的重要前提，依法建账是建账的最基本要求。这里所说的“法”，既包括《会计法》《会计基础工作规范》，也包括其他法律、行政法规，如《税收征收管理法》、《中华人民共和国公司法》（简称《公司法》）等。《会计法》和《会计基础工作规范》均规定，各单位应当设置会计账簿，进行会计核算。这是各单位建账应当遵循的法律依据，具体要求包括：一是国家机关、社会团体、企业、事业单位和其他组织，都应当按照要求设置会计账簿，进行会计核算。不具备建账条件的，应当实行代理记账。二是设置会计账簿的种类和具体要求，应当符合《会计法》和国家统一的会计制度的规定。三是各单位发生的各项经济业务应当统一进行核算，不得违反规定私设会计账簿进行登记、核算。

（二）对会计核算依据的基本要求

《会计法》第九条规定：“各单位必须根据实际发生的经济业务事项进行会计核算，填制会计凭证，登记会计账簿，编制财务会计报告。任何单位不得以虚假的经济业务事项或者资料进行会计核算。”

1.会计核算必须以实际发生的经济业务事项为依据

实际发生的经济业务事项是指各单位在生产经营或预算执行过程中发生的包括引起或未引起资金增减变化的经济活动。并非所有实际发生的经济业务事项都需要进行会计记录和会计核算。如签订合同或协议的经济业务事项，在签订合同或协议时，往往无需进行会计核算，只有当实际履行合同或协议并引起资金运动时，才需要对履行合同或协议这一经济业务事项如实记录和反映，进行会计核算。以实际发生的经济业务事项为依据进行会计核算，是会计核算的重要前提，是填制会计凭证、登记会计账簿、编制财务会计报告的基础，是保证会计资料质量的关键。

2.以虚假的经济业务事项或资料进行会计核算，是一种严重的违法行为

没有经济业务事项，会计核算也就失去了对象；以不真实甚至虚拟的经济业务事项为核算对象，会计核算就没有规范、没有约束、没有科学可言，据此提供的会计资料不仅没有可信度，相反会误导使用者，扰乱社会经济秩序。在实际工作中有些单位利用虚假或虚拟经济业务事项，编造不真实的会计资料，借以欺骗投资者、债权人和社会公众，达到种种非法目

的。针对这种严重违法行为，《会计法》做出了禁止性规定，即任何单位不得以虚假的经济业务事项或者资料进行会计核算。否则，即为严重违法行为，将受到法律的严厉制裁。

（三）对会计资料的基本要求

会计资料主要是指会计凭证、会计账簿、财务会计报告等会计核算专业资料，它是会计核算的重要成果，是投资者做出投资决策、经营者进行经营管理、国家进行宏观调控的重要依据。因此，《会计法》和《会计基础工作规范》都要求，会计资料的内容和要求必须符合国家统一的会计制度的规定，保证会计资料的真实性和完整性，不得伪造、变造会计凭证和会计账簿，不得提供虚假的财务会计报告。

会计资料的真实性，主要是指会计资料所反映的内容和结果应当同单位实际发生的经济业务的内容及其结果相一致。会计资料的完整性，主要是指构成会计资料的各项要素都必须齐全，以使会计资料如实、全面地记录和反映经济业务发生情况，便于会计资料使用者全面、准确地了解经济活动情况。会计资料的真实性和完整性是会计资料最基本的质量要求，是会计工作的生命，各单位必须保证所提供的会计资料真实和完整。

与会计资料的真实性、完整性相对的是会计资料的不真实、不完整。造成会计资料的不真实、不完整的原因是多方面的，但伪造、变造会计资料是重要手段之一。伪造会计资料包括伪造会计凭证和会计账簿，是以虚假的经济业务为前提来编制会计凭证、登记会计账簿，旨在以假充真；变造会计资料包括会计凭证和会计账簿，用涂改、挖补等手段来改变会计凭证和会计账簿的真实内容，以歪曲事实真相。伪造、变造会计资料，其结果是造成会计资料失实、失真，误导会计资料的使用者，损害投资者、债权人、国家和社会公众利益。因此，《会计法》对伪造、变造会计资料和提供虚假财务会计报告等弄虚作假行为，做出了禁止性规定。

（四）正确采用会计处理方法

会计处理方法是指在会计核算中所采用的具体方法，包括收入确认方法、企业所得税的会计处理方法、存货计价方法、坏账损失的核算方法、固定资产折旧方法等。采用不同的处理方法都会影响会计资料的一致性和可比性，进而影响会计资料的使用。因此，《会计法》和国家统一的会计制度规定，各单位采用的会计处理方法前后各期应当保持一致，不得随意变更；确有必要变更的，应当按照国家统一的会计制度的规定进行变更，并将变更的原因、情况及影响在财务会计报告中予以说明，以便于会计资料使用者了解会计处理方法变更及其对会计资料影响的情况。

（五）正确使用会计记录文字

会计政策与会计估计的区别

会计记录文字是在进行会计核算时，为记载经济业务发生情况和辅助说明会计数字所体现的经济内涵而使用的文字。会计记录文字是进行会计核算和提供会计核算不可缺少的重要媒介，是会计资料的重要组成部分，因此，会计记录文字的使用必须规范。根据规定，会计记录的文字应当使用中文；民族自治地方的单位的会计记录文字可以同时使用当地通用的一种民族文字；在中国境内设立的外商投资企业、外国企业和其他外国组织的会计记录可以同时使用一种外国文字。

（六）使用电子计算机进行会计核算必须符合法律规定

会计电算化是现代企业会计核算的基本手段。用电子计算机技术代替手工会计核算是现代科学技术和企业生产经营过程的有机结合，是会计核算工作发展的必然趋势。

为保证电子计算机生成的会计核算资料真实、完整和安全，《会计法》对会计电算化做出了两个方面的规定：一是使用的会计核算软件必须符合国家统一的会计制度的规定。使用的会计软件必须符合财政部关于会计软件应达到的标准并经相应机构评审通过。二是用电子计算机软件生成的会计资料必须符合国家统一的会计制度的要求。

思政课堂

增强文化自信与民族自豪感

会计作为信息系统，存在使用电子计算机和手工账两种核算形式。在手工账核算形式下，珠算是进行数字计算的重要工具，且历史悠久，在经济社会、科技文化的发展进程中发挥了极其重要的作用。以算盘为工具进行数字计算的珠算，是中国古代的重大发明，伴随中国人经历了1 800多年的漫长岁月。这一发明极为卓越和独特，充分表现了中国人的聪明智慧。2013年12月4日晚，联合国教科文组织在阿塞拜疆首都巴库通过决议，将中国珠算列入人类非物质文化遗产名录。它以简便的计算工具和独特的数理内涵，被誉为“世界上最古老的计算机”、中国第五大发明。随着计算机技术的发展，珠算的计算功能逐渐被削弱，但是古老的珠算依然有顽强的生命力。珠算成功申遗，有助于让更多的人认识珠算，了解珠算，增强民族自豪感，吸引更多的人加入到弘扬与保护珠算文化的行列中来。

二、会计核算的内容

会计核算的内容，也称为会计核算的对象，是指必须进行会计核算的经济业务事项。根据《会计法》第十条的规定，下列经济业务事项，应当办理会计手续，进行会计核算：款项和有价证券的收付；财物的收发、增减和使用；债权债务的发生和结算；资本的增减；收入、支出、费用、成本的计算；财务成果的计算和处理；需要办理会计手续、进行会计核算的其他事项。

根据此条规定，依据会计目标和会计基本前提，总结我国长期会计工作的实践经验，将会计核算的内容分为七大类，具体内容如下：

（一）款项和有价证券的收付

款项是作为支付手段的货币资金，主要包括现金、银行存款以及其他视同现金和银行存款的银行汇票存款、银行本票存款、信用卡存款等。有价证券是指表示一定财产拥有权或支配权的证券，如国库券、股票、债券等。

款项和有价证券是流动性最强的资产。如果款项和有价证券的收付出现问题，不仅使企业款项和有价证券受损，更直接影响到企业货币资金的供应，从而影响企业生产经营活动。因此，各企业必须按照国家统一的会计制度的规定，及时、如实地核算款项和有价证券的收付与结存情况，保证企业货币资金的流通性、安全性，提高货币资金的使用效率。

（二）财物的收发、增减和使用

财物是财产物资的简称，企业的财物是企业进行生产经营活动且具有实物形态的经济资源，一般包括原材料、燃料、包装物、低值易耗品、在产品、库存商品等流动资产，以及房屋、建筑物、机器设备、设施、运输工具等固定资产。这些物资在企业资产总额中往往占有很大比重。财物的收发、增减和使用，是会计核算中的经常性业务，也是发挥会计在控制和降低成本、保证财物安全完整、防止资产流失等职能作用的重要方面。因此，各企业必须加强对财物收发、增减和使用环节的核算，维护企业正常的生产经营秩序。

（三）债权债务的发生和结算

债权是企业收取款项的权利，一般包括各种应收和预付款项等。债务则是指由于过去的交易、事项形成的企业需要以资产或劳务等偿付的现时义务，一般包括各项借款、应付和预收款项以及应交款项等。债权和债务是企业日常生产经营和业务活动中大量发生的经济业务事项。由于债权债务的发生和结算，涉及本企业与其他单位或有关方面的经济利益，关系到企业自身的资金周转，影响着企业的生产经营活动和业务活动，因此，各企业必须及时、真实、完整地核算本企业的债权债务，加强债权债务的管理，防止坏账损失或信用损失的发生。

（四）资本的增减

资本是投资者为开展生产经营活动而投入的资金。会计上的资本专指所有者权益中的投入资本。资本的利益关系人比较明确，用途也基本定向。办理资本增减的政策性强，一般都应以具有法律效力的合同、协议、董事会决议等为依据，各单位必须按照国家统一的会计制度的规定和具有法律效力的文书为依据进行资本的核算。

（五）收入、支出、费用、成本的计算

收入是指企业在日常活动中形成的、会导致所有者权益增加的、与所有者投入资本无关的经济利益的总流入。支出是指企业实际发生的各项开支以及正常生产经营活动以外的支出和损失。费用是指企业在日常活动所发生的、会导致所有者权益减少的、与向所有者分配利润无关的经济利益的总流出。成本是指企业为生产产品、提供劳务而发生的各种耗费，是按一定的产品或劳务对象所归集的费用，是对象化了的费用。收入、支出、费用、成本都是计算和判断企业经营成果及其盈亏状况的主要依据。各企业应当重视收入、支出、费用、成本的管理与控制，按照国家统一的会计制度的规定，正确核算收入、支出、费用、成本。

（六）财务成果的计算和处理

财务成果主要是指企业在一定时期内通过从事生产经营活动而在财务上所取得的结果，具体表现为盈利或亏损。财务成果的计算和处理一般包括利润的计算、所得税的计算、利润分配或亏损弥补等。财务成果的计算和处理，涉及投资者、国家等方面的利益，因此，各单位必须按照国家统一的会计制度和其他法律法规的规定，正确对财务成果进行计算和处理。

（七）其他事项

除上述核算内容外，其他按照国家统一的会计制度和其他相关法规的规定需要进行核算的项目，也应当按照国家统一的会计制度的规定办理会计手续、进行会计核算。

三、会计年度和记账本位币

会计年度是指以年度为单位进行会计核算的时间区间。划分会计期间是会计上的重要假设之一。根据《会计法》的规定，我国是以公历年度为会计年度，即以每年公历 1 月 1 日起至 12 月 31 日止，为一个会计年度。每一个会计年度还可以按照公历日期具体划分为半年度、季度、月度。我国的会计年度之所以采用公历制，主要是与我国的计划、财政年度保持一致，以便于国民经济的计划、统计和财政管理。

记账本位币是单位进行会计核算业务时所使用的货币。根据《会计法》的规定，会计核算以人民币为记账本位币。人民币是我国法定货币，在我国境内流通。以人民币作为记账本位币具有广泛的适应性，便于会计信息口径的一致。随着我国对外开放的进一步扩大，外商投资企业在我国得到迅速发展，同时我国向外国的投资和对外贸易也日益增多，这就涉及两种或两种以上货币的业务往来，而且在一些单位的日常经营活动中，人民币以外的其他货币收支逐步占主导地位。为了便于这些单位对外开展业务，简化会计核算手续，方便我国境内财务会计报告使用者的阅读和使用，《会计法》规定，业务收支以人民币以外的货币为主的单位，可以选定其中一种货币为记账本位币，但是编制的财务会计报告应当折算为人民币。

记账本位币的选定

四、财务会计报告

（一）财务会计报告的构成

财务会计报告是指单位对外提供的反映单位某一特定日期财务状况和某一会计期间经营成果、现金流量的文件。

财务会计报告包括年度报告和中期报告，主要由财务报表及其附注构成。财务报表是对企业财务状况、经营成果和现金流量的结构性表述。一套完整的财务报表至少应当包括资产负债表、利润表、现金流量表和所有者权益（或股东权益）变动表以及财务报表附注。财务报表附注是财务会计报告的重要组成部分。它是为了便于会计信息使用者理解财务报表的内容而对财务报表产生的基础、依据、原则和方法及主要项目等所做的解释和说明。

财务会计报告应当根据经过审核的会计账簿记录和有关资料编制，并符合《会计法》和国家统一的会计制度关于财务会计报告的编制要求、提供对象和提供期限的规定。

（二）财务会计报告的编制要求

根据《会计法》及《企业财务会计报告条例》的规定，各单位的财务会计报告必须根据经过审核的会计账簿记录和有关资料编制。企业不得编制和对外提供虚假的或者隐瞒重要事实的财务会计报告。财务会计报告编制的基本要求如下：

➢企业应当于年度终了编报财务会计报告。国家统一的会计制度规定企业应当编报半年度、季度和月度财务会计报告的，从其规定。

➢企业编制财务会计报告应当根据真实的交易、事项以及完整、准确的账簿记录等资料，并按照国家统一的会计制度规定的编制基础、编制依据、编制原则和方法。

➢企业应当根据《企业财务会计报告条例》和国家统一的会计制度规定，对财务报表中各项会计要素进行合理的确认和计量，不得随意改变会计要素的确认和计量标准。

➢企业应当依照有关法律、行政法规和《企业财务会计报告条例》规定的结账日进行结账，不得提前或者延迟。年度结账日为公历年度每年的12月31日；半年度、季度、月度结账日分别为公历年度每半年、每季、每月的最后一天。

➢企业在编制年度财务会计报告前，应当按照以下规定全面清查资产、核实债务：

第一，清查核实结算款项，包括应收款项、应付款项、应交税费等是否存在，与债权、债务单位的相应债务、债权金额是否一致；

第二，清查核实原材料、在产品、自制半成品、库存商品等各项存货的实存数量与账面数量是否一致，是否有报废损失和积压物资等；

第三，清查核实各项投资是否存在，投资收益是否按照国家统一的会计制度规定进行确认和计量；

第四，清查核实房屋、建筑物、机器设备、运输工具等各项固定资产的实存数量与账面数量是否一致；

第五，清查核实在建工程的实际发生额与账面记录是否一致；

第六，需要清查核实的其他内容。

➢企业在编制财务会计报告前，除应当全面清查资产、核实债务外，还应当完成下列工作：

第一，核对各会计账簿记录与会计凭证的内容、金额等是否一致，记账方向是否相符；

第二，按照规定的结账日进行结账，结出有关会计账簿的余额和发生额，并核对各会计账簿之间的余额；

第三，检查相关的会计核算是否按照国家统一的会计制度的规定进行；

第四，对于国家统一的会计制度没有规定统一核算方法的交易、事项，检查其是否按照会计核算的一般原则进行确认和计量，以及相关账务处理是否合理；

第五，检查是否存在会计差错、会计政策变更等原因需要调整前期或者本期相关项目。

➢企业应当按照国家统一的会计制度规定的财务报表格式和内容，根据登记完整、核对无误的会计账簿记录和其他有关资料编制财务报表，做到内容完整、数字真实、计算准确，不得漏报或者任意取舍。

➢财务报表之间、财务报表各项目之间，凡有对应关系的数字，应当相互一致。会计报表中本期与上期的有关数字应当相互衔接。年度、半年度财务报表至少应当反映两个年度或者相关两个期间的比较数据。不得随意改变财务会计报告的编制基础、编制依据、编制原则和方法。

（三）企业财务会计报告的对外提供

根据《企业财务会计报告条例》的规定，企业对外提供的财务会计报告应当符合下列要求：

➢对外提供的财务会计报告反映的会计信息应当真实、完整。

➢企业应当依照法律、行政法规和国家统一的会计制度有关财务会计报告提供期限的规定，及时对外提供财务会计报告。

➢企业对外提供的财务会计报告应当依次编定页数，加具封面，装订成册，加盖公章。封面上应当注明企业名称、企业统一代码、组织形式、地址、报表所属年度或者月份、报出日期，并由企业负责人和主管会计工作的负责人、会计机构负责人（会计主管人员）签名并盖章；设置总会计师的企业还应当由总会计师签名并盖章。

➢企业应当依照企业章程的规定，向投资者提供财务会计报告。

➢企业依照规定向有关各方提供的财务会计报告，其编制基础、编制依据、编制原则和方法应当一致，不得提供编制基础、编制依据、编制原则和方法不同的财务会计报告。

➢财务会计报告须经注册会计师审计的，企业应当将注册会计师及其会计师事务所出具的审计报告随同财务会计报告一并对外提供。

另外，《企业财务会计报告条例》还规定，接受企业财务会计报告的组织或者个人，在企业财务会计报告未正式对外披露前，应当对其内容保密。

五、会计档案管理

会计档案是指单位在进行会计核算等过程中接收或形成的，记录和反映单位经济业务事项的，具有保存价值的文字、图表等各种形式的会计资料，包括通过计算机等电子设备形成、传输和存储的电子会计档案。会计档案是记录和反映经济业务事项的重要历史资料和证据。《会计法》第二十三条规定，各单位对会计凭证、会计账簿、财务会计报告和其他会计资料应当建立档案，妥善保管。会计档案的保管期限和销毁办法，按照财政部和国家档案局制定的《会计档案管理办法》（财政部、国家档案局令2015年第79号）执行。

财务报表的编制基础

（一）会计档案的范围和种类

会计档案包括：会计凭证类：原始凭证，记账凭证，汇总凭证，其他会计凭证；会计账簿类：总账，明细账，日记账，固定资产卡片，辅助账簿，其他会计账簿；财务报告类：月度、季度、年度财务报告，包括财务报表、附表、附注及文字说明，其他财务报告；其他类：银行存款余额调节表、银行对账单、纳税申报表、会计档案移交清册、会计档案保管清册、会计档案销毁清册、会计档案鉴定意见书及其他具有保存价值的会计资料。

【随堂测】（多选题）我国的会计档案分为（　　）。

A.会计凭证类　　B.会计账簿类

C.财务报告类　　D.其他会计资料类

（二）会计档案的归档、移交和利用

1.会计档案的归档

各单位每年形成的会计档案，应当由会计机构按照归档要求，负责整理立卷，装订成册。单位内部形成的属于归档范围的电子会计资料，如能满足《会计档案管理办法》规定的相关条件，可仅以电子形式保存，形成电子会计档案。另外，单位从外部接收的电子会计资料附有符合《中华人民共和国电子签名法》规定的电子签名的，可仅以电子形式归档保存，形成电子会计档案。当年形成的会计档案，在会计年度终了后，可由单位会计机构临时保管1年，再移交单位档案管理机构保管。因工作需要确需推迟移交的，应当经单位档案管理机构同意，但最长不得超过3年。

2.会计档案的移交

会计机构在向单位档案管理机构移交会计档案时要编制移交清册，详细登记所移交档案的名称、卷号、册数、起止年度、应保管期限、已保管期限等内容，便于分清责任，加强会计档案管理。对未设立档案管理机构的单位，会计档案应当由会计机构继续保管，并指定专人负责，实行会计档案专门化管理，以增强会计档案管理工作的可操作性。会计机构保管会计档案的专职人员不得由单位出纳人员担任。这是内部控制制度的要求，它有利于会计档案的安全和完整。

档案管理机构接收保管的会计档案，原则上应当保持原卷册的封装，即入档后的单位会计档案不得随意拆封。个别需要拆封重新整理的，应当会同会计机构和原经办人员共同拆封整理，以分清责任。

3.会计档案的利用

单位应当严格按照相关制度利用会计档案，在进行会计档案查阅、复制、出借时履行

登记手续，严禁篡改和损坏。

会计档案原件原则上不得借出，以确保单位档案的安全和完整，防止丢失。遇有特殊需要，如与单位经济业务相关需要查阅与其业务相关的会计凭证或公检法等监察部门需要查询与案件有关的会计资料等，经本单位负责人批准，在不拆散原卷册的前提下，可以提供查阅或者复制件，但必须办理登记手续，登记查阅人或复制人姓名、单位、查阅或复制档案的卷号和内容等，以便备查。

（三）会计档案的保管期限

对会计档案应当进行科学管理，做到妥善保管，存放有序，查找方便，不得随意堆放，严禁毁损、散失和泄密。

根据《会计档案管理办法》的规定，会计档案的保管期限分为永久、定期两类。定期保管期限分为10年和30年，该保管期限为最低保管期限。会计档案的保管期限，从会计年度终了后的第一天算起。

（四）会计档案的销毁

根据《会计档案管理办法》的规定，会计档案保管期满需要销毁的，除特殊规定外，可以按照程序予以销毁。销毁的基本程序及要求是：

1.编制会计档案销毁清册

由本单位档案部门提出销毁意见，会同会计部门共同鉴定，严格审查，编制会计档案销毁清册，列明销毁会计档案的名称、卷号、册数、起止年度和档案编号、应保管期限、已保管期限、销毁时间等内容。单位档案管理部门和会计机构将编制好的会计档案销毁清册和销毁意见报本单位负责人，单位负责人对所要销毁的会计档案进行复核后在会计档案销毁清册上签署意见。

2.专人负责监销

销毁会计档案时，应当由档案机构和会计机构共同派员监销；国家机关销毁会计档案时，应当由同级财政部门、审计部门派员参加监销；财政部门销毁会计档案时，应当由同级审计部门派员参加监销。监销人员在销毁会计档案前，应当按照会计档案销毁清册所列内容清点核对所要销毁的会计档案；销毁后，应当在会计档案销毁清册上签名盖章，并将监销情况书面报告本单位负责人。

3.不得销毁的会计档案

对于保管期满但未结清的债权债务原始凭证和涉及其他未了事项的原始凭证，不得销毁，而应当单独抽出立卷，保管到未了事项完结时为止。单独抽出立卷的会计档案，应当在会计档案销毁清册和会计档案保管清册上列明。另外，正在项目建设期间的建设单位，其保管期满的会计档案也不得销毁，待项目办理竣工决算后按规定的交接手续移交给项目的接受单位进行妥善保管。

第四节 会计监督

一、单位内部会计监督

会计监督是会计的基本职能之一。加强会计监督，建立单位内部会计监督、政府监督和社会监督“三位一体”的会计监督体系是《会计法》的明确要求。其中，单位内部会计监督是指为了保护其资产的安全完整，保证其经营活动符合国家法律、法规和内部制度，提高经营管理水平和效率，而在单位内部采取的一系列相互制约、相互监督的制度与方法。内部会计监督是内部控制的重要组成部分。

（一）单位内部会计监督主体和对象

内部会计监督的主体是各单位的会计机构、会计人员；内部会计监督的对象是本单位的经济活动。尽管会计机构、会计人员是内部会计监督的主体，但内部会计监督不仅仅是会计机构、会计人员的职责，单位负责人应当积极支持、保障会计机构、会计人员行使好会计监督职权。《会计法》明确规定，单位负责人负责单位内部会计监督制度的组织实施，对本单位内部会计监督制度的建立及有效实施承担最终责任。

（二）单位内部会计监督制度的基本要求

根据《会计法》的规定，单位内部会计监督制度应当符合以下四个方面的要求：

第一，记账人员与经济业务事项和会计事项的审批人员、经办人员、财物保管人员的职责权限应当明确，并相互分离、相互制约。这是机构控制和职务控制的基本要求。

第二，重大对外投资、资产处置、资金调度及其他重要经济业务事项的决策和执行的相互监督、相互制约程序应当明确。这是对业务处理程序控制的基本要求，是对盲目对外投资、擅自处置资产、随意调度资金所作的限制性规定，具有很强的针对性。

第三，财产清查的范围、期限和组织程序应当明确。这是财产安全控制和会计信息控制的基本要求。

第四，对会计资料定期进行内部审计的办法和程序应当明确。这是内部审计控制的基本要求。

内部审计是指在各单位主要负责人的领导下，在单位内部设置的独立机构或人员，对本单位内部控制的有效性、财务信息的真实性和完整性以及经营活动的效率和效果进行的一种评价活动。内部审计也是单位内部控制的重要组成部分，通过内部审计，可以对会计工作实行控制和再监督，是单位内部保证会计资料真实、完整的重要措施。

（三）会计机构和会计人员在单位内部会计监督中的职权

《会计法》明确规定了会计机构和会计人员的监督权利和义务，其内容包括：

➢会计机构和会计人员对违反《会计法》和国家统一的会计制度规定的会计事项，有权拒绝办理或按照职权予以纠正。单位内部的会计监督，主要是通过单位内部的会计机构、会计人员在处理会计业务过程中进行的，由会计机构、会计人员在处理会计业务的过程中严格把关，实行会计监督，可以有效地防范和纠正违法行为。

➢会计机构、会计人员有权对单位内部的会计资料和财产物资实施监督。会计机构、会计人员发现会计账簿与实物、款项及有关资料不相符的，按照国家统一的会计制度的规定有权自行处理的，应当及时处理；无权处理的，应当立即向单位负责人报告，请求查明原因，做出处理。为保证单位的账实相符、账款相符、账账相符、账表相符，会计机构和会计人员应在日常工作中加强对本单位财产物资的监督。首先，完善各种财产物资的定期或不定期的清查盘点制度，及时发现其短少或溢余情况；其次，根据清查盘点结果和批准处理意见，按规定及时进行相关的账务处理，保证会计资料的真实性和完整性；最后，任何单位和个人（包括会计机构和会计人员）都有权检举违法违规行为。

（四）企业内部控制

1.内部控制的定义

内部控制是由企业董事会、监事会、经理层和全体员工实施的、旨在实现控制目标的过程。该定义突出了以下三点：

首先，强调了企业领导者，尤其是董事会、监事会和经理层在建立与实施内部控制中的重要作用。如果企业领导者对于内部控制没有足够的认识和高度的重视，内部控制是难以有效实施的。

其次，明确了内部控制是全体员工的共同责任。企业的各级管理层和全体员工都应当树立现代管理理念，强化风险意识，以主人翁的姿态积极参与内部控制的建立与实施，并主动承担相应的责任，而不是被动地遵守内部控制的相关规定。

最后，指明了内部控制是一个过程。内部控制是对企业生产经营过程的控制，也是对实现企业发展目标过程的控制。同时，内部控制又是一个不断优化、完善的过程，只有起点，没有终点，必须坚持不懈、持之以恒地改进。

2.内部控制的目标

内部控制的目标，包括以下五个方面：

（1）合理保证企业经营管理合法合规。企业经营管理合法合规强调的是企业要在法律允许的经济范围内开展经营活动，严禁违法经营、非法获利。

（2）维护资产安全。资产安全主要是防止资产流失。要确保企业的各项存款等货币资金的安全，防止被挪用、转移、侵占、盗窃。同时，还要保护实物资产，防止低价出售，要充分发挥资产效能，提高资产管理水平。

（3）保证财务报告及相关信息真实完整。财务报告及相关信息反映了企业的经营业绩，乃至企业的价值增值过程。财务报告反映企业的过去与现状，并可预测企业的未来发展，是投资者进行投资决策、债权人进行信贷决策、管理者进行管理决策和宏观经济调控部门进行政策决策的重要依据。同时，财务报告作为社会公共产品，真实、完整地体现了企业履行的社会责任。

（4）提高经营效率和效果。企业建立和实施内部控制的内在要求之一是相互制衡、相互监督。这一要求看似与提高效率效果相矛盾，实际上是协调一致的，因为忽视控制的经营管理将导致重大风险的发生，可能造成企业难以为继，最终降低了经营的效率效果。所以，企业必须正确认识和处理强化内部控制与提高效率效果的关系。

（5）促进企业实现发展战略。促进企业实现发展战略是内部控制的最高目标，也是终极目标。只有企业在内部控制上下工夫，切实保证经营管理合法合规、资产安全完整、财务报告及相关信息真实可靠、经营效率效果稳步提高，才能提高企业核心竞争力，促进实现发展战略。

3.内部控制要素

建立与实施的有效内部控制，应当包括内部环境、风险评估、控制活动、信息与沟通和内部监督五要素。

（1）内部环境。内部环境是企业建立与实施内部控制的基础，一般包括治理结构、机构设置及权责分配、内部审计、人力资源政策、企业文化等。内部环境影响着企业内部控制的方方面面，是内部控制其他四个构成要素的基础，在企业内部控制建立与实施中发挥着基础性作用。

（2）风险评估。风险评估是内部控制的重要环节，在企业生产经营过程中，风险无处不在，只有进行科学的风险评估，自觉地将风险控制在可承受范围之内，才能实现企业的可持续发展。风险评估由目标设定、风险识别、风险分析和风险应对构成，它贯穿于企业生产经营过程和内部控制过程的始终。

（3）控制活动。控制活动是指结合具体业务和事项，运用相应的控制政策和程序，或称控制手段实施控制。企业应当结合风险评估结果，通过手工控制与自动控制、预防性控制与发现性控制相结合的方法，运用相应的控制措施，将风险控制在可承受度之内。其中，控制措施一般包括：不相容职务相分离控制、授权审批控制、会计系统控制、财产保护控制、预算控制、运营分析控制、绩效考评控制等。

（4）信息与沟通。信息与沟通是指企业及时、准确、完整地收集和整理与企业经营管理相关的各种内外部信息，并借助信息技术，促使这些信息以恰当的方式在企业各个层级之间进行及时传递、有效沟通和正确使用的过程。信息与沟通贯穿于内部控制体系的内部环境、风险评估、控制活动、内部监督四个基本要素，同时又是四个基本要素的重要工具，为企业内部控制的有效运行提供信息保证，从而有助于提高企业内部控制的效率和效果。因此，企业应当建立信息与沟通制度，明确内部控制相关信息的收集、处理和传递程序，确保信息及时沟通，促进内部控制有效运行。

（5）内部监督。内部监督是企业内部控制得以有效实施的机制保障，在内部控制构成要素中，具有十分重要的作用。不论是内部控制制度的建立与实施，还是内部控制系统的评价与报告，均离不开有效的监督。内部监督有助于董事会及经理层预防、发现和整改内部控制设计与运行中存在的问题和薄弱环节，便于及时改进，确保内部控制体系得以有效运行。因此，企业应当制定内部监督制度，明确内部审计机构（或经授权的其他监督机构）和其他内部机构在内部监督中的职责权限，规范内部监督的程序、方法和要求。

内部控制的演进

【随堂测】（多选题）下列属于内部监督的是（　　）。

A.财政机关的监督　　B.税务机关的监督

C.会计人员对违法收支予以纠正　　D.审计机关的监督

二、会计工作的政府监督

会计工作的政府监督是一种外部监督，主要是指财政部门代表国家对各单位和单位中相关人员的会计行为实施的监督检查，以及对发现的违法会计行为实施行政处罚。这是我国经济监督体系的一个重要方面，它与单位内部由会计机构、会计人员实施的会计监督是相辅相成的。

（一）会计工作的政府监督主体

根据《会计法》的规定，县级以上人民政府财政部门为各单位会计工作的监督检查部门，对各单位会计工作行使监督权，对违法会计行为实施行政处罚。因此，财政部门是《会计法》的执行主体，是会计工作的政府监督实施主体。

此外，《会计法》规定，除财政部门外，审计、税务、人民银行、证券监管、保险监管等部门依照有关法律、行政法规规定的职责权限，可以对有关单位的会计资料实施监督检查。如根据我国《中华人民共和国税收征收管理法》(简称《税收征收管理法》)的规定，税务机关有权检查纳税人的账簿、记账凭证、报表和有关资料。上述部门在法定权限范围内，对相关单位会计资料实施的监督检查也属于会计工作的政府监督范畴。

(二) 财政部门实施会计监督的对象和范围

财政部门实施会计监督的对象是会计行为，并对发现的有违法会计行为的单位和个人实施行政处罚。违法会计行为是指公民、法人和其他组织违反《会计法》和其他有关法律、行政法规、国家统一的会计制度的行为。根据规定，财政部门可以依法对各单位的下列情况实施监督：

➢监督各单位是否依法设置会计账簿。其具体包括：依照法律、行政法规和国家统一的会计制度的规定，应当设置会计账簿的单位是否设置账簿；设置会计账簿的单位，其设置会计账簿情况是否符合法律、行政法规和国家统一的会计制度的要求；各单位是否存在账外设账违法行为等。

➢监督各单位的会计凭证、会计账簿、财务会计报告和其他会计资料是否真实、完整。其具体包括：各单位对实际发生的经济业务事项是否及时办理会计手续，进行会计核算；各单位填制的会计凭证、登记的会计账簿、编制的财务会计报告是否与实际发生的经济业务事项相符，是否做到账实相符、账证相符、账账相符、账表相符；各单位提供的财务会计报告是否符合法律、行政法规和国家统一的会计制度规定等。

➢监督各单位的会计核算是否符合《会计法》和国家统一的会计制度的规定。其具体包括：各单位会计核算的内容是否真实、完整；各单位采用的会计年度、记账本位币、会计处理方法、会计记录文字等是否符合法律、行政法规和国家统一的会计制度规定；各单位对资产、负债、所有者权益、收入、费用、成本、利润的确认、计量、记录和报告是否符合国家统一的会计制度的规定；各单位会计档案保管是否符合法定要求等。

➢监督各单位从事会计工作的人员是否具备会计从业资格。其具体包括：各单位从事会计工作的人员是否取得会计从业资格证书并接受管理；会计机构负责人（会计管理人员）是否符合任职条件等。财政部门对各单位会计工作的监督，并不排除其他政府部门如审计、税务等在履行其职责时对有关单位会计资料的检查。审计、税务等在履行其职责时对有关单位会计资料的检查，对保证会计资料的真实、完整也起到促进作用。

此外，国务院财政部门和省、自治区、直辖市人民政府财政部门，依法对注册会计师、会计师事务所和注册会计师协会进行监督、指导。财政部门对会计师事务所出具审计报告的程序和内容进行监督。

三、会计工作的社会监督

(一) 社会监督的形式

会计工作的社会监督，主要是指由注册会计师及其所在的会计师事务所依法对受托单位的经济活动进行鉴证的一种监督制度。根据《注册会计师法》的规定，注册会计师是依法取得注册会计师证书并接受委托从事审计和会计咨询、会计服务业务的执业人员。法律、行政法规规定须经注册会计师进行审计的单位，应当向受委托的会计师事务所如实提供会计凭证、会计账簿、财务会计报告和其他会计资料以及有关情况。任何单位或者个人不得以任何方式要求或者示意注册会计师及其所在的会计师事务所出具不实或者不当的审计报告。

为了发挥社会各方面的力量，鼓励任何单位和个人检举违法会计行为。《会计法》规定，任何单位和个人对违反《会计法》和国家统一的会计制度规定的行为，有权检举。这也属于会计工作的社会监督范畴。

（二）注册会计师业务范围

根据《注册会计师法》的规定，注册会计师依法承办审计业务和会计咨询、会计服务业务。此外，注册会计师还根据委托人的委托，从事审阅业务、其他鉴证业务和相关服务业务。

1.鉴证业务

鉴证业务是指注册会计师对财务报表等鉴证对象信息提出结论，以增强相关信息使用者对鉴证对象信息信任程度的业务。鉴证业务包括审计业务、审阅业务和其他鉴证业务。

审计业务属于注册会计师的法定业务，具体包括：（1）审查企业财务报表，出具审计报告；（2）验证企业资本，出具验资报告；（3）办理企业合并、分立、清算事宜中的审计业务，出具有关报告；（4）办理法律、行政法规规定的其他审计业务，出具相应的审计报告。

审阅业务是注册会计师业务的拓展，其目标是注册会计师在实施审阅程序的基础上，说明是否注意到某些事项，使其相信财务报表没有按照适用的会计准则的规定编制，未能在所有重大方面公允反映被审阅单位的财务状况、经营成果和现金流量。相对审计而言，审阅程序简单，保证程度有限，审阅成本也较低。

除审计和审阅业务外，注册会计师还承办其他鉴证业务，如预测性财务信息审核、系统鉴证等，这些鉴证业务可以增强使用者的信任程度。

2.相关服务业务

相关服务业务主要包括税务服务、管理咨询服务以及会计咨询和会计服务等。

审计业务与审阅业务的区别

税务服务包括税务代理和税务筹划。税务代理是注册会计师接受企业或个人委托，为其填制纳税申报表，办理纳税事项。税务筹划是指注册会计师从客户利益出发，依据纳税义务发生的范围和时间不同，代替纳税义务人设计可替代的或不同结果的纳税方案。

管理咨询服务范围很广，主要包括对公司的治理结构、信息系统、预算管理、人力资源管理、财务会计以及经营效率、效果和效益等提供诊断及专业意见与建议。

注册会计师提供的会计咨询和会计服务业务，除了代编财务信息外，还包括对会计政策的选择和运用提供建议、担任常年会计顾问等。注册会计师执行的会计咨询、会计服务业务属于服务性质，是所有具备条件的中介机构甚至个人都能够从事的非法定业务。

（三）管理层的责任与注册会计师的责任

《会计法》规定，财务会计报告应当由单位负责人和主管会计工作的负责人、会计机构负责人（会计主管人员）签名并盖章；设置总会计师的单位，还须由总会计师签名并盖章。单位负责人应当保证财务会计报告真实、完整。《公司法》也规定，公司应当向雇用的会计师事务所提供真实、完整的会计凭证、会计账簿、财务会计报告及其他会计资料，不得拒绝、隐匿、谎报。因此，按照适用的会计准则和相关会计制度的规定编制财务会计报表是被审计单位管理层的责任。

注册会计师作为独立的第三方，对财务报表发表审计意见，有利于提高财务报表的可信赖程度。为履行这一职责，注册会计师应当遵守职业道德规范，按照审计准则的规定计划和实施审计工作，获取充分、适当的审计证据，并根据获取的审计证据得出合理的审计结论，发表恰当的审计意见。按照审计准则的规定对财务报表发表审计意见是注册会计师的责任，注册会计师通过签署审计报告确认其责任。

管理层的责任与注册会计师的责任不能相互取代，即财务报表审计不能减轻被审计单位管理层的责任。尽管在审计过程中，注册会计师可能向管理层提出调整建议，甚至在不违反独立性的前提下为管理层编制财务报表提供协助，但管理层仍然对编制财务报表承担责任，并通过签署财务报表确认这一责任。

内部审计与注册会计师审计的区别

思政课堂

文明因交流而多彩，文明因互鉴而丰富

我国是文明古国，远在西周时期，“会计”一词即已出现。据考证，西周王朝设立了会计机构和专管钱粮赋税的官员，并建立了“日成”“岁会”等报告文书，史称“官厅会计”。在记账方法上，在宋朝即创建了“四柱清册”。所谓“四柱”，即“旧管”“新收”“开除”“实在”，其相互关系是“旧管+新收-开除=实在”，相当于现在的“期初结存+本期收入-本期支出=期末结存”。“四柱清册”的出现，使会计技术达到了新水平，它是我国最早的比较科学、系统、完善的中式会计方法。明末清初，随着手工业、商业的发展和资本主义经济萌芽的产生，我国商人进一步设计了“龙门账”，把会计科目划分为“进”“缴”“存”“该”，设总账进行“类记录”，开始复式记账。清朝后期，借贷记账法才传入我国，与我国经济活动相融合，并沿用至今。

会计是人类文明的一部分。从我国会计方法演进简史不难看出，人类在漫长的历史长河中，创造和发展了多姿多彩的文明；无论是中华文明还是世界上存在的其他文明，都是人类文明创造的成果；文明多样性是人类进步的不竭动力，不同文明交流互鉴能够很好地促进文明进步，是各国人民的共同愿望。正如习近平总书记在联合国教科文组织总部发表演讲时强调，“文明因交流而多彩，文明因互鉴而丰富”，会计也不例外。

第五节 会计法律责任

德技兼修

视频

再次追捕隐形人——会计人员的法律责任

一、应承担法律责任的会计行为

根据《会计法》的规定，有下列行为之一的，由县级以上人民政府财政部门责令限期改正，可以对单位并处3 000元以上5万元以下的罚款；对其直接负责的主管人员和其他直接责任人员，可以处2 000元以上2万元以下的罚款；属于国家工作人员的，还应当由其所在单位或者有关单位依法给予行政处分：

（一）不依法设置会计账簿的行为

不依法设置会计账簿的行为，是指违反《会计法》和国家统一的会计制度的规定，应当设置会计账簿的单位不设置会计账簿或者未按规定的种类、形式及要求设置会计账簿的行为。对于不依法设置会计账簿的行为，应当追究有关单位和个人的法律责任。

（二）私设会计账簿的行为

私设会计账簿的行为，俗称“两本账”或“账外账”，是指不在依法设置的会计账簿上对经济业务事项进行统一登记核算，而另外私自设置会计账簿进行登记核算的行为。鉴于现实中有的单位将发生的经济业务事项和财务收支不通过法定会计账簿统一核算，而是记入私设的会计账簿，形成“小金库”，因此有必要对这种违法行为追究其法律责任。

（三）未按照规定填制、取得原始凭证或者填制、取得的原始凭证不符合规定的行为

根据《会计法》和国家统一的会计制度的规定，办理经济业务事项必须取得或者填制原始凭证，并及时送交会计机构，以保证会计核算工作得以顺利进行。同时为了保证原始凭证记录的真实性，对原始凭证不能涂改、挖补，如果发现原始凭证有错误，应当由出具单位重开或者更正，更正处应当加盖出具单位的印章。原始凭证金额有错误的，应当由出具单位重开，不得在原始凭证上更正。对于未按照规定填制、取得原始凭证或者填制、取得的原始凭证不符合规定的，应当追究有关单位和个人的法律责任。

（四）以未经审核的会计凭证为依据登记会计账簿或者登记会计账簿不符合规定的行为

根据《会计法》和国家统一的会计制度的规定，会计人员应当根据审核无误的会计凭证登记会计账簿。登记会计账簿时，应当将会计凭证日期、编号、业务内容摘要、金额等事项逐项记入账内。登记完毕后，记账人员要在记账凭证上签名或盖章。各种账簿要按页次顺序连续登记，不得跳行、隔页。如果会计账簿记录发生错误，不得采取涂改、挖补等手段更正，而应当按照规定采取划线更正等方法进行更正。因此任何单位不得以未经审核的会计凭证为依据登记会计账簿，登记会计账簿应当符合《会计法》和国家统一的会计制度的规定。违反上述规定的，应当追究有关单位和个人的法律责任。

（五）随意变更会计处理方法的行为

会计处理方法的变更会直接影响会计资料的质量和可比性，因此不得违反《会计法》和国家统一的会计制度的规定，随意变更会计处理方法。

（六）向不同的会计资料使用者提供的财务会计报告编制依据不一致的行为

财务会计报告应当根据登记完整、核对无误的会计账簿记录和其他有关会计资料编制，使用的确认原则、计量标准、计量方法应当一致，做到数字真实、计算准确、内容完整、说明清楚。不得向不同的会计资料使用者提供编制依据不一致的财务会计报告。

（七）未按照规定使用会计记录文字或者记账本位币的行为

根据《会计法》的有关规定，会计记录的文字应当使用中文。在民族自治地方，会计

记录可以同时使用当地通用的一种民族文字。在中华人民共和国境内的外商投资企业、外国企业和其他外国组织的会计记录可以同时使用一种外国文字。会计核算以人民币为记账本位币。业务收支以人民币以外的货币为主的单位，可以选定其中一种货币作为记账本位币，但是编报的财务会计报告应当折算为人民币。对于未按照规定使用会计记录文字或者记账本位币的，应当追究有关单位和个人的法律责任。

（八）未按照规定保管会计资料，致使会计资料毁损、灭失的行为

根据《会计法》的规定，各单位对会计凭证、会计账簿、财务会计报告和其他会计资料应当建立档案，妥善保管。对于未按照国家规定的期限、方式和要求保管会计资料，致使会计资料毁损、灭失的，应当追究有关单位和个人的法律责任。

（九）未按照规定建立并实施单位内部会计监督制度，或者拒绝依法实施的监督，或者不如实提供有关会计资料及有关情况的行为

根据《会计法》的有关规定，各单位应当建立、健全本单位内部会计监督制度。单位内部会计监督制度应当符合法定要求。对会计工作的外部监督，按照本法的有关规定，财政部门对各单位是否依法设置会计账簿；会计资料是否真实、完整；会计核算是否符合规定；从事会计工作的人员是否具备相应资格等情况实施监督。各单位应当依照规定接受有关监督检查部门依法实施的监督检查，如实提供会计凭证、会计账簿、财务会计报告和其他会计资料以及有关情况，不得拒绝、隐匿、谎报。违反上述规定的，应当追究有关单位和个人的法律责任。

（十）任用会计人员不符合《会计法》规定的行为

有上述行为之一，构成犯罪的，依法追究刑事责任。会计人员有上述行为之一，情节严重的，5年内不得从事会计工作。

二、会计违法行为应承担的法律责任

根据《会计法》的规定，上述违法行为应承担以下法律责任：

（一）责令限期改正

所谓责令限期改正，是指要求违法行为人在一定期限内停止违法行为并将其违法行为恢复到合法状态。违法单位或者个人应当按照县级以上人民政府财政部门的责令限期改正决定的要求，停止违法行为，纠正错误。比如，私设会计账簿的单位，应当取消私设的账簿，并根据实际发生的经济业务将在私设的会计账簿上登记的事项转移到依法设置的会计账簿上，统一进行登记、核算。

（二）罚款

县级以上人民政府财政部门根据上述所列行为的性质、情节及危害程度，在责令限期改正的同时，可以对单位并处3 000元以上5万元以下的罚款，对其直接负责的主管人员和其他直接责任人员，可以处以2 000元以上2万元以下的罚款。

（三）给予行政处分

对上述所列行为直接负责的主管人员和其他直接责任人员中的国家工作人员，视情节轻重，还应当由其所在单位或者其上级单位或者有关单位依法给予降级、撤职、开除等行政处分。

（四）依法追究刑事责任

《中华人民共和国刑法》（简称《刑法》）并没有对上述所列行为单独明确规定为犯罪，但行为人为偷逃税款、骗取出口退税、贪污、挪用公款等目的，从事了上述行为，造

成了严重后果，按照《刑法》的有关规定，构成犯罪的，应当依照《刑法》的规定分别定罪、量刑，追究刑事责任。

三、其他会计违法行为应承担的法律责任

（一）伪造、变造会计凭证、会计账簿，编制虚假财务会计报告的法律责任

伪造、变造会计凭证、会计账簿，编制虚假财务会计报告，构成犯罪的，依法追究刑事责任。有上述行为，尚不构成犯罪的，由县级以上人民政府财政部门予以通报，可以对单位并处5 000元以上10万元以下的罚款；对其直接负责的主管人员和其他直接责任人员，可处3 000元以上5万元以下的罚款；属于国家工作人员的，还应当由其所在单位或者有关单位依法给予撤职直至开除的行政处分；其中的会计人员，5年内不得从事会计工作。

（二）隐匿或者故意销毁依法应当保存的会计资料的法律责任

隐匿或者故意销毁依法应当保存的会计凭证、会计账簿、财务会计报告，构成犯罪的，依法追究刑事责任。有上述行为，尚不构成犯罪的，由县级以上人民政府财政部门予以通报，可以对单位并处5 000元以上5万元以下的罚款；对其直接负责的主管人员和其他直接责任人员，可以处3 000元以上5万元以下的罚款；属于国家工作人员的，还应当由其所在单位或者有关单位依法给予撤职直至开除的行政处分；其中的会计人员，5年内不得从事会计工作。

根据《刑法》第一百六十二条第一款的规定，隐匿或者故意销毁依法应当保存的会计凭证、会计账簿、财务会计报告，情节严重的，处5年以下有期徒刑或者拘役，并处或者单处2万元以上20万元以下罚金。单位犯前款罪的，对单位判处罚金，并对其直接负责的主管人员和其他直接责任人员，依照前款的规定处罚。

（三）授意、指使、强令会计机构、会计人员和其他人员伪造、变造会计凭证、会计账簿，编制虚假财务会计报告或者隐匿、故意销毁依法应当保存的会计资料的法律责任

授意是指暗示他人按其意思行事。指使是指通过明示方式，指示他人按其意思行事。强令是指明知其命令是违反法律的，而强迫他人执行其命令的行为。

授意、指使、强令会计机构、会计人员和其他人员伪造、变造会计凭证、会计账簿，编制虚假财务会计报告或者隐匿、故意销毁依法应当保存的会计凭证、会计账簿、财务会计报告，构成犯罪的，依法追究刑事责任；尚不构成犯罪的，可以处5 000元以上5万元以下的罚款；属于国家工作人员的，还应当由其所在单位或者有关单位依法给予降级、撤职、开除等行政处分。

（四）单位负责人对依法履行职责、抵制违反《会计法》规定行为的会计人员实行打击报复的法律责任

单位负责人对依法履行职责、抵制违反《会计法》规定行为的会计人员以降级、撤职、调离工作岗位、解聘或者开除等方式实行打击报复，构成犯罪的，依法追究刑事责任；尚不构成犯罪的，由其所在单位或者有关单位依法给予行政处分。对受打击报复的会计人员，应当恢复其名誉和原有职务、级别。

根据《刑法》第二百五十五条的规定，公司、企业、事业单位、机关、团体的领导人对依法履行职责、抵制违反会计法规定行为的会计人员实行打击报复，情节恶劣的，处3年以下有期徒刑或者拘役。

（五）财政部门及有关行政部门工作人员职务违法行为的法律责任

财政部门及有关行政部门的工作人员在实施监督管理中滥用职权、玩忽职守、徇私舞弊或者泄露国家秘密、商业秘密，构成犯罪的，依法追究刑事责任。尚不构成犯罪的，依法给予行政处分。

收到对违反《会计法》和国家统一的会计制度行为检举的部门及负责处理检举的部门，将检举人姓名和检举材料转给被检举单位和被检举人个人的，由所在单位或者有关单位依法给予行政处分。

本章小结

会计法律体系是指由国家权力机关或其他授权机构制定的，用来规范会计核算实务、会计基础工作、会计主体和相关会计人员职责，以便及时调整经济活动中各种会计关系的规范性文件的总称，包括会计法律、会计行政法规和国家统一的会计制度。国家统一的会计制度是指国务院财政部门根据《会计法》制定的关于会计核算、会计监督、会计机构和会计人员以及会计工作管理的制度，包括会计部门规章和会计规范性文件。

国务院财政部门主管全国的会计工作，县级以上地方各级人民政府财政部门管理本行政区域内的会计工作。各单位应当按照会计法律和相关法规的要求设置会计机构，配备会计人员。不具备会计机构设置条件的，应当委托代理记账机构代理记账。会计人员应当接受继续教育，从事会计工作应当遵守会计职业道德的基本要求。各单位必须按照国家统一的会计制度进行会计核算，实施会计监督。不依法设置会计账簿等会计违法行为应承担相应的法律责任。

本章练习

一、选择题

1.以下法规中，属于会计法律的是（　　）。

A.基本会计准则　　B.具体会计准则

C.会计法　　D.企业会计准则解释

2.根据会计法律制度的规定，下列关系中需要实行回避制度的是（　　）。

A.朋友关系　　B.夫妻关系

C.直系血亲关系　　D.旁系血亲关系

3.会计专业技术人员继续教育的内容应该包括（　　）。

A.会计理论与实务　　B.财务、会计法规制度

C.会计职业道德规范　　D.其他相关知识

4.单位负责人的直系亲属不得担任本单位的职务或岗位工作有（　　）。

A.会计机构负责人　　B.会计主管人员

C.出纳岗位　　D.成本核算岗位

5.代理记账从业人员应（　　）。

A.遵守会计法律、法规和国家统一的会计制度，依法履行职责

B.对在执行业务中知悉的商业秘密，负有保密义务

C.对委托人要求做假账的，应当拒绝

D.对委托人提出的有关会计处理原则问题负有解释的责任

6.会计专业技术初级资格的考试科目包括（　　）。

A.初级会计实务　B.财务管理　C.经济法基础　D.税法

7.下列各项中，属于总会计师的职责的有（　　）。

A.组织编制和执行预算、财务收支计划、信贷计划

B.拟订资金筹措和使用方案，开辟财源，有效地使用资金

C.建立健全经济核算制度，强化成本管理，进行经济活动分析

D.组织对会计人员进行业务培训和考核，支持会计人员依法行使职权

8.会计法对会计人员的保护体现在（　　）。

A.以单位负责人作为单位会计法律责任主体

B.对优秀会计人员给予奖励

C.任何人不得打击报复会计人员

D.追究打击报复会计人员者的法律责任

9.某企业的业务收支以美元为主，也有少量的人民币，根据会计法律制度的规定，该企业可以采用（　　）作为记账本位币。

A.人民币　B.美元

C.港元　D.美元或人民币

10.会计人员在审核原始凭证时发现采购人员据以报销的购货发票属于假发票，会计人员应当（　　）。

A.要求按国家统一会计制度的规定更正、补充

B.办理正常的会计手续

C.向单位负责人报告

D.不予接受

11.我国的会计档案分为（　　）。

A.会计凭证类　B.会计账簿类

C.财务报告类　D.其他会计资料类

12.下列属于内部监督的是（　　）。

A.财政机关的监督　B.税务机关的监督

C.会计人员对违法收支予以纠正　D.审计机关的监督

13.我国会计工作的社会监督主要由（　　）完成。

A.资产评估师事务所　B.律师事务所

C.会计师事务所　D.税务师事务所

14.下列项目中属于内部控制要素的有（　　）。

A.内外部环境　B.风险评估

C.信息与沟通　D.内部审计

选择题

15.根据《刑法》的规定，对会计人员实行打击报复，情节严重的，可处（　　）。

A.2年以下有期徒刑或者拘役　B.3年以下有期徒刑或者拘役

C.5年以下有期徒刑或者拘役　D.7年以下有期徒刑或者拘役

二、判断题

1. 企业会计准则体系中的具体准则及应用指南，属于会计规章。（ ）

2. 会计工作的行政管理遵循的是“统一领导，分级管理”的原则。（ ）

3. 财政部门是《会计法》的执行主体，是会计工作的政府监督实施主体。（ ）

4. 总会计师是行政职务，具体负责本单位的会计核算与分析工作。（ ）

5. 根据规定，会计主管人员必须具备会计师以上专业技术职务资格。（ ）

6. 企业可以根据管理需要设置“内账”和“外账”两套会计账簿。（ ）

7. 中期财务报表是指按月编制的财务报表。（ ）

8. 各单位每年形成的会计档案，应由单位档案管理机构负责整理立卷或装订，并由管理机构部门保管。（ ）

9. 会计监督包括单位内部的会计监督、政府监督和社会监督。（ ）

10. 社会监督是指由国家审计机关和会计师事务所实施的外部审计监督。（ ）

判断题

三、思考题

1. 我国会计法律体系包括哪几个层次？各层次的效力如何？

2. 我国会计工作管理体制包括哪些具体内容？

3. 会计专业技术人员继续教育的内容是什么？

4. 什么是会计职业道德？我国会计职业道德规范的主要内容是什么？

5. 会计工作岗位设置应符合哪些基本要求？

6. 代理记账的业务范围是什么？代理记账机构及其从业人员应履行哪些义务？

7. 会计核算的总体要求包括哪些？现行会计法律制度对会计凭证的填制、会计账簿的设置与登记有哪些原则性要求？

8. 会计档案由哪些内容构成？会计档案应如何管理？

9. 什么是内部控制？其目标和构成要素包括哪些？

10. 哪些会计违法行为应承担法律责任？会计法律责任形式有哪些？

思考题

四、案例分析题

A公司的出纳员张某在单位负责人刘某的授意下，将收到的房屋租金50万元另行存放未入账，以便他用。会计主管李某发现后，向上级主管部门举报，上级主管部门责令该公司自行纠正。该公司刘某十分不悦，借口工作需要，将会计主管李某调离了原工作岗位，安排到仓库作保管员。之后，另行聘用一名会计专业毕业不足1年的本科生担任会计主管人员。

案例分析题

第三章 流转税法律制度

学习目标

- 了解税收的基本特征与分类、税收法律关系，以及税收法律制度的构成要素，掌握我国现行的税收法律体系。
- 了解增值税法律制度的基本内容，掌握增值税应纳税额的计算方法。
- 了解消费税法律制度的基本内容，掌握消费税应纳税额的计算方法。
- 了解关税法律制度的基本内容，掌握关税应纳税额的计算。

第一节 税收法律制度概述

一、税收的基本特征与分类

（一）税收的基本特征

税收是政府为了满足社会公共需要，凭借政治权力，强制、无偿地取得财政收入的一种形式。税收具有如下特征：

1. 税收是国家取得财政收入的一种重要工具

国家要行使职能必须有一定的财政收入作为保障。取得财政收入的手段多种多样，如税收、发行货币、发行国债、收费、罚款等，而税收则是大部分国家取得财政收入的主要形式。我国自1994年税制改革以来，税收收入占财政收入的比重基本维持在90%以上，说明税收是目前我国政府取得财政收入的最主要工具。

2. 国家征税的依据是政治权力，它有别于按要素进行的分配

国家通过征税，将一部分社会产品由纳税人所有转变为国家所有，因此，征税的过程实际上是国家参与社会产品分配的过程。国家与纳税人之间形成的这种分配关系与社会再生产过程中的一般分配关系不同。税收分配是以国家为主体所进行的分配，而一般分配则是以各生产要素的所有者为主体所进行的分配；税收分配是国家凭借政治权力所进行的分配，而一般分配则是基于生产要素所进行的分配。

3. 征税的目的是满足社会公共需要

国家在履行其公共职能的过程中必然要有一定的公共支出。公共产品提供的特殊性决定了公共支出在一般情况下不可能由公民个人、企业采取自愿出价的方式，而只能采用由国家（政府）强制征税的方式，由经济组织、单位和个人来负担。国家征税的目的是满足

国家提供公共产品的需要，其中包括政府弥补市场失灵、促进公平分配等的需要。同时，国家征税也要受到所提供公共产品规模和质量的制约。

4.税收具有无偿性、强制性和固定性的形式特征

税收特征，即“税收形式特征”，是指税收分配形式区别于其他财政分配形式的质的规定性。它是由税收的本质决定的，是税收本质属性的外在表现，也是区别税与非税的外在尺度和标志。税收的形式特征通常可概括为“三性”，即无偿性、强制性和固定性。

税收的无偿性是指国家征税以后对具体纳税人既不需要直接偿还，也不付出任何直接形式的报酬，纳税人从政府支出所获利益通常与其支付的税款不完全形成一一对应的比例关系；税收的强制性是指国家凭借政治权力，通过法律形式对社会产品进行的强制性分配，而非纳税人自愿交纳，纳税人必须依法纳税，否则会受到法律制裁；税收的固定性是指国家通过法律形式预先规定了对什么征税及其征收比例等税制要素，并保持相对的连续性和稳定性。税收“三性”是一个完整的统一体，它们相辅相成、缺一不可。其中，无偿性是核心，强制性是保障，固定性是对无偿性和强制性的一种规范和约束。

（二）税收的分类

1.按照征税对象分类，可将全部税收划分为流转税、所得税、财产税、资源税和行为税

（1）流转税。流转税是指以货物或劳务的流转额为征税对象的一类税收。我国现行的增值税、消费税和关税等属于流转税类。

（2）所得税。所得税也称收益税，是指以纳税人的各种所得额为征税对象的一类税收。现阶段，我国所得税类主要包括企业所得税、个人所得税。

（3）财产税。财产税是指以纳税人所拥有或支配的特定财产为征税对象的一类税收。我国现行的房产税、车船税等属于财产税类。

（4）资源税。资源税是指以自然资源和某些社会资源为征税对象的一类税收。我国现行的资源税、土地增值税、城镇土地使用税和耕地占用税等属于资源税类。

（5）行为税。行为税也称特定目的税，是指国家为实现特定目的，以纳税人的某些特定行为为征税对象的一类税收。我国现行的契税、印花税、车辆购置税、城市维护建设税、环境保护税等属于行为税类。

2.按照征收管理的分工体系分类，可分为工商税类和关税类

（1）工商税类。工商税类由税务机关负责征收管理，是我国现行税制的主体部分。我国现行的增值税、消费税、企业所得税、个人所得税等均属于工商税类。

（2）关税类。关税类是国家授权海关以出入关境的货物和物品为征税对象的一类税收。我国现行的关税、船舶吨位税属于关税类。

3.按照税收征收权限和收入支配权限分类，可分为中央税、地方税和中央与地方共享税

（1）中央税。中央税是指由中央政府征收和管理使用或者地方政府征收后全部划解中央，由中央所有和支配的一类税收。中央税主要包括消费税（含进口环节由海关代征的部分）、关税、海关代征的进口环节增值税等。

（2）地方税。地方税是指由地方政府征收、管理和支配的一类税收。地方税主要包括城镇土地使用税、耕地占用税、土地增值税、房产税、车船税、契税等。

（3）中央与地方共享税。中央与地方共享税是指税收由中央和地方政府按比例分享的

一类税收。中央与地方共享税主要包括增值税、企业所得税和个人所得税。

4.按照计税标准不同分类，可分为从价税、从量税和复合税

（1）从价税。从价税是指以征税对象的价格作为计税依据征收的一种税，一般实行比例税率和累进税率，税收负担比较合理。我国现行的增值税、企业所得税、个人所得税等属于从价税。

（2）从量税。从量税是指以征税对象的实物量作为计税依据征收的一种税，一般采用定额税率。我国现行的车船税、城镇土地使用税、啤酒和黄酒的消费税等属于从量税。

（3）复合税。复合税是指对征税对象采用从价和从量相结合的计税方法征收的一种税。我国现行的消费税中对卷烟、白酒等的征税属于复合税。

二、税收法律关系

税收法律关系是税法所确认和调整的，国家与纳税人之间、国家与国家之间以及各级政府之间在税收分配过程中形成的权利与义务关系。

（一）税收法律关系的构成

1.税收法律关系主体

税收法律关系主体是指税收法律关系中享有权利和承担义务的当事人。在我国税收法律关系中，权利主体一方是代表国家行使征税职责的国家行政机关，包括国家各级税务机关、海关和财政机关；另一方是履行纳税义务的人，包括法人、自然人和其他组织。

在税收法律关系中，权利主体双方法律地位平等，但因主体双方是行政管理者与被管理者的关系，所以与一般民事法律关系中主体双方权利与义务平等不同，双方的权利与义务不对等。这是税收法律关系的一个重要特征。

2.税收法律关系客体

税收法律关系客体是指税收法律关系主体的权利与义务所共同指向的对象，也就是征税对象。税收法律关系客体也是国家利用税收杠杆调整和控制的目标，国家在一定时期根据客观经济形势发展的需要，通过扩大或缩小征税范围调整征税对象，以达到限制或鼓励国民经济中某些产业、行业发展的目的。

3.税收法律关系的内容

税收法律关系的内容是指税收法律关系主体所享有的权利和所应承担的义务。它规定主体可以有什么行为，不可以有什么行为，若违反了这些规定，须承担相应的法律责任。

税务机关的权利主要表现在依法征税、税务检查以及对违章者进行处罚，其义务主要是向纳税人宣传、咨询、辅导解读税法，及时把征收的税款解缴国库，依法受理纳税人对税收争议的申诉等。

纳税义务人的权利主要有多缴税款申请退还权、延期纳税权、依法申请减免税权、申请复议和提起诉讼权等，其义务主要是按税法规定办理税务登记、进行纳税申报、接受税务检查、依法缴纳税款等。

（二）税收法律关系的产生、变更与消灭

税收法律关系的产生、变更与消灭必须有能够引起税收法律关系产生、变更与消灭的客观情况，即由税收法律事实来决定。税收法律事实包括税收法律事件和税收法律行为。前者是指不以税收法律关系主体的意志为转移的客观事件，如自然灾害可以导致税收减

免，从而改变税收法律关系内容的变化；后者是指税收法律关系在正常意志支配下做出的活动，如纳税人开业经营即产生税收法律关系，纳税人转业或停业就造成税收法律关系的变更或消灭。

（三）税收法律关系的保护

税收法律关系的保护形式和方法有很多种，如税法中关于限期纳税、征收滞纳金和罚款的规定，刑法中对构成逃税、抗税罪给予刑罚的规定，以及税法中对纳税人不服税务机关征税处理决定，可以申请复议或提出诉讼的规定等都是对税收法律关系的直接保护。税收法律关系的保护对权利主体双方是平等的。

三、税收法律制度的构成要素

税收法律制度由一系列单行税法构成，其构成要素是指各种单行税法具有的共同的基本要素的总称，一般包括总则、纳税义务人、征税对象、税目、税率、纳税环节、纳税期限、纳税地点、减税免税、罚则、附则等。

（一）总则

总则主要包括立法依据、立法目的、适用原则等。

（二）纳税义务人

纳税义务人，简称纳税人，又叫纳税主体，是指税法规定的直接负有纳税义务的单位和个人，包括法人和自然人两种基本形式。

与纳税人紧密联系的两个概念是代扣代缴义务人和代收代缴义务人。前者是指虽不承担纳税义务，但依照有关规定，在向纳税人支付收入、结算货款、收取费用时，有义务代扣代缴其应纳税款的单位和个人；后者是指虽不承担纳税义务，但依照有关规定，在向纳税人收取商品或劳务收入时，有义务代收代缴其应纳税款的单位和个人。

（三）征税对象

征税对象又叫课税对象、征税客体，是指税法规定对什么征税，是征纳税双方权利与义务所共同指向的客体或标的物，是区别一种税与另一种税的重要标志。

与课税对象相关的两个基本概念是税目和税基。其中，税基又叫计税依据，是据以计算征税对象应纳税款的直接数量依据，可解决对征税对象课税的计算问题，是对课税对象的量的规定。如应纳税所得额是据以计算所得税应纳税额的数量基础，为所得税的税基。计税依据包括价值形态和物理形态。以价值形态作为税基的，称为从价计征，即按征税对象的货币价值计算；以物理形态作为税基的，称为从量计征，即直接按征税对象的自然单位计算。

（四）税目

税目是指在税法中对征税对象分类规定的具体的征税项目，反映具体的征税范围，是对课税对象的质的界定。并非所有税种都需要规定税目，有些税种不分课税对象的具体项目，一律按照课税对象的应税数额采用同一税率计征税款，如企业所得税；有些税种的具体课税对象比较复杂，需要规定税目，如消费税、关税等。

（五）税率

税率是指对征税对象的征收比例或征收额度。税率是计算税额的尺度，也是衡量税负轻重与否的重要标志。我国现行的税率主要有：

1.比例税率

比例税率是指对同一征税对象，不分数额大小，规定相同的征收比例。比例税率在适用中又分为单一比例税率、差别比例税率和幅度比例税率3种具体形式。单一比例税率是指对同一征税对象的所有纳税人都适用同一比例税率。差别比例税率是指对同一征税对象的不同纳税人适用不同的比例征税，具体又包括产品差别比例税率、行业差别比例税率和地区差别比例税率3种类型。幅度比例税率是指对同一征税对象，税法只规定最低税率和最高税率，各地区在该幅度内确定具体的适用税率。我国的增值税、消费税、城市维护建设税、企业所得税等采用的是比例税率。

2.超额累进税率

超额累进税率是指把征税对象按数额的大小分成若干等级，每一等级规定一个税率，税率依次提高，但每一纳税人的征税对象则依所属等级同时适用几个税率分别计算，将计算结果相加后得出应纳税款。目前，我国的个人所得税采用超额累进税率。

【例3-1】表3-1为一个三级超额累进税率表。

表3-1　某三级超额累进税率表

级　数	全月应纳税所得额（元）	税率（%）	速算扣除数（元）
1	5 000以下	10	0
2	5 000～20 000（含）	20	500
3	20 000以上	30	2 500

假定某人某月应纳税所得额为6 000元，按照表3-1所列的税率，其应纳税额可分步计算如下：

第1级的5 000元适用10%的税率，应纳税额为5 000×10%=500（元）。

第2级的1 000元（6 000-5 000）适用20%的税率，应纳税额为1 000×20%=200（元）。

本月应纳税额=500+200=700（元）

在级数较多的情况下，分级计算、然后相加的方法比较烦琐，为简化计算，也可以采用速算法，其计算公式如下：

按超额累进方法计算的税额=按全额累进方法计算的税额-速算扣除数

依【例3-1】资料，若采用速算法，其计算过程如下：

本月应纳税额=6 000×20%-500=700（元）

3.定额税率

定额税率是指按征税对象确定的计算单位直接规定一个固定的税额。目前采用定额税率的有城镇土地使用税、车船税等。

4.超率累进税率

超率累进税率是指以征税对象数额的相对率划分若干级距，分别规定相应的差别税率，相对率每超过一个级距的，对超过的部分按高一级的税率计算征税。目前，我国的土地增值税采用超率累进税率。

（六）纳税环节

纳税环节主要是指税法规定的征税对象在从生产到消费的流转过程中应当缴纳税款的环节。如流转税在生产和流通环节纳税、所得税在分配环节纳税等。

（七）纳税期限

纳税期限是指税法规定的关于税款缴纳时间方面的限定，包括以下三个时限：❶纳税义务发生时间，即应税行为发生的时间；❷纳税期限，即税法规定的纳税人可以汇总一次纳税的固定时间，不能按固定期限纳税的，可以按次纳税；❸缴库期限，即税法规定的纳税期满后，纳税人将应纳税款缴入国库的期限。

（八）纳税地点

纳税地点主要是指根据各个税种纳税对象的纳税环节和有利于对税款的源泉控制而规定的纳税人（包括代征、代扣、代缴义务人）的具体纳税地点。

（九）减税免税

减税免税主要是指对某些纳税人和征税对象采取减少征税或者免于征税的特殊规定。

（十）罚则

罚则主要是指对纳税人违反税法的行为采取的处罚措施。

（十一）附则

附则一般是规定与该法紧密相关的内容，如该法的解释权、生效时间等。

四、税收法律体系

按照各税法的立法目的、征税对象、权限划分、适用范围、职能作用的不同，可分为不同类型的税法。不同类型的税法构成了税收法律体系。

（一）按照税法法律级次的不同，可分为税收法律、税收行政法规、税收行政规章和税收规范性文件

税收法律是指由全国人民代表大会及其常务委员会制定的税法，即狭义的税法，如《中华人民共和国企业所得税法》《中华人民共和国个人所得税法》《税收征收管理法》。税收行政法规是指由国务院制定的有关税收方面的行政法规和规范性文件，如《中华人民共和国增值税暂行条例》等。税收行政规章和税收规范性文件是指由国务院财税主管部门根据法律和国务院行政法规或者规范性文件的要求，在本部门权限范围内发布的有关税收事项的规章和规范性文件，包括命令、通知、公告、通告、批复、意见、函等文件形式，如财政部、国家税务总局发布的《关于全面推开营业税改征增值税试点的通知》（财税〔2016〕36号）等。国务院财税主管部门包括财政部、国家税务总局、海关总署和国务院关税税则委员会。

（二）按照税法职能作用的不同，可分为税收实体法和税收程序法

税收实体法主要是指确定税种立法，具体规定各税种的征收对象、征收范围、税目、税率、纳税地点等，如《中华人民共和国企业所得税法》等。税收程序法是指税务管理方面的法律，主要包括税收管理法、纳税程序法、发票管理法、税务机关组织法、税务争议处理法等，如《税收征收管理法》等。

（三）按照主权国家行使税收管辖权的不同，可分为国内税法、国际税法、外国税法等

国内税法一般是指按照属人或属地原则，规定一个国家的内部税收制度。国际税法是指国家之间形成的税收制度，主要包括双边或多边国家之间的税收协定、条约和国际惯例等，一般而言，其效力高于国内税法。外国税法是指外国各国家制定的税收制度。

思政课堂

空谈误国，实干兴邦

习近平总书记曾告诫青年，“天下难事必作于易，天下大事必作于细”，勉励广大青年要实学实干，脚踏实地、埋头苦干，孜孜不倦、如饥似渴，在攀登知识高峰中追求卓越，在肩负时代重任时行胜于言，在“真刀真枪”的实干中成就一番事业。总书记的殷切期望，激起了广大青年的强烈共鸣和奋进力量。成功的背后，永远是艰辛的努力。“宝剑锋从磨砺出，梅花香自苦寒来”，任何成功之事都离不开筚路蓝缕的艰苦奋斗。“空谈误国，实干兴邦”，新时代青年要把个人命运和国家前途紧密结合，从点滴做起，经受锻炼，用勤劳的双手在新时代开创出属于自己的一片新天地，创造出无愧于时代的一流业绩，谱写出中国青年的精彩华章。

从事财经工作，须懂法，懂法须知法，知法须学法，同样必须从“易”“细”处始，日积月累，勤学勤练，方能系统掌握财经法规，并在实践中应用。做财经工作，更要脚踏实地，求真务实，恪守法纪，坚守准则，方能成为合格的经济工作者。把家国情怀内化于心、外化于行，从点滴做起，不懈努力，孜孜追求，方能成就事业，无愧于时代。

第二节 增值税法律制度

德技兼修

视频

空壳公司的猫腻

一、增值税类型和计税方法

（一）增值税的类型

增值税是以商品（含应税劳务、应税行为）在流转过程中产生的增值额作为计税依据而征收的一种流转税。按照我国增值税税法的规定，增值税是对我国境内销售货物、提供加工修理修配劳务、进口货物以及发生应税行为的单位和个人，就其货物销售、提供劳务或发生应税行为的增值额和货物进口金额为计税依据而课征的一种流转税。其中，应税行为分为销售应税服务、无形资产或者不动产3大类。应税服务包括交通运输服务、邮政服务、电信服务、建筑服务、金融服务、现代服务、生活服务。增值税具有以下特点：

1.保持税收中性

根据增值税的计税原理，流转额中的非增值因素在计税时被扣除。因此，对同一商品而言，无论流转环节是多还是少，只要增值额相同，税负就相等，不会影响商品的生产结构、组织结构和产品结构。

2.普遍征收

从增值税的征税范围来看，对从事商品生产经营和劳务提供的所有单位和个人，在商品增值的各个生产流通环节向纳税人普遍征收。

3.税负的可转嫁性

虽然增值税是向企业征收，但企业在销售商品时又通过价格将税收负担转嫁给下一生产流通环节，最后由最终消费者承担。

4.实行税款抵扣制度

在计算企业应纳税款时，要扣除商品在以前生产经营环节已负担的税款，以避免重复征税。从世界各国来看，一般都实行凭购货发票进行抵扣的制度。

5.实行价外税制度

在计税时，作为计税依据的销售额中不包含增值税税额，这样有利于形成均衡的生产价格，并有利于税负转嫁的实现。

依据实行增值税的各个国家允许抵扣已纳税款的扣除项目范围的大小，增值税分为生产型增值税、收入型增值税和消费型增值税3种类型。生产型增值税以纳税人的销售收入（或劳务收入）减去用于生产、经营的外购原材料、燃料、动力等物质资料价值后的余额作为法定的增值额，对购入的固定资产及其折旧均不予扣除；收入型增值税除允许扣除外购物质资料的价值外，对于购置用于生产、经营的固定资产，允许将已提折旧的价值额予以扣除；消费型增值税允许将购置物质资料的价值和用于生产、经营的固定资产价值中所含的税款，在购置当期全部一次扣除。我国从2009年1月1日起实行消费型增值税。

（二）增值税的计税方法

增值税的起源

我国增值税的计税方法，包括一般计税方法和简易计税方法。

1.一般计税方法

一般计税方法即为购进扣税法，也就是纳税人销售货物、提供加工修理修配劳务及发生应税行为时按照销售额计算销项税额，购进货物、劳务、服务、无形资产或者不动产时，以支付或负担的税款为进项税额，同时允许从销项税额中抵扣进项税额，从而计算增值税应纳税额。其计算公式为：

应纳税额=应税销售额×增值税税率-同期外购项目已纳税额

=当期销项税额-当期进项税额

当期销项税额小于当期进项税额并不足抵扣时，其不足部分可以结转下期继续抵扣。

2.简易计税方法

简易计税方法是指按照销售额和增值税征收率直接计算增值税应纳税额，不得抵扣进项税额。其计算公式是：

应纳税额=销售额×征收率

二、增值税纳税人和扣缴义务人

（一）纳税人

增值税纳税人是指税法规定负有缴纳增值税义务的单位和个人。在我国境内销售、进口货物或者提供加工修理修配劳务，以及在我国境内销售服务、无形资产或者不动产的单位和个人，为增值税的纳税人。根据纳税人的经营规模以及会计核算健全程度的不同，增值税的纳税人可划分为小规模纳税人和一般纳税人。

1.小规模纳税人

小规模纳税人是指年应征增值税销售额（简称应税销售额）在规定标准以下，且会计核算不健全，不能提供准确税务资料的增值税纳税人。

根据税法规定，增值税小规模纳税人标准为年应税销售额500万元及以下。已登记为增值税一般纳税人的单位和个人，在2018年12月31日前，可转登记

年应税销售额的含义

为小规模纳税人，其未抵扣的进项税额作转出处理。

小规模纳税人会计核算健全，能够提供准确税务资料的，可以向主管税务机关申请登记为一般纳税人。会计核算健全是指能够按照国家统一的会计制度规定设置账簿，根据合法、有效凭证核算。

小规模纳税人实行简易征税办法，并且一般不使用增值税专用发票，但基于增值税征收管理中一般纳税人与小规模纳税人之间客观存在的经济往来的实情，小规模纳税人可以向税务机关申请代开增值税专用发票。

2.一般纳税人

一般纳税人是指年应税销售额超过财政部、国家税务总局规定的小规模纳税人标准的企业和企业性单位。

一般纳税人实行登记制，除另有规定外，应当向税务机关办理登记手续。但下列纳税人不办理一般纳税人登记：按照政策规定，选择按照小规模纳税人纳税的；年应税销售额超过规定标准的其他个人。纳税人登记为一般纳税人后，不得转为小规模纳税人，国家税务总局另有规定的除外。

纳税人自一般纳税人生效之日起，按照增值税一般计税方法计算应纳税额，并可以按照规定领用增值税专用发票，财政部、国家税务总局另有规定的除外。

（二）扣缴义务人

中华人民共和国境外的单位或者个人在境内销售劳务，在境内未设有经营机构的，以其境内代理人为扣缴义务人；在境内没有代理人的，以购买方为扣缴义务人。

三、增值税征税范围

根据现行税法规定，增值税的征税范围包括在中国境内销售货物、提供加工修理修配劳务和进口货物，以及销售服务、无形资产或者不动产。

1.销售货物

销售货物是指有偿转让货物的所有权。货物是指有形资产，包括电力、热力、气体在内；有偿是指从购买方取得货币、货物或者其他经济利益。销售货物包括一般销售货物和视同销售货物。

（1）一般销售货物，是通常情况下，在中国境内有偿转让货物的所有权。

（2）视同销售货物，是某些行为虽然不同于有偿转让货物所有权的一般销售，但基于保障财政收入、防止避税以及保持经济链条的连续性和课税的连续性等考虑，税法仍将其视同销售货物的行为征收增值税。

纳税人的下列行为视同销售货物：❶将货物交付其他单位或者个人代销；❷销售代销货物；❸设有两个以上机构并实行统一核算的纳税人，将货物从一个机构移送至其他机构用于销售，但相关机构设在同一县（市）的除外；❹将自产或者委托加工的货物用于简易计税方法计税项目、免征增值税项目；❺将自产、委托加工的货物用于集体福利或者个人消费；❻将自产、委托加工或者购进的货物作为投资，提供给其他单位或者个体工商户；❼将自产、委托加工或者购进的货物分配给股东或者投资者；❽将自产、委托加工或者购进的货物无偿赠送给其他单位或者个人。

2.提供加工修理修配劳务

提供加工修理修配劳务（以下简称应税劳务）是指有偿提供加工、修理修配劳务。单位或者个体工商户聘用的员工为本单位或者雇主提供加工、修理修配劳务不包括在内。

加工是指受托加工货物，即委托方提供原料及主要材料，受托方按照委托方的要求，制造货物并收取加工费的业务；修理修配是指受托方对损伤和丧失功能的货物进行修复，使其恢复原状和功能的业务。

3.进口货物

进口货物是指申报进入中国海关境内的货物。根据税法规定，只要是报关进口的应税货物，均属于增值税的征税范围，除享受免税政策外，在进口环节缴纳增值税。

4.销售服务、无形资产或者不动产

销售服务、无形资产或者不动产是指有偿提供服务、有偿转让无形资产或者不动产，但属于下列非经营活动的情形除外：

（1）行政单位收取的同时满足以下条件的政府性基金或者行政事业性收费：❶由国务院或者财政部批准设立的政府性基金，由国务院或者省级人民政府及其财政、价格主管部门批准设立的行政事业性收费；❷收取时开具省级以上（含省级）财政部门监（印）制的财政票据；❸所收款项全额上缴财政。

（2）单位或者个体工商户聘用的员工为本单位或者雇主提供取得工资的服务。

（3）单位或者个体工商户为聘用的员工提供服务。

（4）财政部和国家税务总局规定的其他情形。

纳税人的下列行为视同销售服务、无形资产或者不动产：❶单位或者个体工商户向其他单位或者个人无偿提供服务，但用于公益事业或者以社会公众为对象的除外；❷单位或者个人向其他单位或者个人无偿转让无形资产或者不动产，但用于公益事业或者以社会公众为对象的除外；❸财政部和国家税务总局规定的其他情形。

四、增值税税率与征收率

（一）税率

当前，一般纳税人适用的增值税税率有13%、9%、6%和零税率。

1.适用13%税率

一般纳税人销售或进口货物，提供加工、修理修配劳务，提供有形动产租赁服务，适用税率为13%。

2.适用9%税率

一般纳税人提供交通运输、邮政、基础电信、建筑、不动产租赁服务，销售不动产，转让土地使用权，以及销售下列货物，适用税率均为9%：农产品（含粮食）、自来水、暖气、石油液化气、天然气、食用植物油、冷气、热水、煤气、居民用煤炭制品、食用盐、农机、饲料、农药、农膜、化肥、沼气、二甲醚、图书、报纸、杂志、音像制品、电子出版物。

其中，农产品是指种植业、养殖业、林业、牧业、水产业生产的各种植物、动物的初级产品。具体征税范围暂继续按照《财政部 国家税务总局关于印发〈农业产品征税范围注释〉的通知》（财税字〔1995〕52号）及现行相关规定执行。其中，玉米胚芽属于初级农产品，玉米浆、玉米皮、玉米纤维（又称喷浆玉米皮）和玉米蛋白粉不属于初级农产品；淀粉不属于农产品的范围。

3.适用6%税率

一般纳税人提供增值电信服务、金融服务、现代服务（租赁服务除外）、生活服务等，适用税率为6%。

零税率和免税

4.适用零税率

纳税人出口货物（国务院另有规定的除外），境内单位和个人发生的、符合财政部和国家税务总局规定的跨境应税行为，适用税率为零。

（二）征收率

征收率适用于以下两种情况：❶小规模纳税人；❷一般纳税人销售服务、无形资产或者不动产，按规定可以选择简易计税方法计税的。

除按照简易计税方法计税的销售不动产、不动产经营租赁服务，征收率为5%以外，其他情况的征收率一般为3%。

（三）适用税率或征收率的选择

1.兼营

纳税人销售货物、加工修理修配劳务、服务、无形资产或者不动产适用不同税率或者征收率的，应当分别核算适用不同税率或者征收率的销售额，未分别核算销售额的，按照以下方法适用税率或者征收率：

（1）兼有不同税率的销售货物、加工修理修配劳务、服务、无形资产或者不动产，从高适用税率。

（2）兼有不同征收率的销售货物、加工修理修配劳务、服务、无形资产或者不动产，从高适用征收率。

（3）兼有不同税率和征收率的销售货物、加工修理修配劳务、服务、无形资产或者不动产，从高适用税率。

2.混合销售

微课

兼营与混合销售辨析

一项销售行为如果既涉及服务又涉及货物，则为混合销售。从事货物的生产、批发或者零售的单位和个体工商户的混合销售行为，按照销售货物缴纳增值税；其他单位和个体工商户的混合销售行为，按照销售服务缴纳增值税。其中，从事货物的生产、批发或者零售的单位和个体工商户，包括以从事货物的生产、批发或者零售为主，并兼营销售服务的单位和个体工商户在内。

小练习3-1

下列各项中，属于增值税混合销售的有（　　）。

A.百货商店在销售商品的同时又提供送货服务

B.餐饮公司在提供餐饮服务的同时又销售烟酒

C.建材商店在销售木质地板的同时又提供安装服务

D.歌舞厅在提供娱乐服务的同时又销售食品

五、增值税应纳税额的计算

（一）一般计税方法应纳税额的计算

一般计税方法的应纳税额是指当期销项税额抵扣当期进项税额后的余额。如果当期销项税额小于当期进项税额并不足抵扣时，其不足部分可以结转下期继续抵扣。该方法适用于增值税一般纳税人应纳税额的计算。

1.当期销项税额的确定

销项税额是指纳税人销售货物、提供加工修理修配劳务及发生应税行为，按照销售额和增值税税率计算并收取的增值税税额。其计算公式为：

当期销项税额=销售额×税率

其中，销售额是指纳税人销售货物、提供加工修理修配劳务及发生应税行为向购买方收取的全部价款和价外费用，但不包括收取的销项税额。其中，价外费用是指价外收取的各种性质的收费，但不包括：❶代为收取并符合规定的政府性基金或者行政事业性收费；❷以委托方名义开具发票代委托方收取的款项；❸受托方加工应征消费税的消费品所代收代缴的消费税。价外费用主要包括价外向购买方收取的手续费、补贴、基金、集资费、返还利润、奖励费、违约金、滞纳金、延期付款利息、赔偿金、代收款项、代垫款项、包装费、包装物租金、储备费、优质费、运输装卸费以及其他各种性质的价外收费。价外费用无论其会计制度如何核算，均应并入销售额计算销项税额。

（1）含税销售额的换算。

增值税实行价外税。价外税是指税款不包含在商品价格内，价税分列的税种。因此，计算销项税额时，销售额中不应含有增值税税款。如果销售额中包含了增值税税款即销项税额，则应将含税销售额换算成不含税销售额。其计算公式为：

不含税销售额=含税销售额÷（1+增值税税率）

（2）视同销售行为销售额的确定。

由于视同销售行为一般不以资金的形式反映出来，因而会出现无销售额的情况。在此情况下，主管税务机关有权按照下列顺序核定其销售额：

❶按纳税人最近时期销售同类货物、劳务、服务、无形资产或者不动产的平均销售价格确定。

❷按其他纳税人最近时期销售同类货物、劳务、服务、无形资产或者不动产的平均销售价格确定。

❸按组成计税价格确定。其计算公式为：

组成计税价格=成本×（1+成本利润率）

上式中的成本利润率由国家税务总局确定，目前暂定为10%。

另外，纳税人销售货物、劳务、服务、无形资产或者不动产的价格明显偏低或者偏高且不具有合理商业目的的，由主管税务机关按照上述方法核定其销售额。其中，不具有合理商业目的是指以谋取税收利益为主要目的，通过人为安排，减少、免除、推迟缴纳增值税税款，或者增加退还增值税税额。

2.当期进项税额的确定

进项税额是指纳税人购进货物、加工修理修配劳务、服务、无形资产或者不动产，支付或者负担的增值税税额。在从销项税额中抵扣时，税法做出严格的规定。

（1）准予从销项税额中抵扣的进项税额。

根据税法规定，准予从销项税额中抵扣的进项税额，限于下列增值税扣税凭证上注明的增值税税额和按规定的扣除率计算的进项税额。

❶从销售方取得的增值税专用发票（含税控机动车销售统一发票）上注明的增值税

税额。

❷从海关取得的海关进口增值税专用缴款书上注明的增值税税额。

❸购进农产品，除取得增值税专用发票或者海关进口增值税专用缴款书外，按照农产品收购发票或者销售发票上注明的农产品买价和9%的扣除率计算的进项税额。对增值税一般纳税人购进用于生产或者委托加工13%税率货物的农产品，按照10%的扣除率计算进项税额。其计算公式为：

进项税额=买价×扣除率

其中，买价是指纳税人购进农产品在农产品收购发票或者销售发票上注明的价款和按照规定缴纳的烟叶税。

❹从境外单位或者个人购进服务、无形资产或者不动产，自税务机关或者扣缴义务人取得的解缴税款的完税凭证上注明的增值税税额。

❺纳税人购进国内旅客运输服务未取得增值税专用发票的，暂按以下规定确定进项税额：

a.取得增值税电子普通发票的，为发票上注明的税额。

b.取得注明旅客身份信息的航空运输电子客票行程单的，按照下列公式计算进项税额：

航空旅客运输进项税额=（票价+燃油附加费）÷（1+9%）×9%

c.取得注明旅客身份信息的铁路车票的，按照下列公式计算进项税额：

铁路旅客运输进项税额=票面金额÷（1+9%）×9%

d.取得注明旅客身份信息的公路、水路等其他客票的，按照下列公式计算进项税额：

公路、水路等其他旅客运输进项税额=票面金额÷（1+3%）×3%

【随堂测】（多选题）增值税扣税凭证包括（　　）。

A.增值税专用发票　　B.税控机动车销售统一发票

C.海关进口增值税专用缴款书　　D.农产品收购发票

（2）不得从销项税额中抵扣的进项税额。

根据税法规定，下列项目的进项税额不得从销项税额中抵扣：

❶用于简易计税方法计税项目、免征增值税项目、集体福利或者个人消费的购进货物、加工修理修配劳务、服务、无形资产和不动产。其中涉及的固定资产、无形资产、不动产，仅指专用于上述项目的固定资产、无形资产（不包括其他权益性无形资产）、不动产。

❷非正常损失的购进货物，以及相关的加工修理修配劳务和交通运输服务。非正常损失是指因管理不善造成货物被盗、丢失、霉烂变质，以及因违反法律法规造成货物或者不动产被依法没收、销毁、拆除的情形。

❸非正常损失的在产品、产成品所耗用的购进货物（不包括固定资产）、加工修理修配劳务和交通运输服务。

❹非正常损失的不动产，以及该不动产所耗用的购进货物、设计服务和建筑服务。

❺非正常损失的不动产在建工程所耗用的购进货物、设计服务和建筑服务。纳税人新建、改建、扩建、修缮、装饰不动产，均属于不动产在建工程。

❻购进的贷款服务、餐饮服务、居民日常服务和娱乐服务。

❼财政部和国家税务总局规定的其他情形。

【例3-2】A公司为增值税一般纳税人，2021年5月发生经济业务如下：

（1）购进一批原材料，取得防伪税控增值税专用发票注明的价款为50万元、增值税为6.5万元，运输费为2万元、增值税为0.18万元。

（2）接受其他企业投资转入材料一批，取得防伪税控增值税专用发票注明的价款为100万元，增值税为13万元。

（3）购进低值易耗品，取得防伪税控增值税专用发票注明的价款为6万元，增值税为0.78万元。

（4）销售产品一批，取得不含税销售额200万元。

（5）采取以旧换新方式销售产品，新产品含税售价为7.91万元，旧产品作价2万元。

（6）因仓库管理不善，上月购进的一批工具被盗，该批工具的采购成本为8万元。

该企业取得的增值税专用发票均符合规定，并已认证。购进和销售产品适用的增值税税率为13%。计算A公司当月应纳增值税税额。

第一步，确定当期销项税额。根据税法规定，以旧换新应当按照新产品的价格计算增值税销项税额，不得扣减旧产品的收购价格。因此：

当期销项税额=200×13%+7.91÷（1+13%）×13%=26.91（万元）

第二步，确定当期进项税额。根据税法规定，购进材料、购进低值易耗品、接受投资的材料以及运输服务，其进项税额均允许抵扣。因此：

当期进项税额=6.5+0.18+13+0.78=20.46（万元）

第三步，确定进项税额转出。根据税法规定，因管理不善造成的损失，其进项税额不得抵扣，应予以转出。因此：

进项税额转出=8×13%=1.04（万元）

第四步，计算当期应纳增值税税额。

应纳增值税税额=26.91-（20.46-1.04）=7.49（万元）

【例3-3】诚信会计师事务所为增值税一般纳税人，2021年5月发生经济业务如下：

（1）16日，取得某项鉴证服务收入，开具防伪税控增值税专用发票，价税合计106万元。

（2）18日，购进一台经营用设备，取得防伪税控增值税专用发票，注明金额20万元，增值税2.6万元。

（3）20日，接受本市其他单位设计服务，取得防伪税控增值税专用发票，注明金额5万元，增值税0.3万元。

（4）25日，接受某运输企业提供交通运输服务，取得增值税专用发票，注明金额0.5万元，税率9%，增值税0.045万元。

计算该会计师事务所当月应纳增值税税额。

第一步，确定当期销项税额。

当期销项税额=106÷（1+6%）×6%=6（万元）

第二步，确定当期进项税额。

当期进项税额=2.6+0.3+0.045=2.945（万元）

第三步，计算当期应纳增值税税额。

应纳增值税税额=6−2.945=3.055（万元）

（二）简易计税方法应纳税额的计算

简易计税方法的应纳税额是指按照销售额和增值税征收率计算的增值税税额。该方法适用于小规模纳税人和符合规定的一般纳税人销售服务、无形资产或者不动产应纳税额的计算。其计算公式为：

应纳税额=销售额×征收率

与一般计税方法相同，简易计税方法中的销售额也是不含税销售额。纳税人采用销售额和应纳税额合并定价方法的，应将含税销售额换算成不含税销售额。其计算公式为：

销售额=含税销售额÷（1+征收率）

【例3−4】甲商店为增值税小规模纳税人，2021年5月，销售商品取得含税收入5.15万元；将外购的一批商品无偿捐赠给某慈善机构，该批商品的含税价格为1.03万元；购进商品支付货款2.06万元（含增值税）。该商店适用的征收率为3%。计算该商店当月应纳增值税税额。

根据税法规定，将外购货物等无偿赠送给其他单位或个人视同销售货物，计征增值税。另外，采用简易计税方法计税的，不得抵扣进项税额。因此，该商店当月应纳增值税税额的计算如下：

应纳增值税税额=（5.15+1.03）÷（1+3%）×3%=0.18（万元）

（三）进口货物应纳税额的计算

进口货物的纳税人，无论是一般纳税人还是小规模纳税人，均应按组成计税价格和规定的税率计算应纳税额，不允许抵扣发生在境外的任何税金。其计算公式为：

应纳税额=组成计税价格×税率

组成计税价格的构成分以下两种情况：

第一，如果进口货物不征收消费税，则上述公式中组成计税价格的计算公式为：

组成计税价格=关税完税价格+关税

第二，如果进口货物征收消费税，则上述公式中组成计税价格的计算公式为：

组成计税价格=关税完税价格+关税+消费税

【例3−5】乙外贸公司为增值税一般纳税人，2021年5月从国外进口一批普通商品，海关核定的关税完税价格为200万元，进口环节应纳关税税额为20万元，该货物适用的增值税税率为13%。计算该公司进口环节应纳增值税税额。

第一步，确定组成计税价格。

组成计税价格=200+20=220（万元）

第二步，计算应纳增值税税额。

进口环节应纳增值税税额=220×13%=28.6（万元）

【例3−6】乙外贸公司为增值税一般纳税人，2021年5月从国外进口一批高档化妆品，海关核定的关税完税价格为100万元，进口环节应纳关税税额为26万元、应纳消费税税额为22万元，该货物适用的增值税税率为13%。计算该公司进口环节应纳增值税税额。

第一步，确定组成计税价格。

组成计税价格=100+26+22=148（万元）

第二步，计算应纳增值税税额。

进口环节应纳增值税税额=148×13%=19.24（万元）

六、增值税征收管理

（一）纳税义务发生的时间

➢纳税人销售货物、提供加工修理修配劳务及发生应税行为的，其纳税义务发生时间为收讫销售款项或者取得索取销售款项凭据的当天；先开具发票的，为开具发票的当天。

➢纳税人提供建筑服务、租赁服务采取预收款方式的，其纳税义务发生时间为收到预收款的当天。

➢纳税人从事金融商品转让的，其纳税义务发生时间为金融商品所有权转移的当天。

➢纳税人发生视同销售服务、无形资产或者不动产的，其纳税义务发生时间为服务、无形资产转让完成的当天或者不动产权属变更的当天。

➢纳税人进口货物，其纳税义务发生时间为报关进口的当天。

➢增值税扣缴义务发生时间为纳税人增值税纳税义务发生的当天。

（二）纳税期限

增值税的纳税期限分别为1日、3日、5日、10日、15日、1个月或者1个季度。纳税人的具体纳税期限，由主管税务机关根据纳税人应纳税额的大小分别核定。以1个季度为纳税期限的，适用于小规模纳税人、银行、财务公司、信托投资公司、信用社，以及财政部和国家税务总局规定的其他纳税人。不能按照固定期限纳税的，可以按次纳税。

纳税人以1个月或1个季度为一个纳税期的，自期满之日起15日内申报纳税；以1日、3日、5日、10日或15日为一个纳税期的，自期满之日起5日内预缴税款，于次月1日起15日内申报纳税并结清上月应纳税款。

营业税改征增值税

纳税人进口货物，应当自海关填发海关进口增值税专用缴款书之日起15日内缴纳税款。

（三）纳税地点

固定业户应当向其机构所在地的主管税务机关申报纳税（即遵循属地原则）。非固定业户应当向应税行为发生地主管税务机关申报纳税；未申报纳税的，由其机构所在地或者居住地主管税务机关补征税款。其他个人提供建筑服务、销售或者租赁不动产、转让自然资源使用权，应向建筑服务发生地、不动产所在地、自然资源所在地主管税务机关申报纳税。进口货物应当向报关地海关申报纳税。

虚开增值税专用发票案

第三节 消费税法律制度

一、消费税的特点

消费税是指对消费品和特定的消费行为按消费流转额征收的一种税。我国现行消费税是指对在我国境内从事生产、委托加工和进口应税消费品的单位和个人就其应税消费品征收的一种税。它选择部分消费品征税，因而属于特别消费税。

我国消费税具有以下特点：

第一，征收范围具有选择性。我国仅选择部分消费品征收消费税，而不是对所有消费品征收消费税。即只有消费税税目税率表上列举的应税消费品才征收消费税，没有列举的则不应征收消费税。

第二，征税环节具有单一性。消费税的纳税环节主要确定在生产环节或进口环节。也就是说，应税消费品在生产环节或进口环节征税后，除个别消费品在零售环节征税外，在后续的流通环节不再征收消费税。

第三，平均税率水平比较高且税负差异大。消费税属于国家运用税收杠杆对某些消费品进行特殊调节的税种。首先，对需要限制或控制消费的消费品，通常税负较重。其次，对某些需要特殊调节的消费品在征收增值税的同时，再征收一道消费税，从而形成一种交叉调节的间接税体系。

第四，征收方法具有灵活性。消费税在征收方法上，既可以采用对消费品制定单位税额，依消费品的数量实行从量定额的征收方法，也可以采用对消费品制定比例税率，依消费品的价格实行从价定率的征收方法，还可以既采用从价征收，同时又采用从量征收的复合征收方法。

第五，税负具有转嫁性。消费税是对消费应税消费品的课税，通常以应税消费品的生产经营者为纳税人。纳税人于生产环节、进口环节或零售环节缴纳的税款，是商品价格的组成部分，并通过商品销售向购买者收取。因此，消费者为税负的最终负担者。

二、消费税纳税人和征税范围

（一）纳税人

在中华人民共和国境内生产、委托加工和进口应税消费品的单位和个人，以及国务院确定的销售应税消费品的其他单位和个人，为消费税的纳税人，应依法缴纳消费税。

其中，在中华人民共和国境内是指生产、委托加工和进口属于应当缴纳消费税的消费品的起运地或者所在地在境内；单位是指企业、行政单位、事业单位、军事单位、社会团体及其他单位；个人是指个体工商户及其他个人。

（二）征税范围

消费税的征税范围主要包括：

1.生产应税消费品

纳税人生产的应税消费品，于纳税人销售时纳税。纳税人自产自用的应税消费品，用于连续生产应税消费品的，不纳税；用于其他方面的，于移送使用时纳税。

其中，用于连续生产应税消费品是指纳税人将自产自用的应税消费品作为直接材料生产最终应税消费品，自产自用应税消费品构成最终应税消费品的实体；用于其他方面是指纳税人将自产自用的应税消费品用于生产非应税消费品、在建工程、管理部门、非生产机构、提供劳务、馈赠、赞助、集资、广告、样品、职工福利、奖励等方面。

2.委托加工应税消费品

委托加工应税消费品是指委托方提供原料和主要材料，受托方只收取加工费和代垫部分辅助材料加工的应税消费品。由受托方提供原材料生产的应税消费品，或者受托方先将原材料卖给委托方，然后再接受加工的应税消费品，以及由受托方以委托方名义购进原材料生产的应税消费品，不论在财务上是否作为销售处理，都不得作为委托加工应税消费品，而应当按照销售自制应税消费品缴纳消费税。委托加工的应税消费品收回后，委托方将其用于连续生产应税消费品的，所纳税款准予按规定抵扣。

3.进口应税消费品

单位和个人进口应税消费品，于报关进口时缴纳消费税。为了减少征税成本，进口环节缴纳的消费税由海关代征。

4.商业零售金银首饰

在零售环节征收消费税的金银首饰包括金基、银基合金首饰以及金、银和金基、银基合金的镶嵌首饰，还有钻石及钻石饰品、铂金首饰等。

5.批发销售卷烟

自2009年5月1日起，在卷烟批发环节加征一道从价税，具体规定为：烟草批发企业将卷烟销售给零售单位的，要再征一道从价税。烟草批发企业将卷烟销售给其他烟草批发企业的，不缴纳消费税。自2015年5月10日起，对卷烟批发环节按11%比例税率、每支0.005元的定额税率复合计征消费税。卷烟消费税改为在生产和批发两个环节征收后，批发企业在计算应纳税额时不得扣除已含的生产环节的消费税税款。

纳税人兼营卷烟批发和零售业务的，应当分别核算批发和零售环节的销售额、销售数量；未分别核算批发和零售环节销售额、销售数量的，按照全部销售额、销售数量计征批发环节消费税。

【随堂测】（多选题）下列各项中，属于消费税征收环节的有（　　）。

A.生产环节　　B.零售环节　　C.批发环节　　D.进口环节

三、消费税税目与税率

（一）税目

《中华人民共和国消费税暂行条例》（简称《消费税暂行条例》）确定的消费税税目有烟，酒，高档化妆品，贵重首饰及珠宝玉石，鞭炮、焰火，成品油，摩托车，小汽车，高尔夫球及球具，高档手表，游艇，木制一次性筷子，实木地板，铅蓄电池，涂料等15个，有的税目还进一步划分了若干子目。

（二）税率

消费税采用比例税率和定额税率两种形式，以适应不同应税消费品的实际情况。如对啤酒（含果酒）、黄酒和成品油实行定额税率，对卷烟、白酒实行比例税率与定额税率相结合，对其他多数应税消费品则实行比例税率。其中，最高税率为56%，最低税率为1%。消费税税目税率表见表3-2。

表3-2　　消费税税目税率表

税　目	税　率
一、烟	
1.卷烟	
（1）甲类卷烟（调拨价70元（不含增值税）/条以上（含70元））	56%加0.003元/支（生产环节）
（2）乙类卷烟（调拨价70元（不含增值税）/条以下）	36%加0.003元/支（生产环节）
（3）商业批发	11%（批发环节）
2.雪茄烟	36%（生产环节）
3.烟丝	30%（生产环节）
4.电子烟	
（1）工业	36%
（2）商业批发	11%

续表

税　目	税　率
二、酒	
1.白酒	20%加0.5元/500克（或者500毫升）
2.黄酒	240元/吨
3.啤酒	
（1）甲类啤酒	250元/吨
（2）乙类啤酒	220元/吨
4.其他酒	10%
三、高档化妆品	15%
四、贵重首饰及珠宝玉石	
1.金银首饰、铂金首饰和钻石及钻石饰品	5%
2.其他贵重首饰和珠宝玉石	10%
五、鞭炮、焰火	15%
六、成品油	
1.汽油	
（1）含铅汽油	1.52元/升
（2）无铅汽油	1.52元/升
2.柴油	1.20元/升
3.航空煤油	1.20元/升
4.石脑油	1.52元/升
5.溶剂油	1.52元/升
6.润滑油	1.52元/升
7.燃料油	1.20元/升
七、摩托车	
1.气缸容量（排气量，下同）在250毫升（含250毫升）以下的	3%
2.气缸容量在250毫升以上的	10%
八、小汽车	
1.乘用车	
（1）气缸容量（排气量，下同）在1.0升（含1.0升）以下的	1%
（2）气缸容量在1.0升以上至1.5升（含1.5升）的	3%
（3）气缸容量在1.5升以上至2.0升（含2.0升）的	5%
（4）气缸容量在2.0升以上至2.5升（含2.5升）的	9%
（5）气缸容量在2.5升以上至3.0升（含3.0升）的	12%
（6）气缸容量在3.0升以上至4.0升（含4.0升）的	25%

续表

税　目	税　率
(7) 气缸容量在4.0升以上的	40%
2.中轻型商用客车	5%
3.超豪华小汽车	按子税目1和子税目2的规定征收，零售环节10%
九、高尔夫球及球具	10%
十、高档手表	20%
十一、游艇	10%
十二、木制一次性筷子	5%
十三、实木地板	5%
十四、铅蓄电池	4%（2016年1月1日起实施）
无汞原电池、金属氢化物镍蓄电池、锂原电池、锂离子蓄电池、太阳能电池、燃料电池和全钒液流电池	免征
十五、涂料	4%
施工状态下挥发性有机物（Volatile Organic Compounds，VOC）含量低于420克/升（含）	免征

四、消费税应纳税额的计算

（一）生产销售环节应纳消费税的计算

1.直接对外销售应纳消费税的计算

（1）从价定率计算。

应纳税额=应税消费品的销售额×比例税率

其中，应税消费品的销售额是指纳税人销售应税消费品向购买方收取的全部价款和价外费用，不包括应向购买方收取的增值税税款。如果纳税人应税消费品的销售额中未扣除增值税税款或者因不得开具增值税专用发票而发生价款和增值税税款合并收取的，在计算消费税时，应将含增值税的销售额换算为不含增值税税款的销售额，其换算公式为：

应税消费品的销售额=含增值税的销售额÷（1+增值税税率或征收率）

【例3-7】某木地板厂为增值税一般纳税人，2021年6月销售实木地板取得含增值税销售额101.7万元。实木地板适用的增值税税率为13%，消费税税率为5%。计算该厂当月应纳消费税税额。

第一步，计算应税消费品的销售额。

应税消费品的销售额=101.7÷（1+13%）=90（万元）

第二步，计算应纳消费税税额。

应纳消费税税额=90×5%=4.5（万元）

（2）从量定额计算。

应纳税额=应税消费品的销售数量×定额税率

其中，应税消费品的销售数量是指纳税人生产、加工和进口应税消费品的数量。其具体规定是：❶销售应税消费品的，为应税消费品的销售数量；❷自产自用应税消费品的，为应税消费品的移送使用数量；❸委托加工应税消费品的，为纳税人收回的应税消费品数量；❹进口应税消费品的，为海关核定的应税消费品进口征税数量。

【例 3-8】某石化公司2021年6月销售无铅汽油1 000吨、柴油500吨，另向本公司在建工程车辆提供无铅汽油5吨。已知汽油1吨=1 388升，柴油1吨=1 176升；无铅汽油的定额税率为1.52元/升，柴油的定额税率为1.20元/升。计算该公司当月应纳消费税税额。

第一步，计算销售汽油、柴油应纳税额。

销售汽油应纳税额=1 000×1 388×1.52=2 109 760（元）

销售柴油应纳税额=500×1 176×1.20=705 600（元）

第二步，计算自产自用汽油应纳税额。

在建工程车辆使用汽油应纳税额=5×1 388×1.52=10 548.80（元）

第三步，计算当月应纳消费税税额。

当月应纳消费税税额=2 109 760+705 600+10 548.80=2 825 908.80（元）

计量单位换算

（3）从价定率和从量定额复合计算。

应纳税额=应税销售额×比例税率+应税销售数量×定额税率

现行消费税的征税范围中，只有卷烟、白酒采用复合计征方法。生产销售卷烟、白酒从量定额的计税依据为实际销售数量。进口、委托加工、自产自用卷烟、白酒从量定额的计税依据分别为海关核定的进口征税数量、委托方收回数量、移送使用数量。

【例 3-9】某白酒生产企业为增值税一般纳税人，2021年6月销售白酒50吨，取得不含增值税的销售额150万元。已知白酒适用的比例税率为20%，定额税率为每500克0.5元。计算该企业当月应纳消费税税额。

第一步，计算从价定率应纳税额。

从价定率应纳税额=150×20%=30（万元）

第二步，计算从量定额应纳税额。

从量定额应纳税额=50×2 000×0.5÷10 000=5（万元）

第三步，计算当月应纳消费税税额。

当月应纳消费税税额=30+5=35（万元）

2.自产自用应纳消费税的计算

所谓自产自用，是指纳税人生产应税消费品后，不是用于直接对外销售，而是用于自己连续生产应税消费品或用于其他方面。纳税人自产自用的应税消费品，凡用于连续生产应税消费品的，不纳税；凡用于其他方面的，于移送使用时，按照纳税人生产的同类消费品的销售价格计算纳税，没有同类消费品销售价格的，按照组成计税价格计算纳税。其具体计税方法如下：

（1）实行从价定率征收的，其计算公式为：

组成计税价格=（成本+利润）÷（1-消费税比例税率）

应纳税额=组成计税价格×消费税比例税率

平均成本利润率

（2）实行复合计税办法征收的，其计算公式为：

组成计税价格=（成本+利润+自产自用数量×消费税定额税率）÷（1-消费税比例税率）

应纳税额=组成计税价格×消费税比例税率+自产自用数量×消费税定额税率

【例 3-10】某白酒厂2021年春节前将新研制的白酒1吨作为过节福利发放给员工，该白酒无同类产品市场销售价格。已知该批白酒生产成本为20 000元，成本利润率为5%，白酒消费税比例税率为20%，定额税率为0.5元/500克。计算该批白酒应纳消费税税额。

第一步，计算确定组成计税价格。

组成计税价格=［20 000×（1+5%）+1×2 000×0.5］÷（1-20%）=27 500（元）

第二步，计算应纳消费税税额。

应纳消费税税额=27 500×20%+1×2 000×0.5=6 500（元）

（二）委托加工环节应税消费品应纳税额的计算

委托加工应税消费品按照受托方的同类消费品的销售价格计算纳税，没有同类消费品销售价格的，按照组成计税价格计算纳税。其具体计税方法如下：

第一，实行从价定率征收的，其计算公式为：

组成计税价格=（材料成本+加工费）÷（1-消费税比例税率）

应纳税额=组成计税价格×消费税比例税率

第二，实行复合计税办法征收的，其计算公式为：

组成计税价格=（材料成本+加工费+委托加工数量×消费税定额税率）÷（1-消费税比例税率）

应纳税额=组成计税价格×消费税比例税率+委托加工数量×消费税定额税率

其中，材料成本是指委托方所提供加工材料的实际成本。委托加工应税消费品的纳税人，必须在委托加工合同上如实注明（或以其他方式提供）材料成本，凡未提供材料成本的，受托方主管税务机关有权核定其材料成本。加工费是指受托方加工应税消费品向委托方所收取的全部费用（包括代垫辅助材料的实际成本），不包括增值税税款。

【例3-11】某鞭炮企业2021年6月受托为某单位加工一批鞭炮，委托单位提供的原材料成本为30万元，向委托单位收取不含增值税的加工费4万元，鞭炮企业当地无加工鞭炮的同类产品的市场价格，鞭炮的消费税税率为15%。计算该鞭炮企业应代收代缴的消费税。

第一步，计算确定组成计税价格。

组成计税价格=（30+4）÷（1-15%）=40（万元）

第二步，计算代收代缴消费税。

受托方应代收代缴的消费税=40×15%=6（万元）

（三）进口环节应纳消费税的计算

纳税人进口应税消费品按照组成计税价格和规定的税率计算应纳税额。其具体计税方法如下：

第一，实行从价定率征收的，其计算公式为：

组成计税价格=（关税完税价格+关税）÷（1-消费税比例税率）

应纳税额=组成计税价格×消费税比例税率

第二，实行复合计税办法征收的，其计算公式为：

组成计税价格=（关税完税价格+关税+应税消费品进口数量×消费税定额税率）÷（1-消费税比例税率）

应纳税额=组成计税价格×消费税比例税率+应税消费品进口数量×消费税定额税率

其中，关税完税价格是指核定的关税计税价格。进口环节消费税除国务院另有规定外，一律不得给予减税、免税。

【例3-12】某商贸公司2021年6月从国外进口一批应税消费品，该批应税消费品的关税完税价格为90万元，按规定应缴纳关税18万元。该进口应税消费品的消费税税率为

10%。计算该批消费品进口环节应纳消费税税额。

第一步，计算确定组成计税价格。

组成计税价格=（90+18）÷（1−10%）=120（万元）

第二步，计算应纳消费税税额。

应纳消费税税额=120×10%=12（万元）

五、消费税征收管理

（一）纳税义务发生时间

纳税人生产的应税消费品应当于销售时纳税，进口消费品应当于应税消费品报关进口环节纳税，但金银首饰、钻石及钻石饰品在零售环节纳税。税法规定的纳税义务发生时间具体如下：

➢纳税人销售应税消费品的，其纳税义务发生时间为：采取赊销和分期收款结算方式的，为书面合同约定的收款日期的当天，书面合同没有约定收款日期或者无书面合同的，为发出应税消费品的当天；采用预收货款结算方式的，为发出应税消费品的当天；采取托收承付和委托银行收款方式的，为发出应税消费品并办妥托收手续的当天；采取其他结算方式的，为收讫销售款或者取得索取销售款凭据的当天。

➢纳税人自产自用应税消费品的，为移送使用的当天。

➢纳税人委托加工应税消费品的，为纳税人提货的当天。

➢纳税人进口应税消费品的，为报关进口的当天。

（二）纳税期限

消费税的纳税期限分别为1日、3日、5日、10日、15日、1个月或者1个季度。纳税人的具体纳税期限，由主管税务机关根据纳税人应纳税额的大小分别核定；不能按照固定期限纳税的，可以按次纳税。

纳税人以1个月或1个季度为一期纳税的，自期满之日起15日内申报纳税；以1日、3日、5日、10日或15日为一期纳税的，自期满之日起5日内预缴税款，于次月1日起15日内申报纳税并结清上月应纳税款。

纳税人进口应税消费品，应当自海关填发海关进口消费税专用缴款书之日起15日内缴纳税款。

（三）纳税地点

➢纳税人销售的应税消费品，以及自产自用的应税消费品，除国家另有规定外，应当向纳税人机构所在地或者居住地主管税务机关申报纳税。

➢委托个人加工的应税消费品，由委托方向其机构所在地或者居住地主管税务机关申报纳税。除此之外，由受托方向所在地主管税务机关代收代缴消费税税款。

消费税在我国

➢进口的应税消费品，由进口人或者其代理人向报关地海关申报纳税。

➢纳税人到外县（市）销售或者委托外县（市）代销自产应税消费品，于应税消费品销售后，向机构所在地或者居住地主管税务机关申报纳税。

第四节 关税法律制度

一、关税纳税人

关税是对进出国境或关境的货物、物品征收的一种税。其中，关境又称税境，是指一国海关法规可以全面实施的境域；国境是一个主权国家的领土范围。在通常情况下，一国的关境与其国境的范围是一致的，关境即国境。但由于自由港、自由区和关税同盟的存在，关境与国境有时不完全一致。

关税一般分为进口关税、出口关税和过境关税。我国目前对进出境货物征收的关税分为进口关税和出口关税两类。

贸易性商品的纳税人是经营进出口货物的收、发货人，具体包括：外贸进出口公司、工贸或农贸结合的进出口公司、其他经批准经营进出口商品的企业。

物品的纳税人包括：入境旅客随身携带的行李、物品的持有人；各种运输工具上服务人员入境时携带自用物品的持有人；馈赠物品以及其他方式入境个人物品的所有人；个人邮递物品的收件人。

接受纳税人委托办理货物报关等有关手续的代理人，可以代办纳税手续。

二、关税征税对象和税目

（一）关税征税对象

关税的征税对象是进出境的货物、物品。凡准许进出口的货物，除国家另有规定的以外，均应由海关征收进口关税或出口关税。对从境外采购进口的原产于中国境内的货物，也应按规定征收进口关税。

（二）关税税目

关税的税目、税率都由《中华人民共和国海关进出口税则》规定。它包括归类总规则、进口税率表、出口税率表三个主要部分，其中归类总规则是进出口货物分类的具有法律效力的原则和方法。

进出口税则中的商品分类目录为关税税目。按照税则归类总规则及其归类方法，每一种商品都能找到一个最适合的对应税目。

三、关税税率

关税的税率分为进口税率和出口税率两种。其中，进口税率又分为普通税率、最惠国税率、协定税率、特惠税率、关税配额税率和暂定税率。

（一）普通税率

对原产于未与我国共同适用最惠国条款的世界贸易组织成员，未与我国订有相互给予最惠国待遇、关税优惠条款贸易协定和特殊关税优惠贸易协定的国家或者地区的进口货物，以及原产地不明的货物，按照普通税率征税。

（二）最惠国税率

对原产于与我国共同适用最惠国条款的世界贸易组织成员的进口货物，原产于与我国签订含有相互给予最惠国待遇的双边贸易协定的国家或者地区的进口货物，以及原产于我国的进口货物，按照最惠国税率征税。

（三）协定税率

对原产于与我国签订含有关税优惠条款的区域性贸易协定的国家或地区的进口货物，按协定税率征税。

（四）特惠税率

对原产于与我国签订含有特殊关税优惠条款的贸易协定的国家或地区的进口货物，按特惠税率征税。

（五）关税配额税率

关税配额税率是指关税配额限度内的税率。关税配额是进口国限制进口货物数量的措施，把征收关税和进口配额相结合以限制进口。对于在配额内进口的货物可以适用较低的关税配额税率，对于配额之外的则适用较高税率。

（六）暂定税率

暂定税率是在最惠国税率的基础上，对于一些国内需要降低进口关税的货物，以及出于国际双边关系的考虑需要个别安排的进口货物，可以实行暂定税率。

进口货物适用何种关税税率是以进口货物的原产地为标准的。进出口货物应当依照《中华人民共和国海关进出口税则》规定的归类原则归入合适的税号，按照适用的税率征税。

进口关税一般采用比例税率，实行从价计征的办法，但对啤酒、原油等少量货物则实行从量计征。对广播用录像机、放像机、摄像机等实行从价加从量的复合税率。

四、关税应纳税额的计算

（一）计税依据

我国对进口货物征收关税，主要采取从价计征的办法，以商品价格为标准征收关税。因此，关税主要以进出口货物的完税价格为计税依据。

1.进口货物的完税价格

一般贸易项下进口的货物以海关审定的成交价格为基础的到岸价格作为完税价格。其中，成交价格是一般贸易项下进口货物的买方为购买该项货物向卖方支付或应当支付的价格。在货物成交过程中，进口人在成交价格外另支付给卖方的佣金，应计入成交价格，而向境外采购代理人支付的买方佣金则不能列入，如已包括在成交价格中应予以扣除；卖方付给进口人的正常回扣，应从成交价格中扣除。卖方违反合同规定延期交货的罚款，卖方在货价中冲减时，罚款则不能从成交价格中扣除。

到岸价格是指包括货价以及货物运抵我国关境内输入地点起卸前的包装费、运费、保险费和其他劳务费等费用构成的一种价格，其中还应包括为在境内生产、制造、使用或出版、发行而向境外支付的与该进口货物有关的专利、商标、著作权，以及专有技术、计算机软件和资料等费用。

为避免低报、瞒报价格偷逃关税，进口货物的到岸价格不能确定时，本着公正、合理原则，海关应当按照规定估定完税价格。

2.出口货物的完税价格

出口货物应当以海关审定的货物售予境外的离岸价格，扣除出口关税后作为完税价格，其计算公式为：

出口货物完税价格=离岸价格÷（1+出口税率）

离岸价格应以该项货物运离关境前的最后一个口岸的离岸价格为实际离岸价格。若该项货物从内地起运，则从内地口岸至最后出境口岸所支付的国内段运输费用应予扣除。离岸价格不包括装船以后发生的费用。出口货物在成交价格以外支付给国外的佣金应予扣除，未单独列明的则不予扣除。出口货物在成交价格以外，买方还另行支付的货物包装费，应计入成交价格。当离岸价格不能确定时，完税价格由海关估定。

3.进出口货物完税价格的审定

对于进出口货物的收发货人或其代理人向海关申报进出口货物的成交价格明显偏低，而又不能提供合法证据和正当理由的；申报价格明显低于海关掌握的相同或类似货物的国际市场上公开成交货物的价格，而又不能提供合法证据和正当理由的；申报价格经海关调查认定买卖双方之间有特殊经济关系或对货物的使用、转让互相订有特殊条件或特殊安排，影响成交价格的，以及其他特殊成交情况，海关认为需要估价的，则按以下方法依次估定完税价格：

（1）相同货物成交价格法。即以从同一出口国家或者地区购进的相同货物的成交价格作为被估货物完税价格的依据。

（2）类似货物成交价格法。即以从同一出口国家或者地区购进的类似货物的成交价格作为被估货物完税价格的依据。

（3）国际市场价格法。即以进口货物的相同或类似货物在国际市场上公开的成交价格为该进口货物的完税价格。

（4）国内市场价格倒扣法。即以进口货物的相同或类似货物在国内市场上的批发价格，扣除合理的税、费、利润后的价格。

（5）合理方法估定的价格。如果按照上述几种方法顺序估价仍不能确定其完税价格时，则可由海关按照合理方法估定。

（二）计税方法

1.从价税计算方法

从价税是最普遍的关税计征方法，它以进（出）口货物的完税价格作为计税依据，其应纳税额的计算公式为：

应纳税额=应税进（出）口货物数量×单位完税价格×适用税率

2.从量税计算方法

从量税是以进口商品的数量为计税依据的一种关税计征方法，其应纳税额的计算公式为：

应纳税额=应税进口货物数量×关税单位税额

3.复合税计算方法

复合税是对某种进口货物同时使用从价和从量计征的一种关税计征方法，其应纳税额的计算公式为：

应纳税额=应税进口货物数量×关税单位税额+应税进口货物数量×单位完税价格×适用税率

4.滑准税计算方法

滑准税是指关税的税率随着进口商品价格的变动而反方向变动的一种税率形式，即价格越高，税率越低，且税率为比例税率。因此，对实行滑准税率的进口商品应纳关税税额的计算方法与从价税的计算方法相同。

【例3-13】甲公司是一家外贸企业，2021年5月从境外进口小轿车30辆，货价为10万美元/辆，运抵我国海关前发生的运输费、保险费分别为3万美元、0.85万美元，该公司向海关缴纳了相关税款。报关进口时，汇率为1美元=7.15元人民币，关税税率为15%。计算该批小轿车在进口环节应纳关税税额。

第一步，计算关税完税价格。

关税完税价格=（10×30+3+0.85）×7.15=2 172.53（万元）

第二步，计算应纳关税税额。

应纳关税税额=2 172.53×15%=325.88（万元）

五、关税征收管理

关税是在货物实际进出境时，即在纳税人按进出口货物通关规定向海关申报后、海关放行前一次性缴纳。进出口货物的收发货人或其代理人应当在海关填发税款缴款书之日起15日内（星期日和法定节假日除外），向指定银行缴纳税款。逾期不缴的，除依法追缴外，由海关自到期次日起至缴清税款之日止，按日征收欠缴税额0.5‰的滞纳金。

自2016年6月1日起，旅客携运进出境的行李物品有下列情况之一的，海关暂不予放行：旅客不能当场缴纳进境物品税款的；进出境的物品属于许可证件管理的范围，但旅客不能当场提交的；进出境的物品超出自用合理数量，按规定应当办理货物报关手续或其他海关手续，其尚未办理的；对进出境物品的属性、内容存疑，需要由有关主管部门进行认定、鉴定、验核的；按规定暂不予以放行的其他行李物品。

对由于海关误征、多缴纳税款的；海关核准免验的进口货物在完税后，发现有短卸情况，经海关审查认可的；已征出口关税的货物，因故未装运出口申报退关，经海关查验属实的，纳税人可以从缴纳税款之日起的1年内，书面声明理由，连同纳税收据向海关申请退税，逾期不予受理。海关应当自受理退税申请之日起30日内做出书面答复，并通知退税申请人。进出口货物完税后，如发现少征或漏征税款，海关有权在1年内予以补征；如因收发货人或其他代理人违反规定而造成少征或漏征税款的，海关在3年内可以追缴。

本章小结

税收是政府为了满足社会公共需要，凭借政治权力，强制、无偿地取得财政收入的一种形式，具有强制性、无偿性和固定性的“三性”特征。税法是税收制度的法律表现形式，税收制度是税法所确定的具体内容。我国税收由流转税、所得税、资源税、财产税和行为税五类组成，其中流转税主要包括增值税、消费税和关税等主要税种。

增值税是对销售货物或者提供劳务过程中实现的增值额征收的一种税，是流转税体系中的骨干税种。消费税是国际上普遍采用的对特定的某些消费品和消费行为征收的一种间接税。关税是对进出国境或关境的货物、物品征收的一种税。

本章练习

一、选择题

1.下列纳税人中，不属于增值税一般纳税人的是（　　）。

A.年销售额为500万元的从事货物生产的个体经营者

B.年销售额为500万元的从事货物批发的个人

C.年销售额为500万元的从事货物生产的企业

D.年销售额为500万元的从事货物批发零售的企业

2.下列行为中，应视同销售货物征收增值税的有（　　）。

A.将外购货物分配给股东　　B.将外购货物用于个人消费

C.将自产货物无偿赠送他人　　D.将自产货物用于非增值税应税项目

3.下列各项中，属于增值税价外费用的有（　　）。

A.销项税额　　B.违约金　　C.包装物租金　　D.手续费

4.下列各项中，不得从销项税额中抵扣进项税额的有（　　）。

A.购进生产用燃料所支付的增值税税款

B.不合格产品耗用材料所支付的增值税税款

C.因管理不善被盗材料所支付的增值税税款

D.购买娱乐服务所支付的增值税税款

5.下列关于增值税纳税义务发生时间的表述中，正确的有（　　）。

A.纳税人发生视同销售货物行为，为货物移送的当天

B.提供应税劳务，为提供劳务同时收讫销售款或者取得索取销售款凭据的当天

C.纳税人进口货物，为从海关提货的当天

D.采用预收款方式提供建筑物，为建筑物完工并验收合格的当天

6.下列各项中，属于消费税征收环节的有（　　）。

A.生产环节　　B.零售环节　　C.批发环节　　D.进口环节

7.下列关于消费税征收范围的表述中，正确的有（　　）。

A.纳税人自产自用的应税消费品，用于连续生产应税消费品的，不缴纳消费税

B.纳税人将自产自用的应税消费品用于馈赠、赞助的，缴纳消费税

C.委托加工的应税消费品，受托方在交货时已代收代缴消费税，委托方收回后直接销售的，再缴纳一道消费税

D.卷烟在生产和批发两个环节均征收消费税

8.下列关于应税消费品销售额的表述中，不正确的是（　　）。

A.应税消费品销售额包括向购买方收取的增值税税款

B.纳税人自产自用应税消费品，按照纳税人生产的同类消费品的销售价格确定销售额

C.随同从价计征应税消费品出售的包装物，无论是否单独计价，均应并入销售额

D.对因逾期未收回的包装物不再退还的或者已收取的时间超过12个月的押金，应并入应税消费品的销售额

9.纳税人采取预收货款结算方式销售应税消费品的，其纳税义务发生时间为（　　）。

A.签订销售合同的当天　　B.收到预收货款的当天

C.发出应税消费品的当天　　D.开具预收款发票的当天

10.下列关于消费税纳税地点的表述中，正确的是（　　）。

A.纳税人销售应税消费品应向生产地的主管税务机关纳税

B.纳税人销售应税消费品应向核算地的主管税务机关纳税

C.纳税人销售应税消费品应向销售地的主管税务机关纳税

D.纳税人销售应税消费品应向机构所在地或者居住地的主管税务机关纳税

11.下列税种中，实行价外税的是（　　）。

A.关税　　B.城市维护建设税

C.消费税　　D.增值税

12.增值税扣税凭证包括（　　）。

A.增值税专用发票　　B.税控机动车销售统一发票

C.海关进口增值税专用缴款书　　D.农产品收购发票

13.下列各项中，属于关税纳税人的是（　　）。

A.进口货物的收货人　　B.进口货物的代理人

C.出口货物的发货人　　D.个人邮递物品的发件人

14.下列各项中，应计入进口货物关税完税价格的是（　　）。

A.货物运抵我国关境内输入地点起卸前的运费、保险费

B.货物运抵我国关境内输入地点起卸后的运费、保险费

C.支付给卖方的佣金

D.向境外采购代理人支付的买方佣金

15.根据关税法律制度的规定，对原产于与我国签订含有特殊关税优惠条款的贸易协定的国家或地区的进口货物，适用特定的关税税率。该税率为（　　）。

A.普通税率　　B.协定税率　　C.特惠税率　　D.最惠国税率

16.根据关税法律制度的规定，下列应纳税额计算方法中，税率随着进口商品价格的变动而反方向变动的是（　　）。

A.从价税计算方法　　B.复合税计算方法

C.从量税计算方法　　D.滑准税计算方法

17.下列进口货物中，实行从价从量复合计征进口关税的有（　　）。

A.啤酒　　B.放像机　　C.广播用录像机　　D.摄影机

18.根据关税法律制度的规定，进出口货物完税后，如因收发货人违反规定而造成少征或漏征税款，海关在（　　）年内可以追缴。

选择题

A.1　　B.3　　C.5　　D.6

二、判断题

1.征税对象是区别一种税与另一种税的重要标志。（　　）

2.小规模纳税人会计核算健全，能够提供准确税务资料的，可申请认定为增值税一般纳税人。（　　）

3.企业将外购货物用于集体福利或者个人消费的，属于视同销售货物。（　　）

4.包装物押金属于价外费用，应并入销售额征税。（　　）

5.纳税人的交际应酬消费属于个人消费，其支付的增值税进项税额不得从销项税额中抵扣。（　　）

6.非正常损失是指因管理不善和责任事故造成的损失。（　　）

7.烟草批发企业将卷烟销售给其他烟草批发企业的，要再征一道从价税。（　　）

8.应税消费品的销售额是指不含增值税、消费税的销售额。（　　）

9.实行从价定率和从量定额相结合的复合计征办法征收消费税的是卷烟、酒。（　　）

10.在我国境内提供各种劳务取得的收入，均应缴纳增值税。（　　）

11.财务公司增值税的纳税期限为1个月。（　　）

12.对于从境外采购进口的原产于中国境内的货物，应按规定征收进口关税。（ ）

13.在进口货物成交过程中，卖方付给进口人的正常回扣，在计算进口货物完税价格时不得从成交价格中扣除。（ ）

14.进口货物适用的关税税率是以进口货物原产地为标准的。（ ）

15.出口货物的完税价格应当按照不含关税的离岸价格确定，即出口货物完税价格=离岸价格÷（1-出口关税税率）。（ ）

判断题

三、计算题

1.某生产企业为增值税一般纳税人，适用的增值税税率为13%，2021年6月份的有关生产经营业务如下：

计算题

（1）销售甲产品给某大商场，开具增值税专用发票，取得不含税销售额80万元。

（2）销售乙产品，开具普通发票，取得含税销售额28.25万元。

（3）将试制的一批应税新产品发放给本企业职工试用，成本价为20万元，成本利润率为10%。该新产品无同类产品市场销售价格。

（4）购进货物取得增值税专用发票，注明支付货款60万元，进项税额7.8万元。另外，支付购货的运输费用6万元、增值税税额0.54万元。

（5）向农业生产者购进免税农产品一批，支付收购价30万元，支付运输单位的运费5万元、增值税税额0.45万元。

以上相关票据均符合税法的规定。

要求：计算该企业6月份应缴纳的增值税税额。

2.2021年6月，甲公司进口一批红酒，海关审定的关税完税价格为540 000元。该批红酒适用的关税税率为5%，适用的消费税税率为10%。

要求：计算该批进口红酒应纳关税税额和应纳消费税税额。

第四章　所得税法律制度

学习目标

- 了解企业所得税法律制度的基本内容，掌握企业所得税应纳税额的计算方法。
- 了解个人所得税法律制度的基本内容，掌握个人所得税应纳税额的计算方法。

第一节　企业所得税法律制度

一、企业所得税纳税人

企业所得税是指对我国境内的企业和其他取得收入的组织的生产经营所得及其他所得征收的一种税。企业所得税纳税人包括各类企业、事业单位、社会团体、民办非企业单位和从事经营活动的其他组织。由于个人独资企业、合伙企业属于自然人性质企业，不具有法人资格，股东承担无限责任，因此依照中国法律、行政法规成立的个人独资企业、合伙企业，不适用《中华人民共和国企业所得税法》（简称《企业所得税法》），不属于企业所得税纳税义务人，不缴纳企业所得税。

个人独资企业和合伙企业不是企业所得税的纳税人

企业所得税采取收入来源管辖权和居民管辖权相结合的双重管辖权，把企业分为居民企业和非居民企业，分别确定不同的纳税义务。

（一）居民企业

居民企业是指依法在中国境内成立，或者依照外国（地区）法律成立但实际管理机构在中国境内的企业。其中，实际管理机构是指对企业的生产经营、人员、账务、财产等实施实质性全面管理和控制的机构。

（二）非居民企业

非居民企业是指依照外国（地区）法律成立且实际管理机构不在中国境内，但在中国境内设立机构、场所的，或者在中国境内未设立机构、场所，但有来源于中国境内所得的企业。非居民企业委托营业代理人在中国境内从事生产经营活动的，包括委托单位或者个人经常代其签订合同，或者储存、交付货物等，该营业代理人视为非居民企业在中国境内设立的机构、场所。

二、企业所得税征税对象

企业所得税的征税对象是纳税人（包括居民企业和非居民企业）所取得的生产经营所得、清算所得和其他所得。

（一）居民企业的征税对象

居民企业应就来源于中国境内、境外的所得作为征税对象，包括销售货物所得，提供劳务所得，转让财产所得，股息、红利等权益性投资所得，利息所得，租金所得，特许权使用费所得，接受捐赠所得和其他所得。

（二）非居民企业的征税对象

非居民企业在中国境内设立机构、场所的，应当就其所设机构、场所取得的来源于中国境内的所得，以及发生在中国境外但与其所设机构、场所有实际联系的所得，缴纳企业所得税。非居民企业在中国境内未设立机构、场所的，或者虽设立机构、场所但取得的所得与其所设机构、场所没有实际联系的，应当就其来源于中国境内的所得缴纳企业所得税。所谓实际联系，是指非居民企业在中国境内设立的机构、场所拥有据以取得所得的股权、债权，以及拥有、管理、控制据以取得所得的财产等。

（三）来源于中国境内、境外的所得的确定原则

销售货物所得，按照交易活动发生地确定。

提供劳务所得，按照劳务发生地确定。

转让财产所得：不动产转让所得按照不动产所在地确定；动产转让所得按照转让动产的企业或者机构、场所所在地确定；权益性投资资产转让所得按照被投资企业所在地确定。

股息、红利等权益性投资所得，按照分配所得的企业所在地确定。

利息所得、租金所得、特许权使用费所得，按照负担、支付所得的企业或者机构、场所所在地确定，或者按照负担、支付所得的个人住所地确定。

其他所得，由国务院财政、税务主管部门确定。

三、企业所得税税率

企业所得税税率实行比例税率，设有两档税率：

（一）基本税率

基本税率为25%，适用于居民企业和在中国境内设立机构、场所且所得与机构、场所有实际联系的非居民企业。

（二）低税率

低税率为20%，适用于在中国境内未设立机构、场所的，或者虽设立机构、场所但取得的所得与其所设机构、场所没有实际联系的非居民企业。

此外，符合条件的小型微利企业，减按20%的税率征收企业所得税。国家需要重点扶持的高新技术企业，减按15%的税率征收企业所得税。

何谓符合条件的小型微利企业

四、企业所得税应纳税所得额的计算

应纳税所得额是企业所得税的计税依据。按照《企业所得税法》的规定，应纳税所得额为企业每一个纳税年度的收入总额，减除不征税收入、免税收入、各项扣除，以及准予税前弥补的以前年度亏损后的余额。其基本公式为：

应纳税所得额=收入总额−不征税收入−免税收入−各项扣除−准予税前弥补的以前年度亏损

（一）收入总额

企业的收入总额包括以货币形式和非货币形式从各种来源取得的收入，具体有：销售货物收入，提供劳务收入，转让财产收入，股息、红利等权益性投资收益，利息收入，租

金收入，特许权使用费收入，接受捐赠收入以及其他收入。

1.销售货物收入

销售货物收入是指企业销售商品、产品、原材料、包装物、低值易耗品以及其他存货取得的收入。除法律法规另有规定外，企业销售货物收入的确认，必须遵循权责发生制原则和实质重于形式原则。

2.提供劳务收入

提供劳务收入是指企业从事建筑安装、修理修配、交通运输、仓储租赁、金融保险、邮电通信、咨询经纪、文化体育、科学研究、技术服务、教育培训、餐饮住宿、中介代理、卫生保健、社区服务、旅游、娱乐、加工以及其他劳务服务活动取得的收入。

3.转让财产收入

转让财产收入是指企业转让固定资产、生物资产、无形资产、股权、债权等财产取得的收入。转让财产收入应当按照从财产受让方已收或应收的合同或协议价款确认收入。

4.股息、红利等权益性投资收益

股息、红利等权益性投资收益是指企业因权益性投资从被投资方取得的收入。股息、红利等权益性投资收益，除国家财政、税收主管部门另有规定外，按照被投资方做出的利润分配决定的日期确认收入的实现。

5.利息收入

利息收入是指企业将资金提供他人使用但不构成权益性投资，或者因他人占用本企业资金取得的收入，包括存款利息、贷款利息、债券利息、欠款利息等收入。利息收入按照合同约定的债务人应付利息的日期确认收入的实现。

6.租金收入

租金收入是指企业提供固定资产、包装物或者其他有形资产的使用权取得的收入。租金收入按照合同约定的承租人应付租金的日期确认收入的实现。如果交易合同或协议中规定租赁期限跨年度，且租金提前一次性支付的，出租人可对上述已确认的收入，在租赁期内，分期均匀计入相关年度收入。

7.特许权使用费收入

特许权使用费收入是指企业提供专利权、非专利技术、商标权、著作权以及其他特许权的使用权取得的收入。特许权使用费收入按照合同约定的特许权使用人应付特许权使用费的日期确认收入的实现。

8.接受捐赠收入

接受捐赠收入是指企业接受的来自其他企业、组织或者个人无偿给予的货币性资产、非货币性资产。接受捐赠收入按照实际收到捐赠资产的日期确认收入的实现。

9.其他收入

其他收入是指企业取得《企业所得税法》具体列举的收入外的其他收入，包括企业资产溢余收入、逾期未退包装物押金收入、确实无法偿付的应付款项、已作坏账损失处理后又收回的应收款项、债务重组收入、补贴收入、违约金收入、汇兑收益等。

（二）不征税收入

不征税收入是指从性质和根源上不属于企业营利性活动带来的经济利益，不作为应纳税所得额组成部分的收入。企业的不征税收入主要包括：

1.财政拨款

财政拨款是指各级人民政府对纳入预算管理的事业单位、社会团体等组织拨付的财政资金，但国务院和国务院财政、税务主管部门另有规定的除外。

县级以上人民政府将国有资产无偿划入企业，凡指定专门用途并按规定进行管理的，企业可作为不征税收入进行企业所得税处理。其中，该项资产属于非货币性资产的，应按政府确定的接收价值计算不征税收入。

2.依法收取并纳入财政管理的行政事业性收费、政府性基金

行政事业性收费是指依照法律法规等有关规定，按照国务院规定程序批准，在实施社会公共管理，以及在向公民、法人或者其他组织提供特定公共服务过程中，向特定对象收取并纳入财政管理的费用。政府性基金是指企业依照法律、行政法规等有关规定，代政府收取的具有专项用途的财政资金。

3.国务院规定的其他不征税收入

国务院规定的其他不征税收入是指企业取得的，由国务院财政、税务主管部门规定专项用途并经国务院批准的财政性资金。

（三）免税收入

免税收入是指属于企业的应税所得，但是按照税法规定免予征收企业所得税的收入。企业的免税收入包括：

1.国债利息收入

国债利息收入是指企业持有国务院财政部门发行的国债取得的利息收入。

2.符合条件的居民企业之间的股息、红利等权益性投资收益

权益性投资收益是指居民企业直接投资于其他居民企业取得的投资收益。

3.在中国境内设立机构、场所的非居民企业从居民企业取得与该机构、场所有实际联系的股息、红利等权益性投资收益，但不包括连续持有居民企业公开发行并上市流通的股票不足12个月取得的投资收益

4.符合条件的非营利组织收入

符合条件的非营利组织的收入，不包括非营利组织从事营利性活动取得的收入，但国务院财政、税收主管部门另有规定的除外。对非营利组织从事非营利性活动取得的收入给予免税，但从事营利性活动取得的收入则要征税。

（四）税前扣除项目

1.扣除项目范围

企业实际发生的与取得收入有关的、合理的支出，包括成本、费用、税金、损失和其他支出，准予在计算应纳税所得额时扣除。

（1）成本。成本是指在生产经营活动中发生的销售成本、业务支出以及其他耗费，即企业销售商品（产品、材料、下脚料、废料、废旧物资等）、提供劳务、转让固定资产和无形资产的成本。

（2）费用。费用是指企业在生产经营活动中发生的销售费用、管理费用和财务费用，已经计入成本的有关费用除外。

（3）税金。税金是指企业发生的除企业所得税和允许抵扣的增值税以外的各项税金及

附加，即纳税人按照规定缴纳的消费税、资源税、土地增值税、关税、城市维护建设税、教育费附加，以及房产税、车船税、城镇土地使用税、印花税等。企业缴纳的增值税属于价外税，故不在扣除之列。

（4）损失。损失是指企业在生产经营活动中发生的固定资产和存货盘亏、毁损、报废损失，转让财产损失，呆账损失，坏账损失，自然灾害等不可抗力因素造成的损失以及其他损失。

企业发生的损失，减除责任人赔偿和保险赔款后的余额，依照国务院财政、税务主管部门的规定扣除。企业已经作为损失处理的资产，在以后纳税年度又全部收回或者部分收回时，应当计入当期收入。

（5）其他支出。其他支出是指除成本、费用、税金、损失外，企业在生产经营活动中发生的与生产经营活动有关的、合理的支出。

2. 扣除项目及其标准

在计算应纳税所得额时，有些项目可按照实际发生额或规定的标准扣除，这些项目主要包括：

（1）工资薪金支出。工资薪金是指企业每一纳税年度支付给在本企业任职或者受雇的员工的所有现金形式或者非现金形式的劳动报酬，包括基本工资、奖金、津贴、补贴、年终加薪、加班工资，以及与员工任职或者受雇有关的其他支出。企业发生的合理的工资薪金支出，准予扣除。

（2）职工福利费、工会经费、职工教育经费。企业发生的职工福利费、工会经费、职工教育经费按标准扣除。未超过标准的按实际发生数额扣除，超过扣除标准的只能按标准扣除：❶企业发生的职工福利费支出，不超过工资薪金总额14%的部分，准予扣除。列入企业员工工资薪金制度、固定与工资薪金一起发放的福利性补贴，符合国家税务总局相关规定的，可作为企业发生的工资薪金支出，按规定在税前扣除；不能同时符合上述条件的福利性补贴，应按规定计算限额税前扣除。❷企业拨缴的工会经费，不超过工资薪金总额2%的部分，准予扣除。❸除国务院财政、税务主管部门另有规定外，企业发生的职工教育经费支出，不超过工资薪金总额8%的部分，准予扣除；超过部分，准予在以后纳税年度结转扣除。

（3）社会保险费。企业依照国务院有关主管部门或者省级人民政府规定的范围和标准为职工缴纳的基本养老保险费、基本医疗保险费、失业保险费、工伤保险费、生育保险费等基本社会保险费和住房公积金，准予扣除。企业根据国家有关规定，为在本企业任职或者受雇的全体员工支付的补充养老保险费、补充医疗保险费，分别在不超过职工工资总额5%标准内的部分，在计算应纳税所得额时准予扣除；超过的部分，不予扣除。

（4）公益性捐赠。公益性捐赠是指企业通过公益性社会组织或者县级以上人民政府及其部门，用于符合法律规定的慈善活动、公益事业的捐赠。企业发生的公益性捐赠支出，在年度利润总额12%以内的部分，准予在计算应纳税所得额时扣除；超过年度利润总额12%的部分，准予结转以后3年内在计算应纳税所得额时扣除。企业在对公益性捐赠支出计算扣除时，应先扣除以前年度结转的捐赠支出，再扣除当年发生的捐赠支出。年度利润总额是指企业依照国家统一会计制度的规定计算的年度会计利润。公益性捐赠具体范围包括：❶救助灾害、救济贫困、扶助残疾人等困难的社会群体和个人的活动；❷教育、科学、文化、卫生、体育事业；❸环境保护、社会公共设施建设；❹促进社会发展和进步的其他社会公共和福利事业。

小练习4-1

某企业2020年度实现利润总额20万元，在“营业外支出”账户列支了通过公益性社会团体向贫困地区捐款5万元。根据企业所得税法律制度的规定，在计算该企业2020年度应纳税所得额时，允许扣除的捐赠数额为（　　）万元。

（5）业务招待费。企业发生的与生产经营活动有关的业务招待费支出，按照发生额的60%扣除，但最高不得超过当年销售（营业）收入的5‰。

（6）广告费和业务宣传费。企业发生的符合条件的广告费和业务宣传费支出，除国务院财政、税务主管部门另有规定外，不超过当年销售（营业）收入15%的部分，准予扣除；超过的部分，准予在以后纳税年度结转扣除。

（7）研究开发费用。研究开发费用可在计算应纳税所得额时加计扣除。自2018年1月1日至2023年12月31日期间，企业为开发新技术、新产品、新工艺发生的研究开发费用，未形成资产计入当期损益的，在按照规定据实扣除的基础上，按照研究开发费用的75%加计扣除；形成无形资产的，按照无形资产成本的175%摊销。

3.不得扣除的项目

在计算应纳税所得额时，下列支出不得扣除：

（1）向投资者支付的股息、红利等权益性投资收益款项。

（2）企业所得税税款。

（3）税收滞纳金。税收滞纳金是指纳税人违反税收法规，被税务机关处以的滞纳金。

（4）罚金、罚款和被没收财物的损失。罚金、罚款和被没收财物的损失是指纳税人违反国家有关法律、法规规定，被有关部门处以的罚款，以及被司法机关处以的罚金和被没收的财物。

（5）超过规定标准的捐赠支出。

（6）赞助支出。赞助支出是指企业发生的与生产经营活动无关的各种非广告性质支出。

（7）未经核定的准备金支出。即不符合国务院财政、税务主管部门规定的各项资产减值准备、风险准备等准备金支出。

（8）企业之间支付的管理费、企业内营业机构之间支付的租金和特许权使用费，以及非银行企业内营业机构之间支付的利息。

（9）与取得收入无关的其他支出。

小练习4-2

根据企业所得税法律制度的规定，下列各项中，在计算企业所得税应纳税额时不得扣除的有（　　）。

A.向投资者支付的红利

B.企业内部营业机构之间支付的租金

C.企业内部营业机构之间支付的特许权使用费

D.未经核定的准备金支出

（五）亏损弥补

亏损是指企业将每一纳税年度的收入总额减除不征税收入、免税收入和各项扣除后小于零的数额。企业某一纳税年度发生的亏损可以用下一年度的所得弥补，下一年度的所得不足以弥补的，可以逐年延续弥补，但最长不得超过5年。并且，企业在汇总计算缴纳企业所得税时，其境外营业机构的亏损不得抵减境内营业机构的盈利。

自2018年1月1日起，当年具备高新技术企业或科技型中小企业资格的企业，其具备资格年度之前5个年度发生的尚未弥补完的亏损，准予结转以后年度弥补，最长结转年限由5年延长至10年。

五、资产的税务处理

企业资产是指企业拥有或者控制的、用于经营管理活动且与取得应税收入有关的资产。企业各项资产，包括固定资产、无形资产等，以历史成本为计税基础。历史成本是指企业取得该项资产时实际发生的支出。企业持有各项资产期间资产增值或者减值，除国务院财政、税务主管部门规定可以确认损益外，不得调整该资产的计税基础。

企业转让资产，该项资产的净值，准予在计算应纳税所得额时扣除。资产的净值是指有关资产、财产的计税基础减除已经按照规定扣除的折旧、摊销、准备金等后的余额。

（一）固定资产

固定资产是指企业为生产产品、提供劳务、出租或者经营管理而持有的、使用时间超过12个月的非货币性资产，包括房屋、建筑物、机器、机械、运输工具以及其他与生产经营活动有关的设备、器具、工具等。在计算应纳税所得额时，企业按照规定计算的固定资产折旧，准予扣除。

1.下列固定资产不得计算折旧扣除

（1）房屋、建筑物以外未投入使用的固定资产；

（2）以经营租赁方式租入的固定资产；

（3）以融资租赁方式租出的固定资产；

（4）已足额提取折旧仍继续使用的固定资产；

（5）与经营活动无关的固定资产；

（6）单独估价作为固定资产入账的土地；

（7）其他不得计算折旧扣除的固定资产。

2.固定资产按照以下方法确定计税基础

（1）外购的固定资产，以购买价款和支付的相关税费以及直接归属于使该资产达到预定用途发生的其他支出为计税基础。

（2）自行建造的固定资产，以竣工结算前发生的支出为计税基础。

（3）融资租入的固定资产，以租赁合同约定的付款总额和承租人在签订租赁合同过程中发生的相关费用为计税基础；租赁合同未约定付款总额的，以该资产的公允价值和承租人在签订租赁合同过程中发生的相关费用为计税基础。

（4）盘盈的固定资产，以同类固定资产的重置完全价值为计税基础。

（5）通过捐赠、投资、非货币性资产交换、债务重组等方式取得的固定资产，以该资产的公允价值和支付的相关税费为计税基础。

（6）改建的固定资产，除法定的支出外，以改建过程中发生的改建支出增加计税基础。

3.固定资产按照直线法计算折旧，准予扣除

企业应当自固定资产投入使用月份的次月起计算折旧；停止使用的固定资产，应当自停止使用月份的次月起停止计算折旧。企业应当根据固定资产的性质和使用情况，合理确定固定资产的预计净残值。固定资产的预计净残值一经确定，不得变更。

4.除国务院财政、税务主管部门另有规定外，固定资产计算折旧的最低年限如下：

（1）房屋、建筑物，为20年。

（2）飞机、火车、轮船、机器、机械和其他生产设备，为10年。

（3）与生产经营活动有关的器具、工具、家具等，为5年。

（4）飞机、火车、轮船以外的运输工具，为4年。

（5）电子设备，为3年。

5.加速折旧和设备、器具一次性税前扣除

企业的固定资产由于技术进步等原因，确需加速折旧的，可以缩短折旧年限或者采取加速折旧的方法。可以采取缩短折旧年限或者采取加速折旧的方法的固定资产，包括：❶由于技术进步，产品更新换代较快的固定资产；❷常年处于强震动、高腐蚀状态的固定资产。

采取缩短折旧年限方法的，最低折旧年限不得低于税法规定折旧年限的60%；采取加速折旧方法的，可以采取双倍余额递减法或者年数总和法。

小练习4-3

根据企业所得税法律制度的规定，企业的下列资产或支出项目中，按规定应计提折旧的有（　　）。

A.已足额提取折旧的固定资产的改建支出

B.单独估价作为固定资产入账的土地

C.以融资租赁方式租入的固定资产

D.未投入使用的机器设备

（二）无形资产

无形资产是指企业为生产产品、提供劳务、出租或者经营管理而持有的、没有实物形态的非货币性长期资产，包括专利权、商标权、著作权、土地使用权、非专利技术、商誉等。在计算应纳税所得额时，企业按照规定计算的无形资产摊销费用，准予扣除。

1.下列无形资产不得计算摊销费用扣除

（1）自行开发的支出已在计算应纳税所得额时扣除的无形资产；

（2）自创商誉；

（3）与经营活动无关的无形资产；

（4）其他不得计算摊销费用扣除的无形资产。

2.无形资产按照以下方法确定计税基础

（1）外购的无形资产，以购买价款和支付的相关税费以及直接归属于使该资产达到预定用途发生的其他支出为计税基础。

（2）自行开发的无形资产，以开发过程中该资产符合资本化条件后至达到预定用途前

发生的支出为计税基础。

（3）通过捐赠、投资、非货币性资产交换、债务重组等方式取得的无形资产，以该资产的公允价值和支付的相关税费为计税基础。

3.无形资产按照直线法计算摊销费用，准予扣除

无形资产的摊销年限不得低于10年。

作为投资或者受让的无形资产，有关法律规定或者合同约定了使用年限的，可以按照规定或者约定的使用年限分期摊销。外购商誉的支出，在企业整体转让或者清算时，准予扣除。

（三）长期待摊费用

长期待摊费用是指企业发生的应在1个年度以上或几个年度进行摊销的费用。在计算应纳税所得额时，企业发生的下列支出作为长期待摊费用，按照规定摊销的，准予扣除：

改建支出和大修理支出

➢已足额提取折旧的固定资产的改建支出，按照固定资产预计尚可使用年限分期摊销。

➢租入固定资产的改建支出，按照合同约定的剩余租赁期限分期摊销。

➢固定资产的大修理支出，按照固定资产尚可使用年限分期摊销。其中，大修理支出是指同时符合下列条件的支出：修理支出达到取得固定资产时的计税基础50%以上；修理后固定资产的使用年限延长2年以上。

➢其他应当作为长期待摊费用的支出，自支出发生月份的次月起分期摊销，摊销期限不得低于3年。

（四）投资资产

投资资产是指企业对外进行权益性投资和债权性投资形成的资产。企业对外投资期间，投资资产的成本在计算应纳税所得额时不得扣除。企业在转让或者处置投资资产时，投资资产的成本准予扣除。投资资产按照以下方式确定成本：

➢通过支付现金方式取得的投资资产，以购买价款为成本。

➢通过支付现金以外的方式取得的投资资产，以该资产的公允价值和支付的相关税费为成本。

（五）存货

存货是指企业持有以备出售的产品或者商品、处在生产过程中的在产品、在生产或者提供劳务过程中耗用的材料和物料等。存货按照以下方法确定成本：

➢通过支付现金方式取得的存货，以购买价款和支付的相关税费为成本。

➢通过支付现金以外的方式取得的存货，以该存货的公允价值和支付的相关税费为成本。

企业使用或者销售存货，按照规定计算的存货成本，准予在计算应纳税所得额时扣除。企业使用或者销售存货的成本计算方法，可以在先进先出法、加权平均法、个别计价法中选用一种。计价方法一经选用，不得随意变更。

（六）资产损失

资产损失是指企业在生产经营活动中实际发生的、与取得应税收入有关的资产损失，包括现金损失，存款损失，坏账损失，贷款损失，股权投资损失，固定资产和存货盘亏、

毁损、报废、被盗损失，自然灾害等不可抗力因素造成的损失以及其他损失。企业发生上述资产损失，应在按税法规定实际确认或者实际发生的当年申报扣除。

企业以前年度发生的资产损失未能在当年税前扣除的，可以按照规定，向税务相关部门说明并进行专项申报扣除。其中，属于实际资产损失，准予追补至该项损失发生年度扣除，其追补确认期限一般不得超过5年。企业因以前年度实际资产损失未在税前扣除而多缴的企业所得税税款，可在追补确认年度企业所得税应纳税款中予以抵扣，不足抵扣的，向以后年度递延抵扣。

六、企业所得税应纳税额的计算

（一）居民企业所得税应纳税额

微课

企业所得税应纳所得额的计算

企业所得税应纳税额的计算公式为：

应纳税额=应纳税所得额×适用税率–减免税额–抵免税额

所谓减免税额和抵免税额，是指依照《企业所得税法》和国务院的税收优惠规定减征、免征和抵免的应纳税额。根据计算公式可以看出，应纳税额的多少，取决于应纳税所得额和适用税率。在纳税实务中，应纳税所得额通常是在会计利润总额的基础上加或减按照税法规定调整的项目金额后计算确定。其计算公式为：

应纳税所得额=会计利润总额±纳税调整项目金额

其中，纳税调整项目金额包括两个方面的内容：企业财务会计处理和税法规定不一致的应予以调整的金额；企业按税法规定的扣除标准应予以调整的金额。

【例4-1】某企业为居民企业，2020年发生经营业务如下：

（1）取得产品销售收入4 000万元。

（2）发生产品销售成本2 600万元。

（3）发生销售费用770万元（其中广告费和业务宣传费650万元）、管理费用480万元（其中业务招待费25万元）、财务费用60万元。

（4）销售税金160万元（含增值税120万元）。

（5）营业外收入80万元，营业外支出50万元（含通过公益性社会团体向贫困山区捐款30万元、支付税收滞纳金6万元）。

（6）计入成本、费用中的实发工资总额200万元，拨缴职工工会经费5万元，发生职工福利费31万元，发生职工教育经费18万元。

计算该企业2020年度应纳企业所得税税额。

第一步，计算会计利润总额。

会计利润总额=4 000–2 600–770–480–60–（160–120）+80–50=80（万元）

第二步，确定纳税调整项目金额。

（1）广告费和业务宣传费调增所得额=650–4 000×15%=50（万元）

（2）业务招待费调增所得额=25–25×60%=10（万元）

注：因业务招待费发生额的60%为15万元（25×60%），未超过当年销售收入的5‰，即20万元（4 000×5‰），所以应按照业务招待费发生额的60%扣除。

（3）捐赠支出调增所得额=30–80×12%=20.4（万元）

（4）工会经费调增所得额=5–200×2%=1（万元）

（5）职工福利费调增所得额=31–200×14%=3（万元）

（6）职工教育经费调增所得额=18-200×8%=2（万元）

（7）税收滞纳金调增所得额=6万元

第三步，计算应纳税所得额。

应纳税所得额=80+50+10+20.4+1+3+2+6=172.4（万元）

第四步，计算应纳企业所得税税额。

应纳税额=172.4×25%=43.1（万元）

（二）非居民企业所得税应纳税额

在中国境内未设立机构、场所的，或者虽设立机构、场所但取得的所得与其所设机构、场所没有实际联系的非居民企业，其取得的来源于中国境内的所得，按照下列方法计算其应纳税所得额：

➢股息、红利等权益性投资收益和利息、租金、特许权使用费所得，以收入全额为应纳税所得额。

➢转让财产所得，以收入全额减除财产净值后的余额为应纳税所得额。其中，财产净值是指有关资产、财产的计税基础减除已经按照规定扣除的折旧、折耗、摊销、准备金等后的余额。

➢其他所得，参照前两项规定的方法计算应纳税所得额。

非居民企业所得税应纳税额的计算公式为：

应纳税额=应纳税所得额×适用税率

七、企业所得税征收管理

（一）纳税地点

1.居民企业的纳税地点

除税收法律、行政法规另有规定外，居民企业以企业登记注册地为纳税地点；但登记注册地在境外的，以实际管理机构所在地为纳税地点。居民企业在中国境内设立不具有法人资格的营业机构的，应当汇总计算并缴纳企业所得税。除国务院另有规定外，企业之间不得合并缴纳企业所得税。

2.非居民企业的纳税地点

非居民企业在中国境内设立机构、场所的，以机构、场所所在地为纳税地点。非居民企业在中国境内设立两个或者两个以上机构、场所的，符合国务院税务主管部门规定条件的，可以选择由其主要机构、场所汇总缴纳企业所得税。

在中国境内未设立机构、场所的，或者虽设立机构、场所但取得的所得与其所设机构、场所没有实际联系的非居民企业，以扣缴义务人所在地为纳税地点。

（二）纳税期限

企业所得税按年计征，分月份或者分季度预缴，年终汇算清缴，多退少补。纳税年度自公历1月1日起至12月31日止。

企业在一个纳税年度中间开业，或者终止经营活动，使该纳税年度的实际经营期不足12个月的，应当以其实际经营期为1个纳税年度。企业依法清算时，应当以清算期间作为1个纳税年度。

企业应当自年度终了之日起5个月内，向税务机关报送年度企业所得税纳税申报表，并汇算清缴，结清应缴应退税款。

（三）纳税申报

按月或者按季预缴的，应当自月份或者季度终了之日起15日内，向税务机关报送预缴企业所得税纳税申报表，预缴税款。企业在报送企业所得税纳税申报表时，应当按照规定附送财务会计报告和其他有关资料。

企业在纳税年度内无论盈利还是亏损，都应当依照规定期限，向税务机关报送预缴企业所得税纳税申报表、年度企业所得税纳税申报表、财务会计报告和税务机关规定应当报送的其他有关资料。

企业所得税以人民币计算。应纳税所得额以人民币以外的货币计算的，应当折合成人民币计算并缴纳税款。

第二节 个人所得税法律制度

德技兼修

视频

个税改革——奋斗时代

一、个人所得税纳税人

个人所得税是指以自然人取得的各项应税所得为征税对象而征收的一种税。个人所得税纳税人包括中国公民（含中国香港、澳门、台湾同胞）、个体工商户、个人独资企业投资者和合伙企业自然人合伙人等。其中，个人独资企业和合伙企业分别是指依照我国相关法律登记成立的个人独资、合伙性质的企业、律师事务所以及其他相关机构或组织。个人独资企业以投资者为纳税义务人，合伙企业以每一个合伙人为纳税义务人（以下简称“投资者”）。

纳税人依据住所和居住时间两个标准，区分为居民个人和非居民个人。

（一）居民个人

居民个人是指在中国境内有住所，或者无住所而一个纳税年度内在中国境内居住累计满183天的个人。其中，在中国境内有住所是指因户籍、家庭、经济利益关系而在中国境内习惯性居住；纳税年度是指自公历1月1日起至12月31日止。无住所个人一个纳税年度内在中国境内累计居住天数，按照个人在中国境内累计停留天数计算。在中国境内停留的当天满24小时的，计入中国境内居住天数，在中国境内停留当天不足24小时的，不计入中国境内居住天数。

居民个人负有无限纳税义务，即从中国境内和境外取得的所得，均应依法缴纳个人所得税。

（二）非居民个人

非居民个人是指在中国境内无住所又不居住，或者无住所而一个纳税年度内在中国境内居住累计不满183天的个人。

非居民个人承担有限纳税义务，即仅就其来源于中国境内的所得，向中国缴纳个人所得税。

二、个人所得税征税对象和税目

（一）征税对象

个人所得税的征税对象是个人取得的应税所得，包括现金、实物、有价证券和其他形式的经济利益。居民个人应就其来源于中国境内和境外的全部所得征税；非居民个人则只就其来源于中国境内所得部分征税，境外所得部分不属于我国征税范围。

（二）所得来源的确定

除国务院、税务主管部门另有规定外，下列所得，不论支付地点是否在中国境内，均为来源于中国境内的所得：

➢因任职、受雇、履约等而在中国境内提供劳务取得的所得。

➢将财产出租给承租人在中国境内使用而取得的所得。

➢许可各种特许权在中国境内使用而取得的所得。

➢转让中国境内的不动产等财产或者在中国境内转让其他财产取得的所得。

➢从中国境内企事业单位和其他经济组织或者居民个人取得的利息、股息、红利所得。

（三）税目

1.工资、薪金所得

工资、薪金所得是指个人因任职或者受雇而取得的工资、薪金、奖金、年终加薪、劳动分红、津贴、补贴以及与任职或者受雇有关的其他所得。但下列补贴、津贴不属于工资、薪金性质，不予征收个人所得税：（1）独生子女补贴。（2）执行公务员工资制度未纳入基本工资总额的补贴、津贴差额和家属成员的副食补贴。（3）托儿补助费。（4）差旅费津贴、误餐补助。误餐补助是指按照财政部规定，个人因公在城区、郊区工作，不能在工作单位或返回就餐的，根据实际误餐顿数，按规定的标准领取的误餐费。单位以误餐补助名义发给职工的补助、津贴不包括在内，应当并入当月工资、薪金所得计征个人所得税。

2.劳务报酬所得

劳务报酬所得是指个人独立从事非雇佣的各种劳务取得的所得。其内容包括设计、装潢、安装、制图、化验、测试、医疗、法律、会计、咨询、讲学、演出、表演、技术服务以及其他劳务取得的所得。

3.稿酬所得

稿酬所得是指个人因其作品以图书、报刊形式出版、发表而取得的所得。作品包括文学作品、书面作品、摄影作品以及其他作品。作者去世后，财产继承人取得的遗作稿酬，也应按“稿酬所得”征收个人所得税。

4.特许权使用费所得

特许权使用费所得是指个人提供专利权、商标权、著作权、非专利技术以及其他特许权的使用权取得的所得。提供著作权的使用权取得的所得，不包括稿酬所得。

5.经营所得

经营所得包括：（1）个体工商户从事生产、经营活动取得的所得，个人独资企业投资人、合伙企业的个人合伙人来源于境内注册的个人独资企业、合伙企业生产、经营的所得；（2）个人依法从事办学、医疗、咨询以及其他有偿服务活动取得的所得；（3）个人对企业、事业单位承包经营、承租经营以及转包、转租取得的所得；（4）个人从事其他生产、经营活动取得的所得。

【随堂测】（判断题）个体工商户的生产、经营所得应缴纳企业所得税。（　）

6.利息、股息、红利所得

利息、股息、红利所得是指个人拥有债权、股权而取得的利息、股息、红利所得。其中，利息一般是存款、贷款和债券的利息。股息、红利是指个人拥有股权取得的公司、企业分红。按照一定的比率派发的每股息金，称为股息。根据公司、企业应分配的超过股息部分的利润，按股派发的红股，称为红利。

7.财产租赁所得

财产租赁所得是指个人出租不动产、机器设备、车船以及其他财产取得的所得。

8.财产转让所得

财产转让所得是指个人转让有价证券、股权、合伙企业中的财产份额、不动产、机器设备、车船以及其他财产取得的所得。

9.偶然所得

偶然所得是指个人得奖、中奖、中彩以及其他偶然性质的所得。得奖是指参加各种有奖竞赛活动，取得名次得到的奖金。中奖、中彩是指参加各种有奖活动，如有奖储蓄，或者购买彩票，经过规定程序，抽中、摇中号码而取得的奖金。

个人取得的所得，难以界定应纳税所得项目的，由主管税务机关确定。

居民个人取得上述1～4项所得，为综合所得，按纳税年度合并计算个人所得税；非居民个人取得上述1～4项所得，按月或者按次分项计算个人所得税。纳税人取得上述5～9项所得，依照法律规定分别计算个人所得税。

【随堂测】（多选题）根据个人所得税法律制度的规定，在中国境内有住所的居民个人取得的下列所得中，属于综合所得的有（　）。

A.经营所得　　B.劳务报酬所得

C.财产转让所得　　D.特许权使用费所得

三、个人所得税税率

（一）综合所得适用税率

综合所得适用3%～45%的七级超额累进税率，计算缴纳个人所得税，具体税率见表4-1。

（二）经营所得适用税率

经营所得适用5%～35%的五级超额累进税率，具体税率见表4-2。

投资者兴办两个或两个以上企业，并且企业性质全部是个人独资的，年度终了后汇算清缴时，应纳税款的计算按以下方法进行：汇总其投资兴办的所有企业的经营所得作为应纳税所得额，以此确定适用税率，计算出全年经营所得的应纳税额，再根据每个企业的经营所得占所有企业经营所得的比例，分别计算出每个企业的应纳税额和应补缴税额。

（三）利息、股息、红利所得，财产租赁所得，财产转让所得和偶然所得适用税率

利息、股息、红利所得，财产租赁所得，财产转让所得和偶然所得适用比例税率，税率为20%。自2001年1月1日起，对个人出租住房取得的所得暂减按10%的税率征收个人所得税。

表4-1　　个人所得税税率表

（综合所得适用）

级数	全年应纳税所得额	税率（%）
1	不超过36 000元的部分	3
2	超过36 000元至144 000元的部分	10
3	超过144 000元至300 000元的部分	20
4	超过300 000元至420 000元的部分	25
5	超过420 000元至660 000元的部分	30
6	超过660 000元至960 000元的部分	35
7	超过960 000元的部分	45

注：

（1）本表所称全年应纳税所得额是指依照法律规定，居民个人取得综合所得以每一纳税年度收入额减除费用6万元以及专项扣除、专项附加扣除和依法确定的其他扣除后的余额。

（2）非居民个人取得工资、薪金所得，劳务报酬所得，稿酬所得和特许权使用费所得，依照本表按月换算后计算应纳税额。

表4-2　　个人所得税税率表

（经营所得适用）

级数	全年应纳税所得额	税率（%）
1	不超过30 000元的部分	5
2	超过30 000元至90 000元的部分	10
3	超过90 000元至300 000元的部分	20
4	超过300 000元至500 000元的部分	30
5	超过500 000元的部分	35

注：本表所称全年应纳税所得额是指依照法律规定，以每一纳税年度的收入总额减除成本、费用以及损失后的余额。

四、个人所得税计税依据

个人所得税的计税依据是纳税人取得的应纳税所得额。应纳税所得额为个人取得的各项收入减去税法规定的费用扣除金额和减免税收入后的余额。由于个人所得税的应税项目不同，扣除费用标准也不相同，需要按不同应税项目分项计算。

（一）个人所得的形式

个人所得的形式，包括现金、实物、有价证券和其他形式的经济利益。所得为实物的，应当按照取得的凭证上的价格计算应纳税所得额；无凭证的实物或者凭证上所注明的价格明显偏低的，参照市场价格核定应纳税所得额；所得为有价证券的，根据票面价格和市场价格核定应纳税所得额；所得为其他形式的经济利益的，参照市场价格核定应纳税所得额。

（二）应纳税所得额的确定方式

1.居民个人的综合所得

居民个人的综合所得，以每一纳税年度的收入额减除费用6万元以及专项扣除、专项附加扣除和依法确定的其他扣除后的余额，为应纳税所得额。

综合所得包括工资、薪金所得，劳务报酬所得，稿酬所得和特许权使用费所得。其中，劳务报酬所得、稿酬所得、特许权使用费所得以收入减除20%的费用后的余额为收入额。稿酬所得的收入额减按70%计算。

（1）专项扣除。

专项扣除包括居民个人按照国家规定的范围和标准缴纳的基本养老保险、基本医疗保险、失业保险等社会保险费和住房公积金等。

（2）专项附加扣除。

专项附加扣除，是指个人所得税法规定的子女教育、继续教育、大病医疗、住房贷款利息或者住房租金、赡养老人等6项专项附加扣除。具体扣除标准如下：

❶子女教育。纳税人的子女接受全日制学历教育的相关支出，按照每个子女每月1 000元的标准定额扣除。其中，学历教育包括义务教育（小学、初中教育）、高中阶段教育（普通高中、中等职业、技工教育）、高等教育（大学专科、大学本科、硕士研究生、博士研究生教育）。

❷继续教育。纳税人在中国境内接受学历（学位）继续教育的支出，在学历（学位）教育期间按照每月400元定额扣除。同一学历（学位）继续教育的扣除期限不能超过48个月。纳税人接受技能人员职业资格继续教育、专业技术人员职业资格继续教育的支出，在取得相关证书的当年，按照3 600元定额扣除。

❸大病医疗。在一个纳税年度内，纳税人发生的与基本医保相关的医药费用支出，扣除医保报销后个人负担（指医保目录范围内的自付部分）累计超过15 000元的部分，由纳税人在办理年度汇算清缴时，在80 000元限额内据实扣除。

❹住房贷款利息。纳税人本人或者配偶单独或者共同使用商业银行或者住房公积金个人住房贷款为本人或者其配偶购买中国境内住房，发生的首套住房贷款利息支出，在实际发生贷款利息的年度，按照每月1 000元的标准定额扣除，扣除期限最长不超过240个月。纳税人只能享受一次首套住房贷款的利息扣除。

❺住房租金。纳税人在主要工作城市没有自有住房而发生的住房租金支出，可以按照以下标准定额扣除：A.直辖市、省会（首府）城市、计划单列市以及国务院确定的其他城市，扣除标准为每月1 500元。B.除前项所列城市以外，市辖区户籍人口超过100万的城市，扣除标准为每月1 100元；市辖区户籍人口不超过100万的城市，扣除标准为每月800元。

❻赡养老人。纳税人赡养一位及以上被赡养人的赡养支出，按照以下标准定额扣除：A.纳税人为独生子女的，按照每月2 000元的标准定额扣除；B.纳税人为非独生子女的，由其与兄弟姐妹分摊每月2 000元的扣除额度，每人分摊的额度不能超过每月1 000元。可以由赡养人均摊或者约定分摊，也可以由被赡养人指定分摊。约定或者指定分摊的须签订书面分摊协议，指定分摊优先于约定分摊。具体分摊方式和额度在一个纳税年度内不能变更。其中，被赡养人是指年满60岁的父母，以及子女均已去世的年满60岁的祖父母、外祖父母。

❼婴幼儿照护。纳税人照护3岁以下婴幼儿子女的相关支出，在计算缴纳个人所得税前按照每名婴幼儿每月1 000元的标准定额扣除。具体扣除方式上，可选择由夫妻一方按扣除标准的100%扣除，也可选择由夫妻双方分别按扣除标准的50%扣除，监护人不是父母的，也可以按上述政策规定扣除。

【随堂测】（多选题）根据个人所得税法律制度的规定，下列各项中，可以作为专项附加扣除的有（　　）。

A.基本养老保险　　B.住房公积金

C.子女教育　　D.住房贷款利息

（3）其他扣除。

其他扣除主要包括个人缴付符合国家规定的企业年金、职业年金，个人购买符合国家规定的商业健康保险、税收递延型商业养老保险的支出，以及国务院规定可以扣除的其他项目。

2.非居民个人的所得

非居民个人的工资、薪金所得，以每月收入额减除费用5 000元后的余额为应纳税所得额；劳务报酬所得、稿酬所得、特许权使用费所得，以每次收入额为应纳税所得额。其中，劳务报酬所得、稿酬所得、特许权使用费所得以收入减除20%的费用后的余额为收入额。稿酬所得的收入额减按70%计算。

3.经营所得

经营所得，以每一纳税年度的收入总额减除成本、费用以及损失后的余额，为应纳税所得额。

4.财产租赁所得

财产租赁所得，每次收入不超过4 000元的，减除费用800元；4 000元以上的，减除20%的费用，其余额为应纳税所得额。

5.财产转让所得

财产转让所得，以转让财产的收入额减除财产原值和合理费用后的余额，为应纳税所得额。

6.利息、股息、红利所得和偶然所得

利息、股息、红利所得和偶然所得，以每次收入额为应纳税所得额。

（三）每次收入的确定

财产租赁所得，以一个月内取得的收入为一次。

利息、股息、红利所得，以支付利息、股息、红利时取得的收入为一次。

偶然所得，以每次取得该项收入为一次。

非居民个人取得的劳务报酬所得、稿酬所得、特许权使用费所得，属于一次性收入的，以取得该项收入为一次；属于同一项目连续性收入的，以一个月内取得的收入为一次。

微课

五、个人所得税应纳税额的计算

（一）综合所得应纳税额的计算

综合所得应纳税额的计算公式为：

综合所得应纳税额的计算

$$\text{应纳税额}=\text{应纳税所得额}\times\text{适用税率}-\text{速算扣除数}$$

$$=\left(\frac{\text{每一纳税}}{\text{年度的收入额}}-\frac{\text{费用}}{\text{6万元}}-\frac{\text{专项}}{\text{扣除}}-\frac{\text{专项附加}}{\text{扣除}}-\frac{\text{依法确定的}}{\text{其他扣除}}\right)\times\frac{\text{适用}}{\text{税率}}-\frac{\text{速算}}{\text{扣除数}}$$

【例4-2】假定2020年甲公司职员王某全年取得工资、薪金收入180 000元。当地规定的社会保险和住房公积金个人缴存比例为：基本养老保险8%，基本医疗保险2%，失业保险0.5%，住房公积金12%。王某缴纳社会保险费核定的缴费工资基数为12 000元。王某正在偿还首套住房贷款及利息；王某为独生子女，其独生子正就读大学2年级，其父母均已年过60岁。王某夫妻约定由王某扣除贷款利息和子女教育费。计算王某2020年度应缴纳的个人所得税税额。

第一步，计算扣除项目合计。

全年减除费用=60 000元

专项扣除=12 000×（8%+2%+0.5%+12%）×12=32 400（元）

专项附加扣除=（1 000+1 000+2 000）×12=48 000（元）

扣除项目合计=60 000+32 400+48 000=140 400（元）

第二步，计算应纳税所得额。

应纳税所得额=180 000−140 400=39 600（元）

第三步，计算应纳税额。

应纳税额=36 000×3%+（39 600−36 000）×10%=1 440（元）

（二）扣缴义务人对居民个人工资、薪金所得，劳务报酬所得，稿酬所得，特许权使用费所得预扣预缴个人所得税的计算

1.对工资、薪金所得预扣预缴个人所得税

扣缴义务人向居民个人支付工资、薪金所得时，应当按照累计预扣法计算预扣税款，并按月办理全员全额扣缴申报。累计预扣法是指扣缴义务人在一个纳税年度内预扣预缴税款时，以纳税人在本单位截至当前月份工资、薪金所得累计收入减除累计免税收入、累计减除费用、累计专项扣除、累计专项附加扣除和累计依法确定的其他扣除后的余额为累计预扣预缴应纳税所得额，计算累计应预扣预缴税额，再减除累计减免税额和累计已预扣预缴税额，其余额为本期应预扣预缴税额。余额为负值时，暂不退税。纳税年度终了后余额仍为负值时，由纳税人通过办理综合所得年度汇算清缴，税款多退少补。具体计算公式为：

$$\text{本期应预扣预缴税额}=\left(\text{累计预扣预缴应纳税所得额}\times\text{预扣率}-\text{速算扣除数}\right)-\text{累计减免税额}-\text{累计已预扣预缴税额}$$

$$\text{累计预扣预缴应纳税所得额}=\text{累计收入}-\text{累计免税收入}-\text{累计减除费用}-\text{累计专项扣除}-\text{累计专项附加扣除}-\text{累计依法确定的其他扣除}$$

其中：累计减除费用按照5 000元/月乘以纳税人当年截至本月在本单位的任职受雇月份数计算，预扣率、速算扣除数按“个人所得税预扣率表一”执行，具体内容见表4-3。

表4-3　**个人所得税预扣率表一**

（居民个人工资、薪金所得预扣预缴适用）

级数	累计预扣预缴应纳税所得额	预扣率（%）	速算扣除数（元）
1	不超过36 000元的部分	3	0
2	超过36 000元至144 000元的部分	10	2 520
3	超过144 000元至300 000元的部分	20	16 920
4	超过300 000元至420 000元的部分	25	31 920
5	超过420 000元至660 000元的部分	30	52 920
6	超过660 000元至960 000元的部分	35	85 920
7	超过960 000元的部分	45	181 920

【例4-3】某公司职员王某为居民个人，2021年1—3月每月取得工资、薪金收入均为10 000元。当地规定的社会保险和住房公积金个人缴存比例为：基本养老保险8%，基本医疗保险2%，失业保险0.5%，住房公积金12%。社保部门核定的王某2021年社会保险费的缴费工资基数为8 000元。王某1—2月累计已预扣预缴个人所得税税额为192元。计算王某3月应预扣预缴的个人所得税税额。

第一步，计算累计收入和累计扣除项目金额。

累计收入=10 000×3=30 000（元）

累计减除费用=5 000×3=15 000（元）

累计专项扣除=8 000×（8%+2%+0.5%+12%）×3=5 400（元）

第二步，计算累计预扣预缴应纳税所得额。

累计预扣预缴应纳税所得额=30 000−15 000−5 400=9 600（元）

第三步，计算应预扣预缴税额。

应预扣预缴税额=（9 600×3%−0）−192=96（元）

2.对劳务报酬所得、稿酬所得、特许权使用费所得预扣预缴个人所得税

扣缴义务人向居民个人支付劳务报酬所得、稿酬所得、特许权使用费所得，按次或者按月预扣预缴个人所得税。劳务报酬所得、稿酬所得、特许权使用费所得，属于一次性收入的，以取得该项收入为一次；属于同一项目连续性收入的，以一个月内取得的收入为一次。具体预扣预缴方法如下：

劳务报酬所得、稿酬所得、特许权使用费所得以收入减除费用后的余额为收入额。其中，稿酬所得的收入额减按70%计算。减除费用标准是：劳务报酬所得、稿酬所得、特许权使用费所得每次收入不超过4 000元的，减除费用按800元计算；每次收入4 000元以上的，减除费用按20%计算。

劳务报酬所得、稿酬所得、特许权使用费所得，以每次收入额为预扣预缴应纳税所得额。劳务报酬所得的预扣率按“个人所得税预扣率表二”执行，见表4-4；稿酬所得、特许权使用费所得适用20%的比例预扣率。

表4-4 个人所得税预扣率表二

（居民个人劳务报酬所得预扣预缴适用）

级数	预扣预缴应纳税所得额	预扣率（%）	速算扣除数（元）
1	不超过20 000元的部分	20	0
2	超过20 000元至50 000元的部分	30	2 000
3	超过50 000元的部分	40	7 000

劳务报酬所得、稿酬所得、特许权使用费所得应预扣预缴税额的计算公式为：

劳务报酬所得应预扣预缴税额=预扣预缴应纳税所得额×预扣率−速算扣除数

稿酬所得、特许权使用费所得应预扣预缴税额=预扣预缴应纳税所得额×20%

【例4-4】王某为居民个人，2021年6月王某为某公司提供设计服务，取得劳务报酬所得5 000元。计算王某当月该笔劳务报酬所得应预扣预缴的个人所得税税额。

第一步，计算预扣预缴应纳税所得额。

预扣预缴应纳税所得额=5 000×（1−20%）=4 000（元）

第二步，计算应预扣预缴税额。

应预扣预缴税额=4 000×20%−0=800（元）

【例4−5】张某为居民个人，2021年6月张某出版著作一部，取得稿酬所得50 000元。计算张某该笔稿酬所得应预扣预缴的个人所得税税额。

第一步，计算预扣预缴应纳税所得额。

预扣预缴应纳税所得额=50 000×（1−20%）×70%=28 000（元）

第二步，计算应预扣预缴税额。

应预扣预缴税额=28 000×20%=5 600（元）

居民个人工资、薪金所得，劳务报酬所得，稿酬所得，特许权使用费所得年度预扣预缴税额与年度应纳税额不一致的，由居民个人于次年3月1日至6月30日向主管税务机关办理综合所得年度汇算清缴，税款多退少补。

（三）经营所得应纳税额的计算

个体工商户的生产、经营所得应纳税额的计算公式为：

应纳税额=应纳税所得额×适用税率−速算扣除数

=（全年收入总额−成本、费用以及损失）×适用税率−速算扣除数

【例4−6】某市丰乐酒家系个体经营户，账证比较健全。2020年12月取得营业额120 000元，购进菜、肉、蛋、面粉、大米等原料费60 000元，缴纳电费、水费、房租、煤气费等15 000元，缴纳其他税费合计6 600元。当月支付给4名雇员工资共计8 800元，业主个人费用扣除标准为5 000元。2020年1—11月累计应纳税所得额为55 600元，1—11月累计已预缴个人所得税4 397.5元。计算该个体经营户12月份应纳个人所得税税额。

第一步，计算12月份应纳税所得额。

当月应纳税所得额=120 000−60 000−15 000−6 600−8 800−5 000=24 600（元）

第二步，计算全年累计应纳税所得额。

当年累计应纳税所得额=55 600+24 600=80 200（元）

第三步，计算全年应纳个人所得税。

全年应纳税额=80 200×10%−30 000×5%=6 520（元）

第四步，计算12月份应纳个人所得税。

12月份应补缴税额=6 520−4 397.5=2 122.5（元）

为何股息减少计税，而储蓄存款利息未计税

（四）利息、股息、红利所得应纳税额的计算

利息、股息、红利所得应纳税额的计算公式为：

应纳税额=应纳税所得额×适用税率

=每次收入额×适用税率

【例4−7】张某为自由职业者，2021年6月取得如下所得：从A上市公司（持股期限为3个月，根据规定，其股息红利所得暂减按50%计入应纳税所得额）取得股息所得16 000元，从B非上市公司取得股息所得7 000元，兑现6月10日到期的1年期银行储蓄存款利息所得1 500元。计算张某上述所得应纳个人所得税税额。

应纳税额=16 000×50%×20%+7 000×20%=3 000（元）

（五）财产租赁所得应纳税额的计算

财产租赁所得应纳税额的计算公式为：

（1）每次（月）收入不超过4 000元的：

应纳税所得额=每次（月）收入额−准予扣除项目−修缮费用（以800元为限）−800

应纳税额=应纳税所得额×适用税率

（2）每次（月）收入超过4 000元的：

应纳税所得额=［每次（月）收入额−准予扣除项目−修缮费用（以800元为限）］×（1−20%）

应纳税额=应纳税所得额×适用税率

【例4−8】刘某于2021年1月将其自有的4间面积为150平方米的房屋出租给李某作为经营场所，租期1年。刘某每月取得租金收入2 500元，全年租金收入30 000元。计算刘某全年租金收入应纳个人所得税税额。

第一步，计算每月应纳税额。

每月应纳税额=（2 500−800）×20%=340（元）

第二步，计算全年应纳税额。

全年应纳税额=340×12=4 080（元）

（六）财产转让所得应纳税额的计算

财产转让所得应纳税额的计算公式为：

应纳税额=应纳税所得额×适用税率

=（收入总额−财产原值−合理税费）×20%

【例4−9】李某于2020年6月转让古字画一幅，取得收入300万元，该字画系2017年以80万元的价格购进，缴纳合理税费8万元，均能够提供相关原始单证。计算李某财产转让所得应纳个人所得税税额。

应纳税额=（300−80−8）×20%=42.4（万元）

（七）偶然所得应纳税额的计算

偶然所得应纳税额的计算公式为：

应纳税额=应纳税所得额×适用税率

=每次收入额×20%

六、征收管理

（一）纳税申报

个人所得税的纳税办法有自行申报纳税和代扣代缴两种。

1. 自行申报纳税

自行申报纳税是由纳税人在税法规定的纳税期限内，向税务机关申报取得的应税所得项目和数额，如实填写个人所得税申报表，并按照税法规定计算应纳税额，据此缴纳个人所得税的一种方法。根据有关规定，纳税人有下列情形之一的应当依法办理纳税申报：

（1）取得综合所得需要办理汇算清缴。需要办理汇算清缴的情形包括：❶在两处或者两处以上取得综合所得，且综合所得年收入额减去专项扣除的余额超过6万元；❷取得劳务报酬所得、稿酬所得、特许权使用费所得中一项或者多项所得，且综合所得年收入额减去专项扣除的余额超过6万元；❸纳税年度内预缴税额低于应纳税额的；❹纳税人申请退税。纳税人申请退税，应当提供其在中国境内开设的银行账户，并在汇算清缴地就地办理税款退库。

（2）取得应税所得没有扣缴义务人。

（3）取得应税所得，扣缴义务人未扣缴税款。

（4）取得境外所得。

（5）因移居境外注销中国户籍。

（6）非居民个人在中国境内从两处以上取得工资、薪金所得。

（7）国务院规定的其他情形。

2.代扣代缴

个人所得税以所得人为纳税人，以支付所得的单位或者个人为扣缴义务人。

纳税人有中国公民身份号码的，以中国公民身份号码为纳税人识别号；纳税人没有中国公民身份号码的，由税务机关赋予其纳税人识别号。扣缴义务人扣缴税款时，纳税人应当向扣缴义务人提供纳税人识别号。

扣缴义务人应当按照国家规定办理全员全额扣缴申报，并向纳税人提供其个人所得和已扣缴税款等信息。

税务机关应根据扣缴义务人所扣缴的税款，付给2%的手续费。

（二）纳税期限

1.综合所得的纳税期限

居民个人取得综合所得，按年计算个人所得税；有扣缴义务人的，由扣缴义务人按月或者按次预扣预缴税款；需要办理汇算清缴的，应当在取得所得的次年3月1日至6月30日内办理汇算清缴。预扣预缴办法由国务院税务主管部门制定。

非居民个人取得工资、薪金所得，劳务报酬所得，稿酬所得和特许权使用费所得，有扣缴义务人的，由扣缴义务人按月或者按次代扣代缴税款，不办理汇算清缴。

扣缴义务人每月或者每次预扣、代扣的税款，应当在次月15日内缴入国库，并向税务机关报送扣缴个人所得税申报表。

2.经营所得的纳税期限

纳税人取得经营所得，按年计算个人所得税，由纳税人在月度或者季度终了后15日内向税务机关报送纳税申报表，并预缴税款；在取得所得的次年3月31日前办理汇算清缴。

3.其他所得的纳税期限

纳税人取得利息、股息、红利所得，财产租赁所得，财产转让所得和偶然所得，按月或者按次计算个人所得税，有扣缴义务人的，由扣缴义务人按月或者按次代扣代缴税款。

4.特别规定

（1）纳税人取得应税所得没有扣缴义务人的，应当在取得所得的次月15日内向税务机关报送纳税申报表，并缴纳税款。

（2）纳税人取得应税所得，扣缴义务人未扣缴税款的，纳税人应当在取得所得的次年6月30日前，缴纳税款；税务机关通知限期缴纳的，纳税人应当按照期限缴纳税款。

（3）居民个人从中国境外取得所得的，应当在取得所得的次年3月1日至6月30日内申报纳税。

（4）非居民个人在中国境内从两处以上取得工资、薪金所得的，应当在取得所得的次月15日内申报纳税。

（5）纳税人因移居境外注销中国户籍的，应当在注销中国户籍前办理税款清算。

（三）纳税地点

个人所得税自行申报的，其申报地点一般应为收入来源地的主管税务机关。

纳税人从两处或者两处以上取得工资、薪金的，可选择并固定在其中一地税务机关申报纳税。

扣缴义务人应向其主管税务机关进行纳税申报。

纳税人要求变更纳税申报地点的，须经原主管税务机关批准。

个人独资企业和合伙企业投资者应向企业实际经营管理所在地主管税务机关申报缴纳个人所得税。投资者兴办两个或者两个以上企业的，应分别向企业实际经营管理所在地主管税务机关预缴税款。

此外，各项所得的计算，以人民币为单位。所得为人民币以外的货币的，按照办理纳税申报或扣缴申报的上一月最后一日人民币汇率中间价，折合成人民币计算应纳税所得额。年度终了后办理汇算清缴的，对已经按月、按季或者按次预缴税款的人民币以外货币所得，不再重新折算；对应当补缴税款的所得部分，按照上一纳税年度最后一日人民币汇率中间价，折合成人民币计算应纳税所得额。

本章小结

企业所得税，又称公司所得税或法人所得税，是对我国境内的企业和其他取得收入的组织生产经营所得和其他所得征收的一种所得税。企业所得税纳税人包括各类企业、事业单位、社会团体、民办非企业单位和从事经营活动的其他组织，但不包括依法成立的个人独资企业、合伙企业。企业所得税采取收入来源地管辖权和居民管辖权相结合的双重管辖权，把企业分为居民企业和非居民企业，分别确定不同的纳税义务。

个人所得税是对个人（即自然人）取得的各项应税所得征收的一种所得税。个人所得税纳税人包括中国公民（含中国香港、澳门、台湾同胞）、个体工商户、个人独资企业投资者和合伙企业自然人合伙人等。依据住所和居住时间两个标准，个人所得税纳税人分为居民个人和非居民个人。居民个人从中国境内和境外取得的所得，依法缴纳个人所得税；非居民个人从中国境内取得的所得，依法缴纳个人所得税。

本章练习

一、选择题

1.根据企业所得税法律制度的规定，下列各项中，属于企业所得税纳税人的有（　　）。

A.在中国境内注册的个人独资企业　　B.在中国境内注册的一人有限责任公司

C.在中国境内注册的社会团体　　D.外国公司在中国境内的分公司

2.根据企业所得税法律制度的规定，下列关于非居民企业的表述中，正确的有（　　）。

A.在境外成立的企业均属于非居民企业

B.在境内成立但有来源于境外所得的企业属于非居民企业

C.依照外国法律成立，实际管理机构在中国境内的企业属于非居民企业

D.依照外国法律成立，实际管理机构不在中国境内但在中国境内设立机构、场所的企业属于非居民企业

3.根据企业所得税法律制度的规定，下列企业的收入中，属于不征税收入范围的是（　　）。

A.财政拨款　B.租金收入　C.产品销售收入　D.国债利息收入

4.根据企业所得税法律制度的规定，下列企业缴纳的税金中，不得在计算企业所得税应纳税额时扣除的是（　）。

A.增值税　B.消费税

C.城市维护建设税　D.房产税

5.根据企业所得税法律制度的规定，在计算企业应纳税所得额时，除国务院财政、税务主管部门另有规定外，有关费用支出不超过规定比例的准予扣除；超过部分，准予在以后纳税年度结转扣除。下列各项中，属于该有关费用的是（　）。

A.工会经费　B.社会保险费　C.职工福利费　D.职工教育经费

6.甲公司2020年度取得销售收入6 000万元，发生与生产经营有关的业务招待费支出35万元。计算本年度企业所得税应纳税额时，准予扣除的业务招待费支出为（　）万元。

A.21　B.18　C.30　D.35

7.根据企业所得税法律制度的规定，下列各项中，在计算企业所得税应纳税额时准予扣除的是（　）。

A.违约金　B.企业之间支付的管理费

C.诉讼费用　D.差旅费

8.根据企业所得税法律制度的规定，下列各项中，应以同类固定资产的重置完全价值为计税基础的是（　）。

A.盘盈的固定资产　B.自行建造的固定资产

C.外购的固定资产　D.通过捐赠取得的固定资产

9.根据个人所得税法律制度的规定，下列各项中，属于个人所得税纳税人的是（　）。

A.个人独资企业的投资者个人　B.一人有限责任公司

C.个体工商户　D.合伙企业中的自然人合伙人

10.根据个人所得税法律制度的规定，在中国境内有住所的居民个人取得的下列所得中，属于综合所得的是（　）。

A.经营所得　B.劳务报酬所得　C.财产转让所得　D.特许权使用费所得

11.根据个人所得税法律制度的规定，下列各项中，可以作为专项附加扣除的是（　）。

A.基本养老保险　B.住房公积金　C.子女教育　D.住房贷款利息

12.根据个人所得税法律制度的规定，下列各项中，属于工资、薪金所得项目的是（　）。

A.年终加薪　B.托儿补助　C.独生子女补贴　D.差旅费津贴

13.下列各项中，不应按特许权使用费所得征收个人所得税的是（　）。

A.专利权　B.著作权　C.稿酬　D.非专利技术

14.根据个人所得税法律制度的规定，下列各项所得中应计入综合所得计算应纳税额的有（　）。

A.劳务报酬所得　B.特许权使用费所得

C.经营所得　D.财产转让所得

15.非居民作家王某的一篇小说在一家日报上连载两个月，第1个月月末报社支付稿酬2 000元，第2个月月末报社支付稿酬5 000元。该作家两个月所获稿酬应缴纳的个人所得税为（　）元。

选择题

A.728　　B.784　　C.812　　D.868

二、判断题

1.在中国境内设立机构、场所且取得的所得与其所设机构、场所有实际联系的非居民企业，适用的企业所得税税率为20%。（　）

2.税法规定，采用商业折扣方式销售商品的，按照商业折扣前的金额确定销售商品收入金额。（　）

3.企业发生的职工福利费、工会经费、职工教育经费按标准税前扣除，即不论实际支出是否超过标准，均按规定的标准税前扣除。（　）

4.企业发生的符合条件的广告费和业务宣传费，可于当年全额税前扣除。（　）

5.税法规定，企业某一纳税年度发生的亏损可以用下一年度的所得弥补。其中，亏损是指会计核算确定的亏损。（　）

6.纳税年度自公历1月1日起至12月31日止。（　）

7.综合所得采用比例税率计算缴纳个人所得税。（　）

8.教师在本校授课取得的讲课费收入，应按照劳务报酬所得计算缴纳个人所得税。（　）

9.个体工商户的生产、经营所得应缴纳企业所得税。（　）

10.利息、股息、红利所得和偶然所得均按照每次收入额计算缴纳个人所得税，不作任何费用扣除。（　）

判断题

三、计算题

1.某工业企业为居民企业，2020年发生经营业务如下：全年取得产品销售收入5 600万元，发生产品销售成本4 000万元；取得其他业务收入800万元，发生其他业务成本660万元；取得购买国债的利息收入40万元；缴纳非增值税税金及附加300万元；发生管理费用760万元，其中，新技术的研究开发费用60万元、业务招待费用70万元；发生财务费用200万元；取得直接投资其他居民企业的权益性收益34万元（已在投资方所在地按15%的税率缴纳所得税）；取得营业外收入100万元，发生营业外支出250万元（其中含公益性捐赠38万元）。

要求：计算该企业2020年应缴纳的企业所得税税额。

2.某企业职工王某2020年全年取得工资、薪金收入210 000元，特许权使用费所得50 000元。当地规定的社会保险费和住房公积金个人缴存比例为：基本养老保险8%，基本医疗保险2%，失业保险0.5%，住房公积金12%。社保部门核定的王某2020年社会保险费的缴费工资基数为15 000元。王某正在偿还首套住房贷款及利息；王某为非独生子，其独生女正在读大学三年级；王某父母均已年过60周岁，全部由王某赡养，并指定由王某全额扣除赡养老人支出。王某夫妻约定由王某扣除住房贷款利息和子女教育费。

计算题

要求：计算王某2020年应缴纳的个人所得税税额。

第五章　其他税收法律制度

学习目标

- 了解房产税、车船税等财产税法律制度的基本内容，掌握房产税、车船税应纳税额的计算方法。
- 了解资源税、土地增值税等资源税法律制度的基本内容，掌握资源税、土地增值税应纳税额的计算方法。
- 了解印花税、契税、城市维护建设税等行为税法律制度的基本内容，掌握印花税、契税、城市维护建设税等应纳税额的计算方法。

第一节　财产税法律制度

一、房产税

房产税是以房产为征税对象，按照房产的计税价值或房产租金收入向房产所有人或经营管理人等征收的一种税。房产税的征税对象是房屋。

（一）房产税纳税人

房产税的纳税人是指在我国城市、县城、建制镇和工矿区内拥有房屋产权的单位和个人。具体包括产权所有人、承典人、房产代管人或者使用人。

➢产权属于国家所有的，其经营管理的单位为纳税人；产权属于集体和个人的，集体单位和个人为纳税人。其中，单位包括国有企业、集体企业、私营企业、股份制企业、外商投资企业、外国企业、其他企事业单位、社会团体、国家机关、军队以及其他单位；个人包括个体工商户以及其他个人。

➢产权出典的，承典人为纳税人。在房屋的管理和使用中，产权出典是指产权所有人为了某种需要，将自己房屋的产权，在一定期限内转让（出典）给他人使用而取得出典价款的一种融资行为。产权所有人（房主）称为房屋出典人；支付现金或实物取得房屋支配权的人称为房屋的承典人。承典人向出典人交付一定的典价后，在质典期内获取抵押物品的支配权，并可转典。产权的典价一般要低于卖价。出典人在规定期间内须归还典价的本金和利息，方可赎回出典房屋的产权。由于在房屋出典期间，产权所有人已无权支配房屋，因此税法规定对房屋具有支配权的承典人为纳税人。

➢产权所有人、承典人均不在房产所在地的，房产代管人或者使用人为纳税人。

➢产权未确定以及租典纠纷未解决的，房产代管人或者使用人为纳税人。租典纠纷是指产权所有人在房产出典和租赁关系上，与承典人、租赁人发生各种争议，特别是有关权利和义务的争议悬而未决的。此外，还有一些产权归属不清的问题，也都属于租典纠纷。

➢纳税单位和个人无租使用房产管理部门、免税单位及纳税单位的房产，由使用人代为缴纳房产税。

房地产开发企业建造的商品房，在出售前，不征收房产税，但对出售前房地产开发企业已使用或出租、出借的商品房应按规定征收房产税。

（二）房产税征税范围

房产税的征税范围为城市、县城、建制镇和工矿区的房屋。在工矿区开征房产税必须经省、自治区、直辖市人民政府批准。独立于房屋之外的建筑物，如围墙、烟囱、水塔、菜窖、室外游泳池等不属于房产税的征税范围。

【随堂测】（单选题）下列各项中，不属于房产税征税范围的是（　　）。

A.建制镇工业企业的厂房　　B.农村的村民住宅

C.市区商场的地下车库　　D.县城商业企业的办公楼

我国现行房产税采用比例税率，具体是：从价计征的，税率为1.2%；从租计征的，税率为12%。其中，从价计征是指按房产计税价值征税；从租计征是指按房产租金收入征税。

（四）房产税计税依据

1.从价计征的房产税的计税依据

从价计征的房产税，是以房产余值为计税依据。即房产税依照房产原值一次减除10%～30%后的余值计算缴纳。具体扣除比例由省、自治区、直辖市人民政府确定。其中，房产原值是指纳税人按照会计制度规定，在账簿“固定资产”科目中记载的房屋原价。房屋原值应包括与房屋不可分割的各种附属设备或一般不单独计算价值的配套设备，如暖气、卫生、通风、照明、煤气等设备；房屋余值是指房产的原值减除规定比例后的剩余价值。

2.从租计征的房产税的计税依据

房产出租的，以房屋出租取得的租金收入为计税依据。计征房产税的租金收入不含增值税。其中，租金收入是指房屋产权所有人出租房产使用权所取得的报酬，包括货币收入和实物收入。对以劳务或其他形式为报酬抵付房租收入的，应根据当地同类房产的租金水平，确定一个标准租金额从租计征。

纳税人对个人出租房屋的租金收入申报不实或申报数与同一地段同类房屋的租金收入相比明显不合理的，税务部门可以按照《税收征收管理法》的有关规定，核定其应纳税额。

（五）房产税应纳税额的计算

1.从价计征的房产税应纳税额的计算

从价计征是按房产的原值减除一定比例后的余值计征，其计算公式为：

应纳税额=应税房产原值×（1-扣除比例）×1.2%

2.从租计征的房产税应纳税额的计算

从租计征是按房产的租金收入计征，其计算公式为：

应纳税额=租金收入×12%

【例5-1】甲公司一幢房产原值为6 000 000元，已知房产税税率为1.2%，当地规定的房产税扣除比例为30%，计算该房产年度应缴纳的房产税税额。

应纳税额=6 000 000×（1-30%）×1.2%=50 400（元）

（六）房产税征收管理

1.纳税义务发生时间

房产税纳税义务发生的时间包括：纳税人将原有房产用于生产经营，从生产经营之月起，缴纳房产税；纳税人自行新建房屋用于生产经营，从建成之次月起，缴纳房产税；纳税人委托施工企业建设的房屋，从办理验收手续之次月起，缴纳房产税；纳税人购置新建商品房，自房屋交付使用之次月起，缴纳房产税；纳税人购置存量房，自办理房屋权属转移、变更登记手续，房地产权属登记机关签发房屋权属证书之次月起，缴纳房产税；纳税人出租、出借房产，自交付出租、出借本企业房产之次月起，缴纳房产税；房地产开发企业自用、出租、出借本企业建造的商品房，自房屋使用或交付之次月起，缴纳房产税；纳税人因房产的实物或权利状态发生变化而依法终止房产税纳税义务的，其应纳税款的计算截止到房产的实物或权利状态发生变化的当月月末。

2.纳税地点

房产税在房产所在地缴纳。房产不在同一地方的纳税人，应按房产的坐落地点分别向房产所在地的税务机关申报纳税。

3.纳税期限

房产税实行按年计算、分期缴纳的征收方法，具体纳税期限由省、自治区、直辖市人民政府确定。

二、车船税

车船税是依照法律规定对在我国境内的车辆、船舶，按照规定税目和税额计算征收的一种税。

（一）车船税纳税人

车船税的纳税人是指在我国境内属于《中华人民共和国车船税法》（简称《车船税法》）所附“车船税税目税额表”规定的车辆、船舶（以下简称“车船”）的所有人或者管理人。

从事机动车第三者责任强制保险业务的保险机构为机动车车船税的扣缴义务人。

（二）车船税征收范围

车船税的征税范围是指在我国境内属于《车船税法》所规定的应税车辆和船舶，具体包括：依法应当在车船登记管理部门登记的机动车辆和船舶；依法不需要在车船登记管理部门登记的在单位内部场所行驶或者作业的机动车辆和船舶。

（三）车船税税目和税率

车船税的税目分为六大类，包括乘用车、商用车、挂车、其他车辆、摩托车和船舶。

车船税采用定额税率，又称固定税额。根据《车船税法》的规定，对应税车船实行有幅度的定额税率，即对各类车船分别规定一个最低到最高限度的年税额。车船的适用税额依照“车船税税目税额表”执行，具体规定见表5-1。

表5-1　　　　　　　　　　车船税税目税额表

税目		计税单位	年基准税额（元）	备注
乘用车（按发动机汽缸容量（排气量）分档）	1.0升（含）以下的	每辆	60～360	核定载客人数9人（含）以下
	1.0升以上至1.6升（含）的		300～540	
	1.6升以上至2.0升（含）的		360～660	
	2.0升以上至2.5升（含）的		660～1 200	
	2.5升以上至3.0升（含）的		1 200～2 400	
	3.0升以上至4.0升（含）的		2 400～3 600	
	4.0升以上的		3 600～5 400	
商用车	客车	每辆	480～1 440	核定载客人数9人以上，包括电车
	货车	整备质量每吨	16～120	包括半挂牵引车、三轮汽车和低速载货汽车等
挂车		整备质量每吨	按照货车税的50%计算	
其他车辆	专用作业车	整备质量每吨	16～120	不包括拖拉机
	轮式专用机械车	整备质量每吨	16～120	
摩托车		每辆	36～180	
船舶	机动船舶	净吨位每吨	3～6	拖船、非机动驳船分别按照机动船舶税额的50%计算
	游艇	艇身长度每米	600～2 000	

车辆的具体适用税额由省、自治区、直辖市人民政府依照《车船税法》所附“车船税税目税额表”规定的税额幅度和国务院的规定确定并报国务院备案；船舶的具体适用税额则由国务院在《车船税法》所附“车船税税目税额表”规定的税额幅度内确定。排气量、整备质量、核定载客人数、净吨位、千瓦、艇身长度，以车船登记管理部门核发的车船登记证书或者行驶证所载数据为准。依法不需要办理登记的车船和依法应当登记而未办理登记或者不能提供车船登记证书、行驶证的车船，以车船出厂合格证明或者进口凭证标注的技术参数、数据为准；不能提供车船出厂合格证明或者进口凭证的，由主管税务机关参照国家相关标准核定，没有国家相关标准的参照同类车船核定。

（四）车船税计税依据和应纳税额的计算

1.计税依据

车船税以车船的计税单位数量为计税依据。《车船税法》按车船的种类和性能，分别确定每辆、整备质量每吨、净吨位每吨和艇身长度每米为计税单位，具体内容如下：乘用车、商务客车和摩托车，以辆数为计税依据；商用货车、挂车、专用作业车和轮式专用机械车，以整备质量吨位数为计税依据；机动船舶，以净吨位数为计税依据；游艇，以艇身长度为计税依据。

2.应纳税额的计算

车船税各税目应纳税额的计算公式为：

乘用车、商用客车和摩托车的应纳税额=辆数×适用年基准税额

商用货车、挂车、专用作业车和轮式专用机械车的应纳税额=整备质量吨位数×适用年基准税额

机动船舶的应纳税额=净吨位数×适用年基准税额

拖船和非机动驳船的应纳税额=净吨位数×适用年基准税额×50%

游艇的应纳税额=艇身长度×适用年基准税额

购置的新车船，购置当年的应纳税额自纳税义务发生的当月起按月计算，其计算公式为：

应纳税额=计税依据×适用年基准税额÷12×应纳税月份数

【例5-2】李某于2020年10月12日购买1辆发动机汽缸容量为1.6升的乘用车，当地适用的车船税年基准税额为480元。计算李某2020年应缴纳的车船税税额。

应纳车船税税额=1×480÷12×3=120（元）

（五）车船税征收管理

1.纳税义务发生时间

车船税纳税义务发生时间为取得车船所有权或者管理权的当月。以购买车船的发票或其他证明文件所载日期的当月为准。

2.纳税地点

车船税的纳税地点为车船的登记地或者车船税扣缴义务人所在地。扣缴义务人代收代缴车船税的，纳税地点为扣缴义务人所在地。纳税人自行申报缴纳车船税的，纳税地点为车船登记地的主管税务机关所在地。依法不需要办理登记的车船，其车船税的纳税地点为车船的所有人或者管理人所在地。

3.纳税期限

车船税按年申报，分月计算，一次性缴纳。纳税年度为公历1月1日至12月31日。具体申报纳税期限由省、自治区、直辖市人民政府规定。

第二节 资源税法律制度

德技兼修

视频

促绿色发展　资源税法今日起施行

一、资源税

（一）资源税纳税人

资源税是对在我国领域或管辖的其他海域开发应税资源的单位和个人征收的一种税。

资源税的纳税人是指在我国领域及管辖的其他海域开采应税资源的单位和个人。其中，单位是指国有企业、集体企业、私营企业、股份制企业、其他企业和行政单位、事业单位、军事单位、社会团体及其他单位；个人是指个体经营者和其他个人。中外合作开采陆上、海上石油资源的企业依法缴纳资源税。

（二）资源税征税范围

我国资源税的征税范围由《资源税法》所附“资源税税目税率表”确定，包括：能源矿产，包括原油、天然气、煤、页岩油、地热等；金属矿产，包括黑色金属和有色金属；非金属矿产，包括矿物类、岩石类、宝玉石类；水气矿产，包括二氧化碳气、矿泉水等；盐类，包括钠盐、钾盐、镁盐、锂盐、天然卤水、海盐。

纳税人开采或者生产应税产品自用的，视同销售，应当按规定缴纳资源税；但自用于连续生产应税产品的，不缴纳资源税。纳税人自用应税产品应当缴纳资源税的情形，包括纳税人以应税产品用于非货币性资产交换、捐赠、偿债、赞助、集资、投资、广告、样品、职工福利、利润分配或者连续生产非应税产品等。

（三）资源税税目和税率

资源税采用比例税率或者定额税率两种形式。税目、税率依照“资源税税目税率表”执行。其中对地热、石灰岩、其他粘土、砂土、矿泉水和天然卤水6种应税资源采用比例税率或者定额税率，其他应税资源均采用比例税率。

“资源税税目税率表”中规定实行幅度税率的，其具体适用税率由省、自治区、直辖市人民政府统筹考虑应税资源的品位、开采条件以及生态环境的影响等情况，在规定的税率幅度内提出，报同级人民代表大会常务委员会决定，并报全国人民代表大会常务委员会和国务院备案。“资源税税目税率表”中规定征税对象为原矿或者选矿的，应当分别确定具体适用税率。

（四）资源税计税依据和应纳税额的计算

1.计税依据

资源税实行从价计征或者从量计征，以纳税人开发应税资源产品（简称应税产品）的销售额或者销售数量为计税依据。

（1）销售额。销售额是指纳税人销售应税产品向购买方收取的全部价款，但不包括收取的增值税税款。计入销售额中的相关运杂费用，凡取得增值税发票或者其他合法有效凭据的，准予从销售额中扣除。相关运杂费用是指应税产品从坑口或者洗选（加工）地到车站、码头或者购买方指定地点的运输费用、建设基金以及随运销产生的装卸、仓储、港杂费用。

纳税人申报的应税产品销售额明显偏低且无正当理由的，或者有自用应税产品行为而无销售额的，主管税务机关可以按照下列方法和顺序确定其应税产品销售额：

❶按纳税人最近时期同类产品的平均销售价格确定。

❷按其他纳税人最近时期同类产品的平均销售价格确定。

❸按后续加工非应税产品销售价格，减去后续加工环节的成本利润后确定。

❹按应税产品组成计税价格确定。应税产品组成计税价格的计算公式如下：

组成计税价格=成本×（1+成本利润率）÷（1-资源税税率）

公式中的成本利润率由省、自治区、直辖市税务机关确定。

❺按其他合理方法确定。

（2）销售数量。应税产品的销售数量包括纳税人开采或者生产应税产品的实际销售数量和自用于应当缴纳资源税情形的应税产品数量。

2.应纳税额的计算

（1）实行从价计征的，应纳税额按照应税资源产品的销售额乘以具体适用税率计算，其计算公式为：

应纳税额=应税产品销售额×适用的比例税率

（2）实行从量计征的，应纳税额按照应税产品的销售数量乘以具体适用税率计算，其计算公式为：

应纳税额=应税产品的销售数量×适用的定额税率

【例5-3】某铜矿2021年3月销售铜矿石原矿收取价款合计600万元，其中从坑口到车站的运输费用为20万元，随运销产生的装卸、仓储费用为10万元，均取得增值税发票。该矿山铜矿石原矿适用的资源税税率为6%。计算该铜矿3月份应纳资源税税额。

第一步，计算当月应税产品销售额。

销售额=600-（20+10）=570（万元）

第二步，计算当月应纳资源税税额。

应纳税额=570×6%=34.2（万元）

（五）资源税征收管理

资源税由税务机关征收管理。海上开采的原油和天然气资源税由海洋石油税务管理机构征收管理。

1.纳税义务发生时间

纳税人销售应税产品，纳税义务发生时间为收讫销售款或者取得索取销售款凭据的当日；自用应税产品的，纳税义务发生时间为移送应税产品的当日。

2.纳税地点

纳税人应当在矿产品的开采地或者海盐的生产地缴纳资源税。

3.纳税期限

资源税按月或者按季申报缴纳；不能按固定期限计算缴纳的，可以按次申报缴纳。纳税人按月或者按季申报缴纳的，应当自月度或者季度终了之日起15日内，向税务机关办理纳税申报并缴纳税款；按次申报缴纳的，应当自纳税义务发生之日起15日内，向税务机关办理纳税申报并缴纳税款。

二、土地增值税

（一）土地增值税纳税人

土地增值税是对转让国有土地使用权、地上建筑物及其附着物（简称转让房地产）并取得收入的单位和个人，就其转让房地产所取得的增值额征收的一种税。

土地增值税的纳税人为转让房地产并取得收入的单位和个人。其中，单位包括各类企业单位、事业单位、国家机关和社会团体及其他组织；个人包括个体经营者和其他个人。此外，还包括外商投资企业、外国企业、外国驻华机构及海外华侨、港澳台同胞和外国公民。

（二）土地增值税征税范围

土地增值税征税范围的一般规定包括：

➢土地增值税只对转让国有土地使用权的行为征税，对出让国有土地的行为不征税。

所谓国有土地使用权，是指土地使用权人根据国家法律、合同等规定，对国家所有的土地享有的使用权利。土地增值税只对企业、单位和个人转让国有土地使用权的行为征税。国有土地出让是指国家以土地所有者的身份将土地使用权在一定年限内让与土地使用者，并由土地使用者向国家支付土地出让金的行为。由于土地使用权的出让方是国家，出让收入在性质上属于政府凭借所有权在土地一级市场上收取的租金，所以政府出让土地的行为及取得的收入不在土地增值税的征税之列。

➢土地增值税既对转让国有土地使用权的行为征税，也对转让地上建筑物及其他附着物产权的行为征税。

税法规定，纳税人转让地上建筑物和其他附着物的产权，取得的增值性收入，也应计算缴纳土地增值税。换言之，纳入土地增值税征税范围的增值额，是纳税人转让房地产所取得的全部增值额，而非仅仅是土地使用权转让的收入。

➢土地增值税只对有偿转让的房地产征税，对以继承、赠与等方式无偿转让房地产，不予征税。

不征土地增值税的房地产赠与行为包括以下两种情况：房产所有人、土地使用权所有人将房屋产权、土地使用权赠与直系亲属或承担直接赡养义务人的行为；房产所有人、土地使用权所有人通过中国境内非营利的社会团体、国家机关将房屋产权、土地使用权赠与教育、民政和其他社会福利、公益事业的行为。其中，社会团体是指中国青少年发展基金会、希望工程基金会、宋庆龄基金会、减灾委员会、中国红十字会、中国残疾人联合会、全国老年基金会、老区促进会，以及经民政部门批准成立的其他非营利的公益性组织。

（三）土地增值税税率

土地增值税实行四级超率累进税率：增值额未超过扣除项目金额50%的部分，税率为30%；增值额超过扣除项目金额50%、未超过扣除项目金额100%的部分，税率为40%；增值额超过扣除项目金额100%、未超过扣除项目金额200%的部分，税率为50%；增值额超过扣除项目金额200%的部分，税率为60%。其中，每级“增值额未超过扣除项目金额”的比例均包括本比例数。

土地增值税四级超率累进税率表见表5-2。

表5-2　**土地增值税四级超率累进税率表**

级数	增值额与扣除项目金额的比率	税率（%）	速算扣除系数（%）
1	不超过50%的部分	30	0
2	超过50%至100%的部分	40	5
3	超过100%至200%的部分	50	15
4	超过200%的部分	60	35

【随堂测】（判断题）我国现行的土地增值税实行超额累进税率。（　）

（四）土地增值税计税依据

土地增值税的计税依据是纳税人转让房地产所取得的增值额。转让房地产的增值额是纳税人转让房地产的收入减除税法规定的扣除项目金额后的余额。土地增值额的大小，取决于转让房地产的收入额和扣除项目金额两个因素。

1.应税收入的确定

应税收入是指纳税人转让房地产取得的全部价款及有关的经济利益，包括货币收入、实物收入和其他收入。纳税人转让房地产取得的收入为不含增值税收入。

（1）货币收入。货币收入是指纳税人转让房地产而取得的现金、银行存款和国库券、金融债券、企业债券、股票等有价证券。

（2）实物收入。实物收入是指纳税人转让房地产而取得的各种实物形态的收入，如钢材、水泥等建材，房屋、土地等不动产等。对于这些实物收入一般要按照公允价值确认应税收入。

（3）其他收入。其他收入是指纳税人转让房地产而取得的无形资产收入或具有财产价值的权利，如专利权、商标权、土地使用权等。对于这些无形资产收入一般要进行专门的评估，按照评估价确认应税收入。

2.扣除项目及其金额

准予纳税人从房地产转让收入额减除的扣除项目金额具体包括以下内容：

（1）取得土地使用权所支付的金额。

取得土地使用权所支付的金额包括纳税人为取得土地使用权所支付的地价款和纳税人在取得土地使用权时按照国家统一规定缴纳的相关税费。

（2）房地产开发成本。

房地产开发成本是指纳税人开发房地产项目实际发生的成本，包括土地的征用及拆迁补偿费、前期工程费、建筑安装工程费、基础设施费、公共配套设施费、开发间接费用等。

（3）房地产开发费用。

房地产开发费用是指与房地产开发项目有关的销售费用、管理费用和财务费用。但在计算土地增值税时，房地产开发费用并不是按照纳税人实际发生额进行扣除，应分别按以下两种情况扣除：

❶财务费用中的利息支出，凡能够按转让房地产项目计算分摊并提供金融机构证明的，允许据实扣除，但最高不能超过按商业银行同类同期贷款利率计算的金额。房地产开发费用按照下列公式计算扣除：

允许扣除的房地产开发费用=利息+（取得土地使用权所支付的金额+房地产开发成本）×5%

❷财务费用中的利息支出，凡不能按转让房地产项目计算分摊利息支出或不能提供金融机构证明的，房地产开发费用按取得土地使用权所支付的金额与房地产开发成本之和的10%以内计算扣除。计算公式为：

允许扣除的房地产开发费用=（取得土地使用权所支付的金额+房地产开发成本）×10%

（4）与转让房地产有关的税金。

与转让房地产有关的税金是指在转让房地产时缴纳的城市维护建设税、印花税和教育费附加。对于增值税进项税额，允许在销项税额中计算抵扣的，不计入扣除项目，不允许在销项税额中计算抵扣的，可以计入扣除项目。

（5）财政部确定的其他扣除项目。

对从事房地产开发的纳税人按取得土地使用权所支付的金额与房地产开发成本之和，加计20%扣除。该优惠只适用于从事房地产开发的纳税人，其他纳税人不适用。

（五）土地增值税应纳税额的计算

土地增值税按照纳税人转让房地产所取得的增值额和规定的税率计算征收。计算公式为：

应纳税额＝∑(每级距的增值额×适用税率)

＝增值额×适用税率－扣除项目金额×速算扣除系数

根据上述计算公式，土地增值税应纳税额的计算可分为以下四个步骤：

第一步，计算增值额。计算公式为：

增值额=房地产转让收入−扣除项目金额

第二步，计算增值率。计算公式为：

增值率=增值额÷扣除项目金额×100%

第三步，确定适用税率。按照计算出的增值率，从土地增值税税率表中确定适用税率。

第四步，计算应纳税额。

【例5-4】2020年某国有商业企业利用库房空地进行住宅商品房开发，按照国家有关规定实交土地出让金2 840万元，缴纳相关税费160万元；住宅开发成本2 800万元，其中含装修费用500万元；房地产开发费用中的利息支出为300万元（不能提供金融机构证明）；当年住宅全部销售完毕，取得不含增值税销售收入共计9 000万元；缴纳城市维护建设税和教育费附加45万元；缴纳印花税4.5万元。该企业所在省人民政府规定的房地产开发费用的计算扣除比例为10%。计算该企业销售住宅应缴纳的土地增值税税额。

第一步，计算增值额。

（1）住宅销售收入为9 000万元。

（2）确定转让房地产的扣除项目金额。

①取得土地使用权所支付的金额=2 840+160=3 000（万元）

②住宅开发成本=2 800万元

③房地产开发费用=（3 000+2 800）×10%=580（万元）

④与转让房地产有关的税金=45+4.5=49.5（万元）

⑤扣除项目金额=3 000+2 800+580+49.5=6 429.5（万元）

增值额=9 000−6 429.5=2 570.5（万元）

第二步，计算增值率。

增值率=2 570.5÷6 429.5×100%≈39.98%

第三步，确定适用税率。

增值率未超过50%，适用税率应为30%。

第四步，计算应纳税额。

应纳税额=2 570.5×30%−0=771.15（万元）

(六) 土地增值税征收管理

1.纳税申报

纳税人应在转让房地产合同签订后7日内，到房地产所在地主管税务机关办理纳税申报，并向税务机关提交房屋及建筑物产权、土地使用权证书，土地转让、房产买卖合同、房地产评估报告及其他与转让房地产有关的资料，然后在税务机关规定的期限内缴纳土地增值税。纳税人因经常发生房地产转让而难以在每次转让后申报的，经税务机关审核同意后，可以按月或按季定期进行纳税申报，具体期限由主管税务机关根据情况确定。

纳税人采取预售方式销售房地产的，对在项目全部竣工结算前转让房地产取得的收入，税务机关可以预征土地增值税。具体办法由省、自治区、直辖市税务局根据当地情况制定。对于纳税人预售房地产所取得的收入，凡当地税务机关规定预征土地增值税的，纳税人应当到主管税务机关办理纳税申报，并按规定比例预交，待办理完纳税清算后，多退少补。

2.纳税地点

土地增值税纳税人发生应税行为应向房地产所在地主管税务机关缴纳税款。其中，房地产所在地是指房地产的坐落地。纳税人转让的房地产坐落在两个或两个以上地区的，应按房地产所在地分别申报纳税。具体包括以下两种情况：

(1) 纳税人是法人的，当转让的房地产坐落地与其机构所在地或经营所在地一致时，则在办理税务登记的原管辖税务机关申报纳税即可；如果转让的房地产坐落地与其机构所在地或经营所在地不一致时，则应在房地产坐落地所管辖的税务机关申报纳税。

(2) 纳税人是自然人的，当转让的房地产坐落地与其居住所在地一致时，则在居住所在地税务机关申报纳税；当转让的房地产坐落地与其居住所在地不一致时，在办理过户手续所在地的税务机关申报纳税。

三、城镇土地使用税

(一) 城镇土地使用税纳税人

城镇土地使用税是国家在城市、县城、建制镇和工矿区范围内，对使用土地的单位和个人，以其实际占用的土地面积为计税依据，按照规定的税额计算征收的一种税。

城镇土地使用税的纳税人是指在税法规定的征税范围内使用土地的单位和个人。根据用地者的情况不同，城镇土地使用税的纳税人分别确定为：城镇土地使用税由拥有土地使用权的单位或个人缴纳；拥有土地使用权的纳税人不在土地所在地的，由代管人或实际使用人缴纳；土地使用权未确定或权属纠纷未解决的，由实际使用人纳税；土地使用权共有的，共有各方均为纳税人，由共有各方分别纳税。土地使用权共有的，以共有各方实际使用土地的面积占总面积的比例，分别计算缴纳城镇土地使用税。

(二) 城镇土地使用税征税范围

城镇土地使用税的征税范围是税法规定的纳税区域内的土地。凡在城市、县城、建制镇、工矿区范围内的土地，不论是属于国家所有的，还是集体所有的，都属于城镇土地使用税的征税范围。建立在城市、县城、建制镇和工矿区以外的工矿企业则不需缴纳城镇土地使用税。

（三）城镇土地使用税税率

城镇土地使用税采用定额税率，按大、中、小城市和县城、建制镇、工矿区分别规定每平方米城镇土地使用税年应纳税额。具体规定为：大城市1.5～30元；中等城市1.2～24元；小城市0.9～18元；县城、建制镇、工矿区0.6～12元。

小知识　大、中、小城市的划分

（四）城镇土地使用税计税依据和应纳税额的计算

1.计税依据

城镇土地使用税的计税依据是纳税人实际占用的土地面积。土地面积以平方米为计量标准。具体按以下办法确定：（1）凡由省级人民政府确定的单位组织测定土地面积的，以测定的土地面积为准；（2）尚未组织测定，但纳税人持有政府部门核发的土地使用证书的，以证书确定的土地面积为准；（3）尚未核发土地使用证书的，应由纳税人据实申报土地面积，并据以纳税，待核发土地使用证书后再作调整。

2.应纳税额的计算

城镇土地使用税是以纳税人实际占用的土地面积为计税依据，按照规定的适用税额计算征收。其应纳税额的计算公式为：

年应纳税额=实际占用应税土地面积（平方米）×适用税额

【例5-5】某企业实际占地面积为25 000平方米，经税务机关核定，该企业所在地段适用的城镇土地使用税税率为每平方米2元。计算该企业全年应缴纳的城镇土地使用税税额。

应纳税额=25 000×2=50 000（元）

（五）城镇土地使用税征收管理

1.纳税义务发生时间

纳税义务发生时间按下列方法确定：（1）纳税人购置新建商品房，自房屋交付使用之次月起，缴纳城镇土地使用税。（2）纳税人购置存量房，自办理房屋权属转移、变更登记手续，房地产权属登记机关签发房屋权属证书之次月起，缴纳城镇土地使用税。（3）纳税人出租、出借房产，自交付出租、出借房产之次月起，缴纳城镇土地使用税。（4）以出让或转让方式有偿取得土地使用权的，应由受让方从合同约定交付土地时间之次月起缴纳城镇土地使用税。合同未约定交付土地时间的，由受让方从合同签订之次月起缴纳城镇土地使用税。（5）纳税人新征用的耕地，自批准征用之日起满1年时开始缴纳城镇土地使用税。（6）纳税人新征用的非耕地，自批准征用次月起缴纳城镇土地使用税。

2.纳税地点

城镇土地使用税在土地所在地缴纳。纳税人使用的土地不属于同一省、自治区、直辖市管辖的，由纳税人分别向土地所在地税务机关缴纳城镇土地使用税；在同一省、自治区、直辖市管辖范围内，纳税人跨地区使用的土地，其纳税地点由各省、自治区、直辖市税务局确定。

3.纳税期限

城镇土地使用税按年计算、分期缴纳，具体纳税期限由省、自治区、直辖市人民政府确定。

第三节 行为税法律制度

一、契税

（一）契税纳税人

契税是指国家在土地、房屋权属转移时，按照当事人双方签订的合同（契约）以及所确定价格的一定比例，向权属承受人征收的一种税。

契税的纳税人是指在我国境内承受土地、房屋权属转移的单位和个人。即契税由权属的承受人缴纳。其中，承受是指以受让、购买、受赠、互换等方式取得土地、房屋权属的行为；土地、房屋权属是指土地使用权和房屋所有权；单位是指企业单位、事业单位、国家机关、军事单位和社会团体以及其他组织；个人是指个体经营者和其他个人。

（二）契税征税范围

契税以在我国境内转移土地、房屋权属的行为作为征税对象。土地、房屋权属未发生转移的，不征收契税。契税的征税范围主要包括：

➢土地使用权出让。土地使用权出让是指土地使用者向国家交付土地使用权出让费用，国家将土地使用权在一定年限内让与土地使用者的行为。出让费用包括出让金等。

➢土地使用权转让。土地使用权转让是指土地使用者以出售、赠与、互换或者其他方式将土地使用权转移给其他单位和个人的行为。土地使用权的转让不包括土地承包经营权和土地经营权的转移。

➢房屋买卖。房屋买卖是指房屋所有者将房屋出售，由承受者交付货币、实物、无形资产或其他经济利益的行为。

➢房屋赠与。房屋赠与是指房屋所有者将其房屋无偿转让给受赠者的行为。

➢房屋互换。房屋互换是指房屋所有者之间相互交换房屋的行为。

以作价投资（入股）、偿还债务、划转、奖励等方式转移土地、房屋权属的，应当依照税法规定征收契税。土地、房屋典当、分拆（分割）、抵押以及出租等行为，不属于契税的征税范围。

（三）契税税率

契税采用比例税率，实行3%～5%的幅度税率。具体税率由各省、自治区、直辖市人民政府在幅度税率规定范围内，按照本地区的实际情况提出，报同级人民代表大会常务委员会决定，并报全国人民代表大会常务委员会和国务院备案。

同时，各省、自治区、直辖市可以依照税法规定的程序对不同主体、不同地区、不同类型的住房的权属转移确定差别税率。

（四）契税计税依据和应纳税额的计算

1.计税依据

按照土地、房屋权属转移的形式、定价方法的不同，契税的计税依据确定如下：

（1）土地使用权出让、出售，房屋买卖，以成交价格作为计税依据。成交价格是指土地、房屋权属转移合同确定的价格，包括承受者应交付的货币、实物、无形资产或其他经济利益。计征契税的成交价格不含增值税。

（2）土地使用权赠与、房屋赠与以及其他没有价格的转移土地、房屋权属行为，为税务机关参照土地使用权出售、房屋买卖的市场价格依法核定的价格。

（3）土地使用权互换、房屋互换，以互换土地使用权、房屋的价格差额为计税依据。计税依据只考虑其价格的差额，互换价格不相等的，由多交付货币、实物、无形资产或其他经济利益的一方缴纳契税；互换价格相等的，免征契税。土地使用权与房屋所有权互换，也应按照上述办法确定计税依据。

（4）以划拨方式取得土地使用权，经批准转让房地产时应补交的契税，以补交的土地使用权出让费用或土地收益作为计税依据。

为了防止纳税人隐瞒、虚报成交价格以偷、逃税款，对纳税人申报的成交价格、互换价格差额明显偏低且无正当理由的，由税务机关依照《税收征收管理法》的规定核定。

2.应纳税额的计算

契税应纳税额依照省、自治区、直辖市人民政府确定的适用税率和税法规定的计税依据计算征收。其计算公式为：

应纳税额=计税依据×税率

【例5-6】2021年5月，王某获得单位奖励房屋一套。王某得到该房屋后又将其与李某拥有的一套房屋进行互换。经房地产评估机构评估王某获奖房屋价值30万元，李某房屋价值35万元。两人协商后，王某实际向李某支付房屋互换价格差额款5万元。税务机关核定奖励王某的房屋价值28万元。当地规定的契税税率为3%。计算王某应缴纳的契税税额。

第一步，计算王某获奖承受房屋权属应缴纳的契税税额。

应纳税额=280 000×3%=8 400（元）

第二步，计算王某互换房屋行为应缴纳的契税税额。

应纳税额=50 000×3%=1 500（元）

第三步，计算王某实际应缴纳的契税税额。

应纳税额=8 400+1 500=9 900（元）

（五）契税征收管理

1.纳税义务发生时间

契税的纳税义务发生时间是纳税人签订土地、房屋权属转移合同的当天，或者纳税人取得其他具有土地、房屋权属转移合同性质凭证的当天。

2.纳税地点

契税实行属地征收管理。纳税人发生契税纳税义务时，应向土地、房屋所在地的税务征收机关申报纳税。

3.纳税期限

纳税人应当在依法办理土地、房屋权属登记手续前申报缴纳契税。

纳税人办理纳税事宜后，税务机关应当开具契税完税凭证。纳税人办理土地、房屋权属登记，不动产登记机构应当查验契税完税、减免税凭证或者有关信息。未按照规定缴纳契税的，不动产登记机构不予办理土地、房屋权属登记。

二、印花税

（一）印花税纳税人

印花税是对经济活动和经济交往中书立、领受、使用的应税经济凭证征收的一种税。因纳税人主要是通过在应税凭证上粘贴印花税票来完成纳税义务，故名印花税。

印花税纳税人是指在我国境内书立应税凭证、进行证券交易的单位和个人。对在我国境外书立在境内使用的应税凭证的单位和个人，也应当依法缴纳印花税。其中，应税凭证是指“印花税税目税率表”列明的合同、产权转移书据和营业账簿。如果一份合同或应税凭证由两方或两方以上当事人共同签订，签订合同或应税凭证的各方都是纳税人，应各就其所持合同或应税凭证的计税金额履行纳税义务。证券交易印花税仅对证券交易的出让方征收，不对受让方征收。

根据书立、使用应税凭证的不同，纳税人可分为立合同人、立账簿人、立据人、使用人等。其中，立合同人是指合同的当事人，即对凭证有直接权利义务关系的单位和个人，但不包括合同的担保人、证人、鉴定人。当事人的代理人有代理纳税义务；立账簿人是指开立并使用营业账簿的单位和个人；立据人是指书立产权转移书据的单位和个人；使用人是指在国外书立，但在国内使用应税凭证的单位和个人。

（二）印花税征税范围

现行印花税采取正列举形式，只对《中华人民共和国印花税法》（简称《印花税法》）所附“印花税税目税率表”中列举的凭证征收，没有列举的凭证不征税。列举的凭证包括：

1.合同

合同是指平等主体的自然人、法人、其他组织之间设立、变更、终止民事权利义务关系的协议。印花税税目中的合同是指书面合同，具体包括借款合同、融资租赁合同、买卖合同、承揽合同、建设工程合同、运输合同、技术合同、租赁合同、保管合同、仓储合同和财产保险合同11大类。

2.产权转移书据

产权转移即财产权利关系的变更行为，表现为产权主体发生变更。产权转移书据是在产权的买卖（出售）、交换、继承、赠与、分割等产权主体变更过程中，由产权出让人与受让人之间所订立的民事法律文书，具体包括土地使用权出让书据，土地使用权、房屋等建筑物和构筑物所有权转让书据（不包括土地承包经营权和土地经营权转移），股权转让书据（不包括应缴纳证券交易印花税的），商标专用权、著作权、专利权、专有技术使用权转让书据。

3.营业账簿

营业账簿是指按照财务会计制度的要求设置的，反映生产经营活动的账册。营业账簿按照反映的内容不同，在税目中分为资金账簿和其他营业账簿。其中，资金账簿是反映生产经营单位“实收资本（股本）”和“资本公积”金额增减变化的账簿；其他营业账簿是指除资金账簿以外的，归属于财务会计体系的其他生产经营用账册。印花税仅对资金账簿征收，对其他营业账簿不征收。

4.证券交易

证券交易是指转让在依法设立的证券交易所、国务院批准的其他全国性证券交易场所交易的股票和以股票为基础的存托凭证。

（三）印花税税率

印花税采用比例税率，具体规定见表5-3。

表5-3　　印花税税目税率表

<table>
<tr><th colspan="2">税目</th><th>税率</th><th>备注</th></tr>
<tr><td rowspan="13">合同（指书面合同）</td><td>借款合同</td><td>借款金额的0.05‰</td><td>指银行业金融机构、经国务院银行业监督管理机构批准设立的其他金融机构与借款人（不包括同业拆借）的借款合同</td></tr>
<tr><td>融资租赁合同</td><td>租金的0.05‰</td><td></td></tr>
<tr><td>买卖合同</td><td>价款的0.3‰</td><td>指动产买卖合同（不包括个人书立的动产买卖合同）</td></tr>
<tr><td>承揽合同</td><td>报酬的0.3‰</td><td></td></tr>
<tr><td>建设工程合同</td><td>价款的0.3‰</td><td></td></tr>
<tr><td>运输合同</td><td>运输费用的0.3‰</td><td>指货运合同和多式联运合同（不包括管道运输合同）</td></tr>
<tr><td>技术合同</td><td>价款、报酬或者使用费的0.3‰</td><td>不包括专利权、专有技术使用权转让书据</td></tr>
<tr><td>租赁合同</td><td>租金的1‰</td><td></td></tr>
<tr><td>保管合同</td><td>保管费的1‰</td><td></td></tr>
<tr><td>仓储合同</td><td>仓储费的1‰</td><td></td></tr>
<tr><td>财产保险合同</td><td>保险费的1‰</td><td>不包括再保险合同</td></tr>
<tr><td rowspan="4">产权转移书据</td><td>土地使用权出让书据</td><td>价款的0.5‰</td><td rowspan="4">转让包括买卖（出售）、继承、赠与、互换、分割</td></tr>
<tr><td>土地使用权、房屋等建筑物所有权转让书据（不包括土地承包经营权和土地经营权转移）</td><td>价款的0.5‰</td></tr>
<tr><td>股权转让书据（不包括应缴纳证券交易印花税的）</td><td>价款的0.5‰</td></tr>
<tr><td>商标专用权、著作权、专利权、专有技术使用权转让书据</td><td>价款的0.3‰</td></tr>
<tr><td colspan="2">营业账簿</td><td>实收资本（股本）、资本公积合计金额的0.25‰</td><td></td></tr>
<tr><td colspan="2">证券交易</td><td>成交金额的1‰</td><td></td></tr>
</table>

（四）印花税计税依据和应纳税额的计算

印花税的计税依据，按照下列方法确定，并计算应纳税额：

应税合同的计税依据，为合同所列的金额，如价款、报酬、租金或相关费用等，但不包括增值税税款。其应纳税额的计算公式为：

应纳税额=合同所列的金额×适用税率

应税产权转移书据的计税依据，为产权转移书据所列的金额，不包括增值税税款。其应纳税额的计算公式为：

应纳税额=产权转移书据所列的金额×适用税率

应税营业账簿的计税依据，为账簿记载的实收资本（股权）、资本公积合计金额。其应纳税额的计算公式为：

应纳税额=［实收资本（股本）金额+资本公积金额］×适用税率

证券交易的计税依据，为成交金额。其应纳税额的计算公式为：

应纳税额=成交金额×适用税率

应税合同、产权转移书据未列明金额的，印花税的计税依据按照实际结算的金额确定。若实际结算金额不能确定的，按照书立合同、产权转移书据时的市场价格确定；依法应当执行政府定价或者政府指导价的，按照国家有关规定确定。

同一应税凭证载有两个或者两个以上税目事项并分别列明金额的，按照各自适用的税目税率计算应纳税额；未分别列明金额的，从高适用税率。同一应税凭证由两方以上当事人书立的，应当按照各自涉及的金额分别计算应纳税额。已缴纳印花税的营业账簿，以后年度记载的实收资本（股本）、资本公积合计金额比已缴纳印花税的实收资本（股本）、资本公积合计金额增加的，按照增加部分计算应纳税额。

【例5-7】某电厂与某运输公司签订了两份运输保管合同：第一份合同载明的金额合计50万元（运费和保管费并未分别记载）；第二份合同中注明运费30万元、保管费10万元。已知运输合同的税率为运输费用的0.3‰，保管合同的税率为保管费的1‰。分别计算该电厂第一份、第二份合同应缴纳的印花税税额。

第一份合同的应纳税额=500 000×1‰=500（元）

第二份合同的应纳税额=300 000×0.3‰+100 000×1‰=190（元）

（五）印花税征收管理

1.纳税义务发生时间

印花税的纳税义务发生时间为纳税人书立应税凭证或者完成证券交易的当日。其中，证券交易印花税应由证券登记结算机构代扣代缴，扣缴义务发生时间为证券交易完成的当日。

2.纳税地点

纳税人为单位的，应当向其机构所在地的主管税务机关申报缴纳印花税；纳税人为个人的，应当向应税凭证书立地或者纳税人居住地的主管税务机关申报缴纳印花税。不动产产权发生转移的，纳税人应当向不动产所在地的主管税务机关申报缴纳印花税。

纳税人为境外单位或者个人，在境内有代理人的，以其境内代理人为扣缴义务人；在境内没有代理人的，由纳税人自行申报缴纳印花税。证券登记结算机构为证券交易印花税的扣缴义务人，应当向其机构所在地的主管税务机关申报解缴税款以及银行结算的利息。

3.纳税期限

印花税按季、按年或者按次计征。实行按季、按年计征的，纳税人应当于季度、年度终了之日起15日内申报缴纳税款；实行按次计征的，纳税人应当于纳税义务发生之日起15日内申报缴纳税款。

证券交易印花税按周解缴。证券交易印花税扣缴义务人应当自每周终了之日起5日内申报解缴税款以及银行结算的利息。

印花税可以采用粘贴印花税票或者由税务机关依法开具其他完税凭证的方式缴纳。其中，印花税票由国务院税务主管部门监制。印花税票粘贴在应税凭证上的，由纳税人在每枚税票的骑缝处盖戳注销或者画销。

三、城市维护建设税

（一）城市维护建设税纳税人

城市维护建设税是以纳税人实际缴纳的增值税、消费税税额为计税依据所征收的一种税。其主要目的是筹集城镇设施建设和维护资金。

城市维护建设税的纳税人是指在我国境内缴纳增值税、消费税的单位和个人，包括各类企业（含外商投资企业、外国企业）、行政单位、事业单位、军事单位、社会团体及其他单位，以及个体工商户和其他个人（含外籍个人）。

城市维护建设税扣缴义务人为负有增值税、消费税扣缴义务的单位和个人，在扣缴增值税、消费税的同时扣缴城市维护建设税。

（二）城市维护建设税税率

城市维护建设税实行差别比例税率，按纳税人所在地的不同，设置了三档地区差别比例税率：❶纳税人所在地为市区的，税率为7%；❷纳税人所在地为县城、镇的，税率为5%；❸纳税人所在地不在市区、县城或者镇的，税率为1%。其中，纳税人所在地是指纳税人住所地或者与纳税人生产经营活动相关的其他地点，具体地点由省、自治区、直辖市确定。

（三）城市维护建设税计税依据

城市维护建设税的计税依据为纳税人实际缴纳的增值税、消费税税额。但对进口货物或者境外单位和个人向境内销售劳务、服务、无形资产缴纳的增值税、消费税税额，不征收城市维护建设税。在计算计税依据时，应当按照规定扣除期末留抵退税退还的增值税税额。

【随堂测】（多选题）根据城市维护建设税法律制度的规定，城市维护建设税的计税依据是纳税人实际缴纳的（　　）税额。

A.增值税　　B.企业所得税　　C.土地增值税　　D.消费税

（四）城市维护建设税应纳税额的计算

城市维护建设税应纳税额按照纳税人实际缴纳的增值税、消费税税额乘以适用税率计算。其计算公式为：

应纳城市维护建设税税额=纳税人实际缴纳的增值税、消费税税额之和×适用税率

【例5-8】甲公司为国有企业，位于某市西城区，2021年6月应缴纳增值税90 000元，实际缴纳增值税80 000元；应缴纳消费税70 000元，实际缴纳消费税60 000元。已知适用的城市维护建设税税率为7%，计算该公司当月应纳城市维护建设税税额。

应纳城市维护建设税税额=（80 000+60 000）×7%=9 800（元）

（五）城市维护建设税征收管理

1.纳税义务发生时间

城市维护建设税纳税义务发生的时间与缴纳增值税、消费税的纳税义务发生时间一致，分别与增值税、消费税同时缴纳。

2.纳税地点

城市维护建设税的纳税地点为实际缴纳增值税、消费税的地点。

3.纳税期限

城市维护建设税按月或者按季计征。不能按照固定期限计征的，可以按次计征。实行按月或者按季计征的，纳税人应当于月度或者季度终了之日起15日内申报并缴纳税款。实行按次计征的，纳税人应当于纳税义务发生之日起15日内申报并缴纳税款。

四、教育费附加

教育费附加是指对缴纳增值税、消费税的单位和个人，就其实际缴纳的税额为计算依据征收的一种附加费，其目的是加快发展教育事业，扩大教育经费资金来源。

（一）教育费附加征收范围

教育费附加的征税范围为税法规定的征收增值税、消费税的单位和个人，包括外商投资企业、外国企业及外籍个人。

（二）教育费附加计征依据

教育费附加以纳税人实际缴纳的增值税、消费税税额之和为计征依据。但对海关进口产品征收的增值税、消费税，不征收教育费附加。

（三）教育费附加征收比率

现行教育费附加的征收比率为3%。

（四）教育费附加计算与缴纳

教育费附加的计算公式为：

应纳教育费附加=纳税人实际缴纳的增值税、消费税税额之和×征收比率

教育费附加分别与增值税、消费税税款同时缴纳。

【例5-9】承【例5-8】，2021年6月甲公司应纳教育费附加的计算过程如下：

应纳教育费附加=（80 000+60 000）×3%=4 200（元）

本章小结

我国现行的财产税类主要包括房产税、车船税等，资源税类主要包括资源税、土地增值税、城镇土地使用税等，行为税类主要包括契税、印花税、城市维护建设税等。本章分别从纳税人、征税范围、税目和税率、计税依据、应纳税额的计算和征收管理等方面较全面、系统地介绍了上述各税种的相关法律制度。

但在我国现行税制中尚有环境保护税、车辆购置税、耕地占用税、烟叶税、船舶吨位税等未做介绍，读者可通过查阅相关资料加以学习。另外，各税种还有相应的税收优惠，本书也未涉及，学习时也应关注。

本章练习

一、选择题

1.下列关于房产税纳税人的描述中，不符合法律制度规定的是（　　）。

A.房屋出租的，承租人为纳税人

B.房屋产权所有人不在房产所在地的，房产代管人为纳税人

C.房屋产权属于国家的，其经营管理单位为纳税人

D.房屋产权未确定的，房产代管人为纳税人

2.下列各项中，不属于房产税征税范围的是（　　）。

A.建制镇工业企业的厂房　　B.农村的村民住宅

C.市区商场的地下车库　　D.县城商业企业的办公楼

3.某企业一幢房产原值为600 000元，已知房产税税率为1.2%，当地规定的房产税扣除比例为30%，该房产年度应缴纳的房产税税额为（　　）元。

A.9 360　　B.7 200　　C.5 040　　D.2 160

4.下列关于城镇土地使用税的描述中，正确的有（　　）。

A.城镇土地使用税由拥有土地使用权的单位和个人缴纳

B.土地使用权共有的，共有各方均为纳税人，由共有各方分别纳税

C.土地使用权未确定或权属纠纷未解决的，由实际使用人纳税

D.拥有土地使用权的纳税人不在土地所在地的，由代管人或实际使用人纳税

5.根据土地增值税法律制度的规定，下列行为中应征收土地增值税的有（　　）。

A.个人出租不动产　　B.企业出售不动产

C.企业转让土地使用权　　D.政府出让土地使用权

6.下列各项中，属于土地增值税纳税人的是（　　）。

A.以房抵债的某工业企业　　B.出租写字楼的某外资房地产开发公司

C.转让住房的某个人　　D.转让国有土地使用权的某高等学校

7.根据土地增值税法律制度的规定，下列各项中，在计算土地增值税计税依据时允许扣除的是（　　）。

A.在转让房地产时缴纳的城市维护建设税

B.纳税人为取得土地使用权所支付的地价款

C.土地征用及拆迁补偿费

D.超过贷款期限的利息部分

8.根据车船税法律制度的规定，下列主体中，属于车船税纳税人的是（　　）。

A.在中国境内拥有并使用船舶的国有企业

B.在中国境内拥有并使用车辆的外籍个人

C.在中国境内拥有并使用船舶的内地居民

D.在中国境内拥有并使用车辆的外国企业

9.根据车船税法律制度的规定，下列各项中，属于商用货车计税依据的是（　　）。

A.辆数　　B.整备质量吨位数

C.净吨位数　　D.购置价格

10.根据资源税法律制度的规定，下列单位和个人的生产经营行为应缴纳资源税的有（　　）。

A.冶炼企业进口铁矿石　　B.个体经营者开采煤矿

C.国有企业开采石油　　D.中外合作开采天然气

11.下列各项中，属于资源税征税范围的有（　　）。

A.花岗岩　　B.人造石油　　C.海盐　　D.煤成（层）气

12.根据印花税法律制度的规定，下列各项中，属于印花税纳税人的是（　　）。

A.合同的双方当事人　　B.合同的担保人

C.合同的证人　　D.合同的鉴定人

13.根据印花税法律制度的规定，下列合同中，应征收印花税的是（　　）。

A.会计咨询合同　B.审计咨询合同　C.法律咨询合同　D.技术咨询合同

14.根据印花税法律制度的规定，下列各项中，属于印花税征税范围的有（　　）。

A.土地使用权出让合同　　B.土地使用权转让合同

C.商品房销售合同　　D.证券交易

15.根据城市维护建设税法律制度的规定，城市维护建设税的计税依据是纳税人实际缴纳的（　　）税额。

A.增值税　　B.企业所得税

C.土地增值税　　D.消费税

选择题

二、判断题

1.张某将个人拥有产权的房屋出典给王某，则王典为该房屋房产税的纳税人。（　　）

2.产权未确定以及租典纠纷未解决的，暂不征收房产税。（　　）

3.A公司委托施工企业建设一栋办公楼，从该办公楼建成之次月起缴纳房产税。（　　）

4.对应税车辆实行有幅度的定额税率的，其具体适用税率应由省、自治区、直辖市主管税务机关依法确定。（　　）

5.中外合作开采海上石油资源的企业应依法缴纳资源税。（　　）

6.资源税应税产品销售额是指纳税人销售应税产品向购买方收取的全部价款，但不包括收取的增值税税款和相关运杂费用。（　　）

7.我国现行的土地增值税实行超额累进税率。（　　）

8.某工业企业利用一块闲置的土地使用权换取某房地产公司的新建商品房，作为本单位职工的居住用房，由于没有取得收入，所以该企业不需要缴纳土地增值税。（　　）

9.根据城镇土地使用税法律制度的规定，城镇土地使用税的征税范围是税法规定的纳税区域内的国有土地。（　　）

10.城镇土地使用税的纳税人为拥有土地使用权的单位或个人。（　　）

11.土地、房屋权属未发生转移的，如出租、典当、抵押等，不征收契税。（　　）

12.房屋赠与，由税务机关参照房屋买卖的不含增值税市场价格核定契税的计税依据。（　　）

13.企业转让土地使用权订立的合同，应按照买卖合同计征印花税。（　　）

14.根据印花税法律制度的规定，纳税人应当按月申报缴纳印花税。（　　）

15.城市维护建设税和教育费附加的计征依据相同，都是纳税人实际缴纳的增值税、消费税。（　　）

判断题

三、计算题

1.甲企业厂房原值为2 000万元，2020年11月对该厂房进行扩建，同年年底完工并办理验收手续，增加房产原值500万元。已知房产税的原值扣除比例为30%，适用税率为1.2%。

要求：分别计算该企业2020年度和2021年度应缴纳的房产税税额。

2.孙某购得地下车位一个，总价款139 000元（含增值税），已知契税适用税率为3%。

要求：计算孙某应缴纳契税税额。

3.2020年10月甲房地产开发公司销售自行开发的一处住宅项目，取得不含增值税价款8 000万元，扣除项目金额为5 000万元。已知土地增值税税率为40%，速算扣除系数为5%。

要求：计算甲房地产开发公司销售该住宅项目应缴纳土地增值税税额。

4.某铜矿2021年5月销售铜矿石收取不含增值税价款1 500万元，其中包括从坑口到车站的运输费用50万元，随运输产生的装卸、仓储费用15万元，均取得增值税专用发票。已知该矿山铜矿石适用的资源税税率为6%。

要求：计算该铜矿2021年5月份应缴纳资源税税额。

5.2021年5月甲公司向税务机关实际缴纳增值税70 000元、消费税50 000元；向海关缴纳进口环节增值税30 000元、消费税20 000元。已知城市维护建设税适用税率为7%、教育费附加征收比率为3%。

要求：计算该公司2021年5月份应缴纳城市维护建设税税额和应缴纳的教育费附加。

计算题

第六章　税收征收管理法律制度

学习目标

- 了解税收征收管理法的构成、适用范围及其主要内容。
- 掌握税务登记、发票管理的相关内容，了解纳税申报的方式。
- 了解税款征收的方式及征收措施及税务检查的类型、形式、方法，掌握税务检查的职责。
- 了解税务行政复议与行政诉讼，掌握纳税人、扣缴义务人等违反税法的法律责任。

第一节　税收征收管理法概述

一、税收征收管理法的构成

税收征收管理法是指调整税收征收与管理过程中所发生的社会关系的法律规范的总称，包括国家权力机关制定的税收征管法律、国家权力机关授权行政机关制定的税收征管行政法规和有关税收征管的规章制度等。税收征收管理法属于税收程序法，它是以规定税收实体法中所确定的权利义务的履行程序为主要内容的法律规范，是税法的有机组成部分。税收征收管理法不仅是纳税人全面履行纳税义务必须遵守的法律准则，也是税务机关履行征税职责的法律依据。

我国现行的税收征收管理法律制度的核心是1992年9月4日第七届全国人民代表大会常务委员会第二十七次会议通过，历经一次修订、三次修正的《中华人民共和国税收征收管理法》（简称《税收征收管理法》）。它是中华人民共和国成立后的第一部税收程序法，也是我国税收征管的基本法。此外，国务院还发布了《中华人民共和国税收征收管理法实施细则》，财政部发布了《中华人民共和国发票管理办法》，国家税务总局发布了《税务登记管理办法》《中华人民共和国发票管理办法实施细则》《税务行政复议规则》等。这些构成了我国税收征收管理法律制度的主要内容。

二、税收征收管理法的适用范围

凡依法由税务机关征收的各种税收的征收管理，均适用《税收征收管理法》。就现行有效税种而言，增值税、消费税、企业所得税、个人所得税、资源税、城镇土地使用税、土地增值税、车船税、车辆购置税、房产税、印花税、城市维护建设税、环境保护税等税种的征收管理适用《税收征收管理法》。

由海关负责征收的关税以及海关代征的进口环节的增值税、消费税，依照法律、行政法规的有关规定执行。

我国同外国缔结的有关税收的条约、协定同《税收征收管理法》有不同规定的，依照条约、协定的规定办理。

三、税收征收管理的基本内容

征纳双方在税收征收管理中既享有各自的权利，也须承担各自的义务，它们共同构成了税收征收管理法的基本内容。

（一）征税主体的权利和义务

征税主体是指参加在税收法律关系中享有国家税收征管职权和履行国家税收征管职责的国家机关，即税务主管机关，具体包括各级税务机关和海关等。

1.征税主体的权利

征税主体作为国家税收征收管理的职能部门，享有税务行政管理权。征税机关和税务人员的职权主要包括：

（1）税收立法权。税收立法权包括参与起草税收法律法规草案，提出税收政策建议，在职权范围内制定、发布关于税收征收管理的部门规章等。

（2）税务管理权。税务管理权包括对纳税人进行税务登记管理、账簿和凭证管理、发票管理、纳税申报管理等。

（3）税款征收权。税款征收权是征税主体享有的最基本、最主要的职权。税款征收权包括依法计征权、核定税款权、税收保全和强制执行权、追征税款权等。

（4）税务检查权。税务检查权包括查账权、场地检查权、询问权、责成提供资料权、存款账户核查权等。

（5）税务行政处罚权。税务行政处罚权是对税收违法行为依照法定标准予以行政制裁的职权，如罚款等。

（6）其他职权。如在法律、行政法规规定的权限内，对纳税人的减免、退、延期缴纳的申请予以审批的权利；阻止欠税纳税人离境的权利；委托代征权；估税权；定期对纳税人欠缴税款情况予以公告的权利；上诉权等。

2.征税主体的义务

征税机关和税务人员在行使职权时，也要履行相应的义务，主要包括：

（1）宣传税收法律、行政法规，普及纳税知识，无偿地为纳税人提供纳税咨询服务。

（2）依法为纳税人、扣缴义务人的情况保守秘密，为检举违反税法行为者保密。但纳税人、扣缴义务人的税收违法行为不属于保密范围。

（3）加强队伍建设，提高税务人员的政治业务素质。

（4）秉公执法、忠于职守、清正廉洁、礼貌待人、文明服务，尊重和保护纳税人、扣缴义务人的权利，依法接受监督。

（5）税务人员不得索贿受贿、徇私舞弊、玩忽职守、不征或者少征应征税款；不得滥用职权多征税款或者故意刁难纳税人和扣缴义务人。

（6）税务人员在核定应纳税额、调整税收定额、进行税务检查、实施税务行政处罚、办理税务行政复议时，与纳税人、扣缴义务人或者其法定代表人、直接责任人有利害关系，包括夫妻关系、直系血亲关系、三代以内旁系血亲关系、近姻亲关系、可能影响公正执法的其他利害关系的，应当回避。

（7）建立、健全内部制约和监督管理制度。上级税务机关应当对下级税务机关的执法活动依法进行监督。各级税务机关应当对其工作人员执行法律、行政法规和廉洁自律准则的情况进行监督检查。

（二）纳税主体的权利和义务

纳税主体是指在税收法律关系中负有纳税义务的当事人，即通常所说的纳税人（包括法人、自然人和其他组织）、扣缴义务人和纳税担保人。

1.纳税主体的权利

在税收法律关系中，纳税主体处于行政管理相对人的地位，须承担纳税义务，但也仍然享有相应的法定权利，包括知情权，要求保密权，依法享有税收优惠权，申请退还多缴税款权，申请延期申报权，纳税申报方式选择权，申请延期缴纳税款权，索取有关税收凭证的权利，委托税务代理权，陈述权、申辩权，对未出示税务检查证和税务检查通知书的拒绝检查权，依法要求听证的权利，税收法律救济权，税收监督权。

2.纳税主体的义务

纳税主体依法应承担的义务包括：

（1）按期办理税务登记，及时核定应纳税种、税目。

（2）依法设置账簿、保管账簿和有关资料以及依法开具、使用、取得和保管发票的义务。

（3）财务会计制度和会计核算软件备案的义务。

（4）按照规定安装、使用税控装置的义务。

（5）按期、如实办理纳税申报的义务。

（6）按期缴纳或解缴税款的义务。

（7）接受税务检查的义务。

（8）代扣、代收税款的义务。

（9）及时提供信息的义务，如纳税人有歇业、经营情况变化、遭受各种灾害等特殊情况的，应及时向征税机关说明等。

（10）报告其他涉税信息的义务，如企业合并、分立的报告义务等。

小练习6-1

下列各项中，属于税务机关职权的有（　　）。

A.税务管理权　　B.税款征收权

C.税务检查权　　D.税收法律、法规和规章的知情权

第二节 税务管理

税务管理是指税收征收管理机关为了贯彻、执行国家税收法律制度，加强税收工作，协调征税关系而开展的一项有目的的活动。税务管理是税收征收管理的重要内容，是税款征收的前提和基础性工作。税务管理主要包括税务登记管理、账簿和凭证管理、发票管理、纳税申报管理等。

一、税务登记管理

税务登记是税务机关对纳税人的基本情况及生产经营项目进行登记管理的一项基本制度，是税务机关对纳税人实施管理、了解掌握税源情况的基础，也是纳税人为履行纳税义务就有关纳税事宜依法向税务机关办理登记的一种法定手续。

税务登记是整个税收征收管理的起点。税务登记的作用在于掌握纳税人的基本情况和税源分布情况。从税务登记开始，纳税人的身份及征纳双方的法律关系即得到确认。

（一）税务登记申请人

企业，企业在外地设立的分支机构和从事生产、经营的场所，个体工商户和从事生产、经营的事业单位，统称从事生产、经营的纳税人，都应当办理税务登记。

从事生产、经营的纳税人以外的纳税人，除国家机关、个人和无固定生产经营场所的流动性农村小商贩外，统称非从事生产经营但依照规定负有纳税义务的单位和个人，也应当办理税务登记。

根据税收法律、行政法规的规定，负有扣缴税款义务的扣缴义务人（国家机关除外），应当办理扣缴税款登记。

小练习6-2

2021年1月，下岗职工曹某开办了一个商品经销部，按规定享受一定期限内的免税优惠。他认为既然免税就不需要办理税务登记。分析曹某的观点是否正确。

（二）税务登记主管机关

县以上（含本级，下同）税务局（分局）是税务登记的主管机关，负责税务登记的设立登记、变更登记、注销登记以及非正常户处理、报验登记等有关事项。

县以上税务局（分局）按照国务院规定的税收征收管理范围，实施属地管理，办理税务登记。有条件的城市，可以按照“各区分散受理、全市集中处理”的原则办理税务登记。

二、账簿和凭证管理

账簿和凭证是纳税人进行生产经营活动和核算财务收支的重要资料，也是税务机关对纳税人进行征税、管理、核查的重要依据。纳税人所使用的凭证、登记的账簿、编制的报表及其所反映的内容是否真实可靠，直接关系到计征税款依据的真实性，从而影响应纳税款及时足额入库。账簿、凭证管理是税收管理的基础性工作。

“五证合一”
登记制度改革

（一）账簿的设置

纳税人、扣缴义务人应按照有关法律、行政法规和国务院财政、税务主管部门的规定设置账簿，根据合法、有效凭证记账，进行核算。具体要求如下：

➢从事生产、经营的纳税人应当自领取营业执照或者发生纳税义务之日起15日内，按照国家有关规定设置账簿。

➢生产、经营规模小又确无建账能力的纳税人，可以聘请经批准从事会计代理记账业务的专业机构或者经税务机关认可的财会人员代为建账和办理账务。聘请上述机构或者人员有实际困难的，经县以上税务机关批准，可以按照税务机关的规定，建立收支凭证粘贴簿、进行销货登记簿或者使用税控装置。

➢扣缴义务人应当自税收法律、行政法规规定的扣缴义务发生之日起10日内，按照所代扣、代收的税种，分别设置代扣代缴、代收代缴税款账簿。

纳税人、扣缴义务人会计制度健全，能够通过计算机正确、完整计算其收入和所得或者代扣代缴、代收代缴税款情况的，其计算机输出的完整的书面会计记录，可视同会计账簿。

纳税人、扣缴义务人会计制度不健全，不能通过计算机正确、完整计算其收入和所得或者代扣代缴、代收代缴税款情况的，应当建立总账及与纳税或者代扣代缴、代收代缴税款有关的其他账簿。

（二）纳税人财务会计制度及其处理办法

纳税人的财务会计制度及其处理办法，是其进行会计核算的依据，直接关系到计税依据是否真实合理。

纳税人使用计算机记账的，应当在使用前将会计电算化系统的会计核算软件、使用说明书以及有关资料报送主管税务机关备案。纳税人建立的会计电算化系统应当符合国家有关规定，并能正确、完整核算其收入或者所得。

纳税人、扣缴义务人的财务制度、会计制度或者财务、会计处理办法与国务院或者国务院财政、税务主管部门有关税收的规定抵触的，依照国务院或者国务院财政、税务主管部门有关税收的规定计算应纳税款、代扣代缴和代收代缴税款。

账簿、会计凭证和报表，应当使用中文。民族自治地方可以同时使用当地通用的一种民族文字。外商投资企业和外国企业可以同时使用一种外国文字。

（三）账簿、凭证等涉税资料的保存

从事生产、经营的纳税人、扣缴义务人必须按照国务院财政、税务主管部门规定的保管期限保管账簿、记账凭证、完税凭证及其他有关资料。账簿、记账凭证、完税凭证及其他有关资料不得伪造、变造或者擅自损毁。

三、发票管理

（一）发票的种类与适用范围

发票是指在购销商品、提供或者接受服务以及从事其他经营活动中，开具、收取的收付款凭证。它是确定经济收支行为发生的法定凭证，是会计核算的原始依据，也是税务稽查的重要依据。税务机关是发票的主管机关，负责发票印刷、领购、开具、取得、保管、缴销的管理和监督。发票的种类、联次和内容以及使用范围由国家税务总局规定。

1.发票的种类

目前，发票的种类主要有增值税普通发票、增值税专用发票和特定范围使用的其他发票3种。

（1）增值税普通发票。增值税普通发票包括增值税普通发票（折叠票）、增值税电子普通发票和增值税普通发票（卷票）。

（2）增值税专用发票。增值税专用发票包括增值税专用发票和机动车销售统一发票。

（3）其他发票。其他发票包括农产品收购发票、农产品销售发票、门票、过路（过桥）费发票、定额发票、客运发票和二手车销售统一发票等。

电子增值税专用发票的格式如图6-1所示。

动态二维码	电子发票（增值税专用发票）	发票号码： 开票日期：

（印章：全国统一发票监制章 国家税务总局 ×××税务局）

购买方信息	名称： 统一社会信用代码/纳税人识别号：	销售方信息	名称： 统一社会信用代码/纳税人识别号：

项目名称	规格型号	单位	数量	单价	金额	税率/征收率	税额
合计							
价税合计（大写）				（小写）			
备注							

开票人：

图6-1 电子增值税专用发票的格式

2.发票适用的范围

发票的适用范围主要包括：

（1）增值税一般纳税人发生应税销售行为，使用增值税发票管理系统开具增值税专用发票、增值税普通发票、增值税电子普通发票、收费公路通行费增值税电子普通发票、机动车销售统一发票、二手车销售统一发票。

单位和个人可以登录全国增值税发票查验平台（https：//inv-veri.chinatax.gov.cn），对新系统开具的发票信息进行查验。

（2）增值税小规模纳税人发生应税销售行为，开具增值税普通发票，一般不使用增值税专用发票，但可以到税务机关代开增值税专用发票。小规模纳税人（其他个人除外）发生增值税应税行为，需要开具增值税专用发票的，也可以自愿使用增值税发票管理系统自行开具。选择自行开具增值税专用发票的小规模纳税人，税务机关不再为其代开增值税专用发票。

（3）增值税普通发票（卷票）由纳税人自愿选择使用，重点在生活性服务业纳税人中推广。纳税人可依法书面向税务机关要求使用印有本单位名称的增值税普通发票（折叠票）或增值税普通发票（卷票），税务机关按规定确认印有该单位名称发票的种类和数量。纳税人通过新系统开具印有本单位名称的增值税普通发票（折叠票）或增值税普通发票（卷票）。

（二）发票的开具、使用和保管

1.发票的开具

销售商品、提供服务以及从事其他经营活动的单位和个人，对外发生经营业务收取款项，收款方应当向付款方开具发票；特殊情况下，由付款方向收款方开具发票。特殊情况是指：（1）收购单位和扣缴义务人支付个人款项的；（2）国家税务总局认为其他需要由付款方向收款方开具发票的。

所有单位和从事生产、经营活动的个人在购买商品、接受服务以及其他经营活动支付款项，应当向收款方取得发票。取得发票时，不得要求变更品名和金额。

开具发票应当按照规定的时限、顺序、栏目，全部联次一次性如实开具，并加盖发票专用章。不符合规定的发票，不得作为财务报销凭证，任何单位和个人有权拒收。

任何单位和个人不得有下列虚开发票行为：

（1）为他人、为自己开具与实际经营业务情况不符的发票。

（2）让他人为自己开具与实际经营业务情况不符的发票。

（3）介绍他人开具与实际经营业务情况不符的发票。

2.发票的使用和保管

任何单位和个人应当按照发票管理规定使用发票，不得有下列行为：

（1）转借、转让、介绍他人转让发票、发票监制章和发票防伪专用品。

（2）知道或者应当知道是私自印制、伪造、变造、非法取得或者废止的发票而受让、开具、存放、携带、邮寄、运输。

（3）拆本使用发票。

（4）扩大发票使用范围。

（5）以其他凭证代替发票使用。

开具发票的单位和个人应当建立发票使用登记制度，设置发票登记簿，并定期向主管税务机关报告发票使用情况。开具发票的单位和个人应当在办理变更或者注销税务登记的同时，办理发票和发票领购簿的变更、缴销手续。开具发票的单位和个人应当按照税务机关的规定存放和保管发票，不得擅自损毁。已经开具的发票存根联和发票登记簿，应当保存5年。保存期满，报经税务机关查验后销毁。

【随堂测】（单选题）根据发票管理法律制度的规定，纳税人已开具的发票存根联和发票登记簿的保存期限是（　　）年。

A.3　　B.5　　C.10　　D.15

（三）发票的检查

税务机关在发票管理中有权检查印制、领购、开具、取得、保管和缴销发票的情况；调出发票查验；查阅、复制与发票有关的凭证、资料；向当事各方询问与发票有关的问题和情况；在查处发票案件时，对与案件有关的情况和资料，可以记录、录音、录像、照相和复制。

印制、使用发票的单位和个人，必须接受税务机关依法检查，如实反映情况，提供有关资料，不得拒绝、隐瞒。税务人员进行检查时，应当出示税务检查证。

税务机关需要将已开具的发票调出查验时，应当向被查验的单位和个人开具发票换票证。发票换票证与所调出查验的发票有同等的效力。被调出查验发票的单位和个人不得拒绝接受。税务机关需要将空白发票调出查验时，应当开具收据。经查无问题的，应当及时返还。

四、纳税申报

纳税申报是指纳税人、扣缴义务人按照法律、行政法规的规定，在申报期内就纳税事项向税务机关书面申报的一种法定手续。纳税申报是纳税人履行纳税义务、界定法律责任的主要依据。

纳税人、扣缴义务人必须依照法律、行政法规的规定或者税务机关依照法律、行政法规的规定确定的申报期限、申报内容如实办理纳税申报，报送纳税申报表、财务会计报告或者代扣代缴、代收代缴税款报告表以及税务机关根据实际需要要求纳税人报送的其他纳税资料。

（一）纳税申报的内容

纳税人、扣缴义务人的纳税申报或者代扣代缴、代收代缴税款报告表的主要内容包括税种、税目；应纳税项目或者应代扣代缴、代收代缴税款项目；计税依据；扣除项目及标准；适用税率或者单位税额；应退税项目及税额、应减免税项目及税额；应纳税额或者应代扣代缴、代收代缴税额；税款所属期限、延期缴纳税款、欠税、滞纳金等。

（二）纳税申报的方式

纳税申报方式是指纳税人和扣缴义务人在纳税申报期限内，依照规定到指定税务机关进行申报纳税的形式。纳税申报的方式主要有以下几种：

➢自行申报。自行申报也称直接申报，是指纳税人、扣缴义务人按照规定的期限自行直接到主管税务机关（报税大厅）办理纳税申报手续。这是一种传统的申报方式。

➢邮寄申报。邮寄申报是指经税务机关批准的纳税人使用统一规定的纳税申报专用信封，通过邮政部门办理交寄手续，并向邮政部门索取收据作为申报凭据的方式。邮寄申报以寄出地的邮政局邮戳日期为实际申报日期。

➢数据电文申报。数据电文申报是指以税务机关确定的电话语音、电子数据交换和网络传输等电子方式进行纳税申报。例如，目前纳税人的网上申报，就是数据电文申报方式的一种。纳税人、扣缴义务人采取数据电文方式办理纳税申报的，其申报日期以税务机关计算机网络系统收到该数据电文的时间为准，与数据电文相对应的纸质申报资料的报送期限由税务机关确定。

➢其他方式。实行定期定额缴纳税款的纳税人，可以实行简易申报、简并征期等方式申报纳税。简易申报是指实行定期定额缴纳税款的纳税人，经税务机关批准，通过以缴纳税款凭证代替申报或简并征期的一种申报方式。简并征期是指实行定期定额缴纳税款的纳税人，经税务机关批准，可以采取将纳税期限合并为按季、半年、年的方式缴纳税款。

（三）纳税申报的其他要求

纳税人在纳税申报时，还应注意以下几点：

纳税人在纳税期内没有应纳税款的，也应当按照规定办理纳税申报。

纳税人享受减税、免税待遇的，在减税、免税期间应当按照规定办理纳税申报。

纳税人、扣缴义务人按照规定的期限办理纳税申报或者报送代扣代缴、代收代缴税款报告表确有困难，需要延期的，应当在规定期限内向税务机关提出书面延期申请，经税务机关核准，在核准的期限内办理。

纳税人、扣缴义务人因不可抗力，不能按期办理纳税申报或者报送代扣代缴、代收代缴税款报告的，可以延期办理。但是，应当在不可抗力情形消除后立即向税务机关报告。

税务机关应当查明事实，予以核准。

经核准延期办理纳税申报、报送事项的，应当在纳税期内按照上期实际缴纳的税额或者税务机关核定的税额预缴税款，并在核准的延期内办理税款结算。

【随堂测】（判断题）纳税人在纳税期内没有应纳税款的，不需办理纳税申报。 （ ）

小练习6-3

某企业按照规定享受3年内免纳企业所得税的优惠待遇。当税务局要求该企业进行纳税申报时，会计小李认为，既然本企业享受免税待遇，就不用办理企业所得税纳税申报了。分析小李的看法是否正确。

解析

第三节 税款征收与税务检查

德技兼修

视频

奇怪的发票——非法制造发票警示

一、税款征收

税款征收是税务机关依照税收法律、法规的规定将纳税人应当缴纳的税款组织入库的一系列活动的总称。它是税收征收管理工作的中心环节，在整个税收征收管理工作中占有极其重要的地位。

（一）税款征收的方式

税款征收方式是指税务机关根据各税种的不同特点和纳税人的具体情况而确定的计算、征收税款的形式和方法，包括确定（征收）方式和缴纳方式。目前，税款征收的方式主要有以下几种：

➢查账征收。查账征收是指针对财务会计制度健全的纳税人，税务机关依据其报送的纳税申报表、财务会计报表和其他有关纳税资料，依照适用税率，计算其应缴纳税款的税款征收方式。这种征收方式较为规范，符合税收法定的基本原则，适用于财务会计制度健全，能够如实核算和提供生产经营情况，并能正确计算应纳税款和如实履行纳税义务的纳税人。

➢查定征收。查定征收是指针对账务不全，但能控制其材料、产量或进销货物的纳税单位或个人，税务机关依据正常条件下的生产能力对其生产的应税产品查定产量、销售额并据以确定其应缴纳税款的税款征收方式。这种征收方式适用于生产经营规模较小、产品零星、税源分散、会计账册不健全，但能控制原材料或进销货物的小型厂矿和作坊。

➢查验征收。查验征收是指税务机关对纳税人的应税商品、产品，通过查验数量，按市场一般销售单价计算其销售收入，并据以计算应纳税款的一种征收方式。这种征收方式适用于纳税人财务制度不健全，生产经营不固定，零星分散、流动性强的税源。

➢定期定额征收。定期定额征收是指对小型个体工商户在一定经营地点、一定经营时期、一定经营范围内的应纳税经营额（包括经营数量）或所得额进行核定，并以此为计税依据，确定其应纳税额的一种征收方式。这种征收方式适用于经主管税务机关认定和县以上税务机关（含县级）批准的生产、经营规模小，达不到《个体工商户建账管理暂行办法》规定的设置账簿标准，难以查账征收，不能准确计算纳税依据的个体工商户（包括个人独资企业，简称定期定额户）。

小练习6-4

税务机关针对纳税人的不同情况可以采取不同的税款征收方式。对于账册不健全，但能控制原材料、产量或进销货物的单位，适用的税款征收方式是（　　）。

A.查账征收　　B.查定征收

C.查验征收　　D.定期定额征收

（二）应纳税额的核定与调整

1.核定应纳税额的情形

纳税人有下列情形之一的，税务机关有权核定其应纳税额：

（1）依照法律、行政法规的规定可以不设置账簿的。

（2）依照法律、行政法规的规定应当设置但未设置账簿的。

（3）擅自销毁账簿或者拒不提供纳税资料的。

（4）虽设置账簿，但账目混乱或者成本资料、收入凭证、费用凭证残缺不全，难以查账的。

（5）发生纳税义务，未按照规定的期限办理纳税申报，经税务机关责令限期申报，逾期仍不申报的。

（6）纳税人申报的计税依据明显偏低，又无正当理由的。

2.核定应纳税额的方法

为了减少核定应纳税额的随意性，使核定的税额更接近纳税人实际情况和法定负担水平，税务机关有权采用下列任何一种方法核定应纳税额：

（1）参照当地同类行业或者类似行业中经营规模和收入水平相近的纳税人的税负水平核定。

（2）按照营业收入或者成本加合理的费用和利润的方法核定。

（3）按照耗用的原材料、燃料、动力等推算或者测算核定。

（4）按照其他合理方法核定。

当其中一种方法不足以正确核定应纳税额时，可以同时采用两种以上的方法核定。纳税人对税务机关采取上述方法核定的应纳税额有异议的，应当提供相关证据，经税务机关认定后，调整应纳税额。

（三）税款征收措施

为了保证税款征收的顺利进行，《税收征收管理法》及其实施细则赋予了税务机关在税款征收过程中针对不同情况可以采取相应征收措施的职权。

1.责令缴纳

纳税人未按照规定期限缴纳税款的，扣缴义务人未按照规定期限解缴税款的，税务机关可责令限期缴纳，并从滞纳税款之日起，按日加收滞纳税款万分之五的滞纳金。逾期仍未缴纳的，税务机关可以采取税收强制执行措施。加收滞纳金的起止时间，为法律、行政法规规定或者税务机关依照法律、行政法规的规定确定的税款缴纳期限届满次日起至纳税人、扣缴义务人实际缴纳或者解缴税款之日止。

对未按照规定办理税务登记的从事生产、经营的纳税人，以及临时从事经营的纳税人，税务机关核定其应纳税额，责令其缴纳应纳税款。纳税人不缴纳的，税务机关可以扣押其价值相当于应纳税款的商品、货物。扣押后缴纳应纳税款的，税务机关必须立即解除扣押，并归还所扣押的商品、货物；扣押后仍不缴纳应纳税款的，经县以上税务局（分局）局长批准，依法拍卖或者变卖所扣押的商品、货物，以拍卖或者变卖所得抵缴税款。

税务机关有根据认为从事生产、经营的纳税人有逃避纳税义务行为，可在规定的纳税期之前责令其限期缴纳应纳税款。逾期仍未缴纳的，税务机关有权采取其他税款征收措施。

纳税担保人未按照规定的期限缴纳所担保的税款，税务机关可责令其限期缴纳应纳税款。逾期仍未缴纳的，税务机关有权采取其他税款征收措施。

2.责令提供纳税担保

纳税担保是指经税务机关同意或确认，纳税人或其他自然人、法人、经济组织以保证、抵押、质押的方式，为纳税人应当缴纳的税款及滞纳金提供担保的行为，包括经税务机关认可的有纳税担保能力的保证人为纳税人提供的纳税保证，以及纳税人或者第三人以其未设置或者未全部设置担保物权的财产提供的担保。适用纳税担保的情形包括：

（1）税务机关有根据认为从事生产、经营的纳税人有逃避纳税义务行为，在规定的纳税期之前经责令其限期缴纳应纳税款，在限期内发现纳税人有明显的转移、隐匿其应纳税的商品、货物，以及其他财产或者应纳税收入的迹象，责成纳税人提供纳税担保的。

（2）欠缴税款、滞纳金的纳税人或者其法定代表人需要出境的。

（3）纳税人同税务机关在纳税上发生争议而未缴清税款，需要申请行政复议的。

（4）税收法律、行政法规规定可以提供纳税担保的其他情形。

纳税担保范围包括税款、滞纳金和实现税款、滞纳金的费用。费用包括抵押、质押登记费用，质押保管费用，以及保管、拍卖、变卖担保财产等相关费用支出。

用于纳税担保的财产、权利的价值不得低于应当缴纳的税款、滞纳金，并考虑相关的费用。纳税担保的财产价值不足以抵缴税款、滞纳金的，税务机关应当向提供担保的纳税人或纳税担保人继续追缴。用于纳税担保的财产、权利的价格估算，除法律、行政法规另有规定外，参照同类商品的市场价、出厂价或者评估价估算。

【随堂测】（判断题）根据规定，纳税担保的方式包括保证、抵押和质押，担保范围仅包括应纳税款、滞纳金。（ ）

3.采取税收保全措施

税收保全措施是指税务机关在规定的纳税期之前，对有逃避纳税义务的纳税人，限制其处理可用作缴纳税款的存款、商品、货物等财产的一种行政措施。其目的是预防纳税人逃避税款缴纳义务，防止以后税款的征收不能保证或难以保证，以保证国家税款的及时、足额入库。

税务机关责令具有税法规定情形的纳税人提供纳税担保而纳税人拒绝提供纳税担保或无力提供纳税担保的，经县以上税务局（分局）局长批准，税务机关可以采取的税收保全措施包括：

（1）书面通知纳税人开户银行或者其他金融机构冻结纳税人的金额相当于应纳税款的存款。

（2）扣押、查封纳税人的价值相当于应纳税款的商品、货物或者其他财产。其他财产包括纳税人的房地产、现金、有价证券等不动产和动产。

但个人及其所扶养家属维持生活必需的住房和用品，不在税收保全措施的范围之内。个人所扶养家属是指与纳税人共同居住生活的配偶、直系亲属以及无生活来源并由纳税人扶养的其他亲属。个人及其所扶养家属维持生活必需的住房和用品不包括机动车辆、金银饰品、古玩字画、豪华住宅或者一处以外的住房。另外，税务机关对单价5 000元以下的其他生活用品，不采取税收保全措施。

4.采取税收强制执行措施

税收强制执行措施是指税务机关对未按规定的期限履行纳税义务的纳税人、扣缴义务人、纳税担保人等税收管理相对人，依法采取法定的强制手段，以迫使其履行法定义务的一种征管制度。税收强制执行措施是税务机关依法采取的强制追缴手段，是保障税收安全、维护国家税法尊严的重要措施。

从事生产、经营的纳税人、扣缴义务人未按照规定的期限缴纳或者解缴税款，纳税担保人未按照规定的期限缴纳所担保的税款，由税务机关责令限期缴纳，逾期仍未缴纳的，经县以上税务局（分局）局长批准，税务机关可以采取以下强制执行措施：（1）强制扣款，即书面通知其开户银行或者其他金融机构从其存款中扣缴税款。（2）拍卖变卖，即扣押、查封、依法拍卖或者变卖其价值相当于应纳税款的商品、货物或者其他财产，以拍卖或者变卖所得抵缴税款。

其中，适用拍卖变卖的情形包括：（1）采取税收保全措施后，限期期满仍未缴纳税款的；（2）设置纳税担保后，限期期满仍未缴纳所担保的税款的；（3）逾期不按规定履行税务处理决定的；（4）逾期不按规定履行复议决定的；（5）逾期不按规定履行税务行政处罚决定的；（6）其他经责令限期缴纳，逾期仍未缴纳税款的。对上述第（3）项至第（6）项情形进行强制执行时，在拍卖变卖之前（或同时）进行扣押、查封，办理扣押、查封手续。

税务机关采取强制执行措施时，对上述所列纳税人、扣缴义务人、纳税担保人未缴纳的滞纳金同时强制执行。个人及其所扶养家属维持生活必需的住房和用品，不在强制执行措施的范围之内。对单价5 000元以下的其他生活用品，税务机关不采取强制执行措施。

税收保全措施与强制执行措施的不同

5.阻止出境

欠缴税款的纳税人或者其法定代表人在出境前未按规定结清应纳税款、滞纳金或者提供纳税担保的，税务机关可以通知出境管理机关阻止其出境。

二、税务检查

税务检查又称纳税检查，是税务机关根据税收法律、行政法规的规定，对纳税人履行纳税义务、扣缴义务人履行扣缴义务，及其他有关税务事项进行的监督、审查的活动。税务检查是税收征收管理的重要内容，是确保国家财政收入和税收法律法规贯彻落实的重要手段。

（一）税务机关职权和职责

《税收征收管理法》规定，税务机关在税务检查中拥有以下职权：

1.税务检查

税务机关有权进行下列税务检查：

（1）检查纳税人的账簿、记账凭证、报表和有关资料，检查扣缴义务人代扣代缴、代收代缴税款账簿、记账凭证和有关资料。

（2）到纳税人的生产、经营场所和货物存放地检查纳税人应纳税的商品、货物或者其他财产，检查扣缴义务人与代扣代缴、代收代缴税款有关的经营情况。

（3）责成纳税人、扣缴义务人提供与纳税或者代扣代缴、代收代缴税款有关的文件、证明材料和有关资料。

（4）询问纳税人、扣缴义务人与纳税或者代扣代缴、代收代缴税款有关的问题和情况。

（5）到车站、码头、机场、邮政企业及其分支机构检查纳税人托运、邮寄应纳税商品、货物或者其他财产的有关单据、凭证和有关资料。

（6）经县以上税务局（分局）局长批准，指定专人负责，凭全国统一格式的检查存款账户许可证明，查询从事生产、经营的纳税人、扣缴义务人在银行或者其他金融机构的存款账户，并有责任为被检查人保守秘密。税务机关在调查税收违法案件时，经设区的市、自治州以上税务局（分局）局长批准，可以查询案件涉嫌人员的储蓄存款。税务机关查询所获得的资料，不得用于税收以外的用途。

2.税务检查中的税收保全措施和强制执行措施

税务机关对从事生产、经营的纳税人以前纳税期的纳税情况依法进行税务检查时，发现纳税人有逃避纳税义务行为，并有明显的转移、隐匿其应纳税的商品、货物以及其他财产或者应纳税的收入的迹象的，可以按照《税收征收管理法》规定的批准权限采取税收保全措施或者强制执行措施。但税务机关采取税收保全措施的期限一般不得超过6个月；重大案件需要延长的，应当报国家税务总局批准。

税务代理

3.情况和资料处置

税务机关调查税务违法案件时，对与案件有关的情况和资料，可以记录、录音、录像、照相和复制。

4.税务调查

税务机关依法进行税务检查时，有权向有关单位和个人调查纳税人、扣缴义务人和其他当事人与纳税或者代扣代缴、代收代缴税款有关的情况。

5.出示证件与通知书

税务机关派出的人员进行税务检查时，应当出示税务检查证和税务检查通知书，并有责任为被检查人保守秘密；未出示税务检查证和税务检查通知书的，被检查人有权拒绝检查。

（二）被检查人的义务

被检查人包括纳税人、扣缴义务，以及有关单位和个人。被检查人的义务主要包括以下两个方面：纳税人、扣缴义务人必须接受税务机关依法进行的税务检查，如实反映情况，提供有关资料，不得拒绝、隐瞒；税务机关依法进行税务检查，向有关单位和个人调查纳税人、扣缴义务人和其他当事人与纳税或者代扣代缴、代收代缴税款有关的情况时，有关单位和个人有义务向税务机关如实提供有关资料及证明材料。

第四节 税务行征复议

一、税务行政复议范围

税务行政复议，是指当事人（纳税人、扣缴义务人、纳税担保人及其他税务当事人）不服税务机关及其工作人员做出的税务具体行政行为，依法向上一级税务机关（复议机关）提出申请，复议机关依法对原行政行为的合理性、合法性做出裁决的行政司法活动。实行税务行政复议制度的目的是维护和监督税务机关依法行使税收执法权，防止和纠正违法或者不当的税务具体行政行为，保护纳税人和其他当事人的合法权益。

纳税人及其他当事人（简称申请人）认为税务机关（简称被申请人）的具体行政行为侵犯其合法权益，可依法向税务行政复议机关申请行政复议。税务行政复议机关（简称复议机关）是指依法受理税务行政复议申请，对具体行政行为进行审查并做出行政复议决定的税务机关。

1.申请人对下列具体行政行为不服，可以提出行政复议申请

（1）税务机关做出的征税行为，包括确认纳税主体、征税对象、征税范围、减税、免税、退税、抵扣税款、适用税率、计税依据、纳税环节、纳税期限、纳税地点和税款征收方式等具体行政行为，征收税款、加收滞纳金，扣缴义务人、受税务机关委托的单位和个人做出的代扣代缴、代收代缴、代征行为等。

（2）行政许可、行政审批行为。

（3）发票管理行为，包括发售、收缴、代开发票等。

（4）税收保全措施、强制执行措施。

（5）税务机关做出的行政处罚行为，包括：❶罚款；❷没收财物和违法所得；❸停止出口退税权。

（6）税务机关不依法履行下列职责的行为，包括：❶开具、出具完税凭证；❷行政赔偿；❸行政奖励；❹其他不依法履行职责的行为。

（7）资格认定行为。

（8）不依法确认纳税担保行为。

（9）政府公开信息工作中的具体行政行为。

（10）纳税信用等级评定行为。

（11）税务机关通知出入境管理机关阻止出境行为。

（12）税务机关做出的其他具体行政行为。

2.申请人认为税务机关的具体行政行为所依据的下列规定不合法，对具体行政行为申请行政复议时，可以一并向行政复议机关提出对有关规定（不包括规章）的审查申请

（1）国家税务总局和国务院其他部门的规定；

（2）其他各级税务机关的规定；

（3）地方各级人民政府的规定；

（4）地方人民政府工作部门的规定。申请人对具体行政行为提出行政复议申请时不知

道具体行政行为所依据的规定的，可以在行政复议机关做出行政复议决定以前提出对该规定的审查申请。

小练习 6-5

纳税人对税务机关的下列行为不服时，可以申请行政复议的有（　　）。

A.税务机关为其确认征税范围

B.税务机关对其做出征收税款的决定

C.税务机关关于具体贯彻落实税收法规的规定

D.税务机关责令其提供纳税担保

二、税务行政复议管辖

（一）复议管辖的一般规定

税务行政复议管辖的一般规定主要包括：

➢对各级税务局的具体行政行为不服的，向其上一级税务局申请行政复议。

➢对计划单列市税务局的具体行政行为不服的，向国家税务总局申请行政复议。

➢对税务所（分局）、各级税务局的稽查局的具体行政行为不服的，向其所属税务局申请行政复议。

➢对国家税务总局的具体行政行为不服的，向国家税务总局申请行政复议。对行政复议决定不服，申请人可以向人民法院提起行政诉讼，也可以向国务院申请裁决。国务院的裁决为最终裁决。

（二）复议管辖的特殊规定

税务行政复议管理的特殊规定主要包括：

➢对两个以上税务机关共同做出的具体行政行为不服的，向共同上一级税务机关申请行政复议；对税务机关与其他行政机关共同做出的具体行政行为不服的，向其共同上一级行政机关申请行政复议。

➢对被撤销的税务机关在撤销以前所做出的具体行政行为不服的，向继续行使其职权的税务机关的上一级税务机关申请行政复议。

➢对税务机关做出逾期不缴纳罚款加处罚款的决定不服的，向做出行政处罚决定的税务机关申请行政复议。但是对已处罚款和加处罚款都不服的，一并向做出行政处罚决定的税务机关的上一级税务机关申请行政复议。

申请人向具体行政行为发生地的县级地方人民政府提交行政复议申请的，由接受申请的县级地方人民政府依法转送。

三、税务行政复议申请与受理

（一）税务行政复议申请

申请人可以在知道税务机关做出具体行政行为之日起60日内提出行政复议申请。因不可抗力或者被申请人设置障碍等原因耽误法定申请期限的，申请期限的计算应当扣除被耽误时间。

申请人对复议范围中征税行为不服的，应当先向复议机关申请行政复议；对行政复议决定不服的，可以再向人民法院提起行政诉讼。

申请人按照前述规定申请行政复议的，必须依照税务机关根据法律、法规确定的税额、期限，先行缴纳或者解缴税款和滞纳金，或者提供相应的担保，方可在实际缴清税款和滞纳金以后或者所提供的担保得到做出具体行政行为的税务机关确认之日起60日内提出行政复议申请。

申请人对复议范围中征税行为以外的其他具体行政行为不服，可以申请行政复议，也可以直接向人民法院提起行政诉讼。

申请人对税务机关做出逾期不缴纳罚款加处罚款的决定不服的，应当先缴纳罚款和加处罚款，再申请行政复议。

申请人申请行政复议，可以书面申请，也可以口头申请。书面申请的，可以采取当面递交、邮寄、传真或者电子邮件等方式提出行政复议申请。口头申请的，复议机关应当当场制作行政复议申请笔录，交申请人核对或者向申请人宣读，并由申请人确认。

（二）税务行政复议受理

行政复议机关收到行政复议申请以后，应当在5日内审查，决定是否受理。对不符合规定的行政复议申请，决定不予受理，并书面告知申请人。对不属于本机关受理的行政复议申请，应当告知申请人向有关行政复议机关提出。行政复议机关收到行政复议申请以后未按照前款规定期限审查并做出不予受理决定的，视为受理。

对应当先向复议机关申请行政复议，对行政复议决定不服再向人民法院提起行政诉讼的具体行政行为，复议机关决定不予受理或者受理以后超过行政复议期限不做答复的，申请人可以自收到不予受理决定书之日起或者行政复议期满之日起15日内，依法向人民法院提起行政诉讼。

行政复议期间具体行政行为不停止执行。但是有下列情形之一的，可以停止执行：被申请人认为需要停止执行的；复议机关认为需要停止执行的；申请人申请停止执行，复议机关认为其要求合理，决定停止执行的；法律规定停止执行的。

小练习 6-6

刘芳在学习税法时了解到，纳税人对税务机关征税等具体行为不服的，可以申请行政复议。刘芳感到法律这样规定，保护了纳税人的合法权益，的确很有必要，但有一点不明白：既然如此，为什么必须先缴纳税款及滞纳金或者提供相应的担保，才能申请行政复议？

解析

四、税务行政复议审查和决定

（一）税务行政复议审查

行政复议机构审理行政复议案件，应当由2名以上行政复议工作人员参加。行政复议工作人员应当具备与履行行政复议职责相适应的品行、专业知识和业务能力。税务机关中初次从事行政复议的人员，应当通过国家统一法律职业资格考试取得法律职业资格。

行政复议原则上采用书面审查的办法，但是申请人提出要求或者行政复议机构认为有必要时，应当听取申请人、被申请人和第三人的意见，并可以向有关组织和人员调查了解情况。

对重大、复杂的案件，申请人提出要求或者行政复议机构认为必要时，可以采取听证的方式审理。行政复议机构决定举行听证的，应当将举行听证的时间、地点和具体要求等事项通知申请人、被申请人和第三人。第三人不参加听证的，不影响听证的举行。

行政复议机关应当全面审查被申请人的具体行政行为所依据的事实证据、法律程序、法律依据和设定的权利义务内容的合法性、适当性。

申请人在行政复议决定做出以前撤回行政复议申请的，经行政复议机构同意，可以撤回。申请人撤回行政复议申请的，不得再以同一事实和理由提出行政复议申请。但是，申请人能够证明撤回行政复议申请违背其真实意思表示的除外。

行政复议期间被申请人改变原具体行政行为的，不影响行政复议案件的审理。但是，申请人依法撤回行政复议申请的除外。

行政复议机关审查被申请人的具体行政行为时，认为其依据不合法，本机关有权处理的，应当在30日内依法处理；无权处理的，应当在7日内按照法定程序逐级转送有权处理的国家机关依法处理。处理期间，中止对具体行政行为的审查。

（二）税务行政复议决定

行政复议机构应当对被申请人的具体行政行为提出审查意见，经行政复议机关负责人批准，按照下列规定做出行政复议决定：

➢具体行政行为认定事实清楚，证据确凿，适用依据正确，程序合法，内容适当的，决定维持。

➢被申请人不履行法定职责的，决定其在一定期限内履行。

➢具体行政行为有下列情形之一的，决定撤销、变更或者确认该具体行政行为违法：主要事实不清、证据不足的；适用依据错误的；违反法定程序的；超越职权或者滥用职权的；具体行政行为明显不当的。

决定撤销或者确认该具体行政行为违法的，可以责令被申请人在一定期限内重新做出具体行政行为。复议机关责令被申请人重新做出具体行政行为的，被申请人不得以同一事实和理由做出与原具体行政行为相同或者基本相同的具体行政行为；但复议机关以原具体行政行为违反法定程序而决定撤销的，被申请人重新做出具体行政行为的除外。

复议机关责令被申请人重新做出具体行政行为的，被申请人不得做出对申请人更为不利的决定；但是复议机关以原具体行政行为主要事实不清、证据不足或适用依据错误决定撤销的，被申请人重新做出具体行政行为的除外。

复议机关责令被申请人重新做出具体行政行为的，被申请人应当在60日内重新做出具体行政行为；情况复杂、不能在规定期限内重新做出具体行政行为的，经复议机关批准，可以适当延期，但是延期不得超过30日。

申请人对被申请人重新做出的具体行政行为不服的，可以依法申请行政复议，或者提出行政诉讼。

➢被申请人不按照规定提出书面答复，提交当初做出具体行政行为的证据、依据和其他有关材料的，视为该具体行政行为没有证据、依据，决定撤销该具体行政行为。

复议机关应当自受理申请之日起60日内做出行政复议决定。情况复杂，不能在规定期限内做出行政复议决定的，经行政复议机关负责人批准，可以适当延期，并告知申请人和被申请人；但是延期不得超过30日。

复议机关做出行政复议决定，应当制作行政复议决定书，并加盖复议机关印章。行政复议决定书一经送达，即发生法律效力。

第五节　税收法律责任

德技兼修

视频

国家税务总局曝光五起增值税发票虚开骗税典型案例

税收法律责任是指税收法律关系主体违反税收法律制度的行为所引起的不利法律后果，分为行政责任和刑事责任。

一、纳税人及扣缴义务人违反税收法律制度的法律责任

（一）违反税务管理基本规定的法律责任

➢纳税人有下列行为之一的，由税务机关责令限期改正，可以处2 000元以下的罚款；情节严重的，处2 000元以上1万元以下的罚款：未按照规定设置、保管账簿或者保管记账凭证和有关资料的；未按照规定将财务、会计制度或者财务、会计处理办法和会计核算软件报送税务机关备查的；未按照规定将其全部银行账号向税务机关报告的；未按照规定安装、使用税控装置，或者损毁或者擅自改动税控装置的。

➢扣缴义务人未按照规定设置、保管代扣代缴、代收代缴税款账簿或者保管代扣代缴、代收代缴税款记账凭证及有关资料的，由税务机关责令限期改正，可以处2 000元以下的罚款；情节严重的，处2 000元以上5 000元以下的罚款。

➢纳税人未按照规定的期限办理纳税申报和报送纳税资料的，或者扣缴义务人未按照规定的期限向税务机关报送代扣代缴、代收代缴税款报告表和有关资料的，由税务机关责令限期改正，可以处2 000元以下的罚款；情节严重的，可以处2 000元以上1万元以下的罚款。

➢纳税人、扣缴义务人编造虚假计税依据的，由税务机关责令限期改正，并处5万元以下的罚款。

➢非法印制、转借、倒卖、变造或者伪造完税凭证的，由税务机关责令改正，处2 000元以上1万元以下的罚款；情节严重的，处1万元以上5万元以下的罚款；构成犯罪的，依法追究刑事责任。

➢银行和其他金融机构未依照《税收征收管理法》的规定在从事生产、经营的纳税人的账户中登录税务登记证件号码，或者未按规定在税务登记证件中登录从事生产、经营的纳税人的账户账号的，由税务机关责令其限期改正，处2 000元以上2万元以下的罚款；情节严重的，处2万元以上5万元以下的罚款。

➢扣缴义务人应扣未扣、应收而不收税款的，由税务机关向纳税人追缴税款，对扣缴义务人处应扣未扣、应收未收税款50%以上3倍以下的罚款。

➢税务代理人违反税收法律、行政法规，造成纳税人未缴或者少缴税款的，除由纳税人缴纳或者补缴应纳税款、滞纳金外，对税务代理人处纳税人未缴或者少缴税款50%以上3倍以下的罚款。

（二）逃税行为的法律责任

逃税行为是指纳税人采取欺骗、隐瞒手段进行虚假纳税申报或者不申报，逃避缴纳税款的行为。

纳税人采取伪造、变造、隐匿、擅自销毁账簿、记账凭证，或者在账簿上多列支出或者不列、少列收入，或者经税务机关通知申报而拒不申报或者进行虚假的纳税申报的手段，不缴或者少缴应纳税款的，由税务机关追缴其不缴或者少缴的税款、滞纳金，并处不缴或者少缴的税款50%以上5倍以下的罚款。

纳税人采取欺骗、隐瞒手段进行虚假纳税申报或者不申报，逃避缴纳税款数额较大并且占应纳税额10%以上的，处3年以下有期徒刑或者拘役，并处罚金；数额巨大并且占应纳税额30%以上的，处3年以上7年以下有期徒刑，并处罚金。对多次实施前述行为，未经处理的，按照累计数额计算。

有逃税行为，经税务机关依法下达追缴通知后，补缴应纳税款，缴纳滞纳金，已受行政处罚的，不予追究刑事责任；但是，5年内因逃避缴纳税款受过刑事处罚或者被税务机关给予两次以上行政处罚的除外。

扣缴义务人采取上述手段，不缴或者少缴已扣、已收税款，由税务机关追缴其不缴或者少缴的税款、滞纳金，并处不缴或者少缴的税款50%以上5倍以下的罚款；构成犯罪的，依法追究刑事责任。

（三）欠税、骗税、抗税行为的法律责任

1.欠税行为的法律责任

欠税行为是指纳税人欠缴应纳税款，采取转移或者隐匿财产的手段，妨碍税务机关追缴欠缴的税款的行为。

纳税人欠税的，由税务机关追缴欠缴的税款、滞纳金，并处欠缴税款50%以上5倍以下的罚款；构成犯罪的，依法追究刑事责任。

2.骗税行为的法律责任

骗税，是指纳税人以假报出口或者其他欺骗手段，骗取国家出口退税款的行为。

纳税人有骗税行为，由税务机关追缴其骗取的退税款，并处骗取税款1倍以上5倍以下的罚款；构成犯罪的，依法追究刑事责任。

对骗取国家出口退税款的，税务机关可以在规定期间内停止为其办理出口退税。

为纳税人、扣缴义务人非法提供银行账户、发票、证明或者其他方便，骗取国家出口退款的，税务机关除没收其违法所得外，可以处未缴、少缴或者骗取的税款1倍以下的罚款。

3.抗税行为的法律责任

抗税，是指纳税人、扣缴义务人以暴力、威胁方法拒不缴纳税款的行为。

对抗税行为，除由税务机关追缴其拒缴的税款、滞纳金外，依法追究刑事责任。情节轻微，未构成犯罪的，由税务机关追缴其拒缴的税款、滞纳金，并处拒缴税款1倍以上5倍以下的罚款。

课程思政 “阴阳合同”案

（四）纳税人、扣缴义务人不配合税务检查的法律责任

税务检查期间，纳税人、扣缴义务人发生不配合税务机关进行税务检查的下列行为，由税务机关责令改正，可以处1万元以下的罚款；情节严重的，处1万元以上5万元以下

的罚款：

➢逃避、拒绝或者以其他方式阻挠税务机关检查的；

➢提供虚假资料，不如实反映情况，或者拒绝提供有关资料的；

➢拒绝或者阻止税务机关记录、录音、录像、照相和复制与案件有关的情况和资料的；

➢转移、隐匿、销毁有关资料的；

➢有不依法接受税务检查的其他情形的。

（五）重大税收违法失信案件信息公布

税务机关依照规定，向社会公布重大税收违法失信案件信息，并将信息通报相关部门，共同实施严格监管和惩戒。其中，重大税收违法失信案件是指符合下列标准之一的案件：

➢纳税人伪造、变造、隐匿、擅自销毁账簿、记账凭证，或者在账簿上多列支出或者不列、少列收入，或者经税务机关通知申报而拒不申报或者进行虚假的纳税申报，不缴或者少缴应纳税款100万元以上，且任一年度不缴或者少缴应纳税款占当年各税种应纳税总额10%以上的；

➢纳税人欠缴应纳税款，采取转移或者隐匿财产的手段，妨碍税务机关追缴欠缴的税款，欠缴税款金额10万元以上的；

➢骗取国家出口退税款的；

➢以暴力、威胁方法拒不缴纳税款的；

➢虚开增值税专用发票或者虚开用于骗取出口退税、抵扣税款的其他发票的；

➢虚开普通发票100份或者金额40万元以上的；

➢私自印制、伪造、变造发票，非法制造发票防伪专用品，伪造发票监制章的；

➢具有逃税、逃避追缴欠税、骗取出口退税、抗税、虚开发票等行为，经税务机关检查确认走逃（失联）的；

➢其他违法情节严重、有较大社会影响的。

德技兼修

视频

“黑名单”利剑出鞘　联合惩戒天网护税

二、税务机关及税务人员违反税收法律制度的法律责任

（一）渎职行为的法律责任

➢税务人员徇私舞弊，对依法应当移交司法机关追究刑事责任的不移交，情节严重的，依法追究刑事责任。

➢税务人员利用职务上的便利，收受或者索取纳税人、扣缴义务人财物或者谋取其他不正当利益，构成犯罪的，依法追究刑事责任；未构成犯罪的，依法给予行政处分。

➢税务人员徇私舞弊或者玩忽职守，不征或者少征应征税款，致使国家税收遭受重大

损失，构成犯罪的，依法追究刑事责任；未构成犯罪的，依法给予行政处分。

➢税务人员滥用职权，故意刁难纳税人、扣缴义务人的，调离税收工作岗位，并依法给予行政处分。

➢税务人员对控告、检举税收违法违纪行为的纳税人、扣缴义务人以及其他检举人进行打击报复的，依法给予行政处分；构成犯罪的，依法追究刑事责任。

（二）其他违法行为的法律责任

➢税务机关违反规定擅自改变税收征收管理范围和税款入库预算级次的，责令限期改正，对直接负责的主管人员和其他直接责任人员依法给予降级或者撤职的行政处分。

➢税务人员在征收税款或者查处税收违法案件时，未按照《税收征收管理法》的规定进行回避的，对直接负责的主管人员和其他直接责任人员，依法给予行政处分。未按照《税收征收管理法》的规定为纳税人、扣缴义务人、检举人保密的，对直接负责的主管人员和其他直接责任人员，由所在单位或者有关单位依法给予行政处分。

➢税务人员与纳税人、扣缴义务人勾结，唆使或者协助纳税人、扣缴义务人实施税收违法行为，构成犯罪的，依法追究刑事责任；未构成犯罪的，依法给予行政处分。

➢税务人员私分扣押、查封的商品、货物或者其他财产，情节严重，构成犯罪的，依法追究刑事责任；未构成犯罪的，依法给予行政处分。

➢违反法律、行政法规的规定提前征收、延缓征收或者摊派税款的，由其上级机关或者行政监察机关责令改正，对直接负责的主管人员和其他直接责任人员依法给予行政处分。

➢违反法律、行政法规的规定，擅自做出税收的开征、停征或者减税、免税、退税、补税以及其他同税收法律、行政法规相抵触的决定的，除依照《税收征收管理法》的规定撤销其擅自做出的决定外，补征应征未征税款，退还不应征收而征收的税款，并由上级机关追究直接负责的主管人员和其他直接责任人员的行政责任；构成犯罪的，依法追究刑事责任。

本章小结

税收征收管理法是调整税收征收与管理过程中所发生的社会关系的法律规范的总称，包括国家权力机关制定的税收征管法律、国家权力机关授权行政机关制定的税收征管行政法规和有关税收征管的规章制度等。税务管理是指税收征收管理机关为了贯彻、执行国家税收法律制度，加强税收工作，协调征税关系而对纳税人和扣缴义务人实施的基础性的管理制度和管理行为，包括税务登记管理、账簿和凭证管理、纳税申报等。

税务机关必须依照税收法律、法规的规定，采用查账征收、查定征收、查验征收、定期定额征收等税款征收方式，将纳税人依法应当缴纳的税款组织入库，并依法对纳税人、扣缴义务人履行纳税义务或者扣缴义务及其他有关税务事项进行审查、核实和监督。为保证国家税款的及时、足额入库，经县以上税务局（分局）局长批准，税务机关可以采取税收保全措施和强制执行措施。

纳税人和其他税务当事人对税务机关的税务行政行为不服的，可以依法申请税务行政复议，或向人民法院提起行政诉讼。征纳双方违反税收法律制度的，应承担相应的法律责任，一般包括行政责任和刑事责任两种。

本章练习

一、选择题

1.根据税收征收管理法律制度的规定，下列各项中，需要领购发票的单位和个人，应向税务机关提供的资料有（　　）。

A.税务登记证件　　B.经办人身份证明

C.营业执照　　D.财务印章或发票专用章印模

2.根据税收征收管理法律制度的规定，税务机关在对纳税人进行发票检查中有权采取的措施有（　　）。

A.调出发票查验

B.查阅、复制与发票有关的凭证、资料

C.向当事人各方询问与发票有关的问题和情况

D.检查领购、开具和保管发票的情况

3.根据发票管理法律制度的规定，纳税人已开具的发票存根联和发票登记簿的保存期限是（　　）年。

A.3　　B.5　　C.10　　D.15

4.以下各项中，属于税款征收方式的有（　　）。

A.查账征收　　B.查验征收

C.定期定额征收　　D.核定、调整税额

5.下列情形中，税务机关有权核定纳税人应纳税额的有（　　）。

A.有逃税、骗税前科的

B.拒不提供纳税资料的

C.按照规定应设置账簿而未设置的

D.虽设置账簿，但账目混乱，难以查账的

6.按照规定，甲公司最晚应于2021年1月15日缴纳应纳税款30万元，该公司却迟迟未缴。主管税务机关责令其于当年2月28日前缴纳，并加收滞纳金。但直到3月15日，该公司才缴纳税款。甲公司应缴纳的滞纳金是（　　）元。

A.8 850　　B.8 700　　C.5 220　　D.750

7.根据税收征收管理法律制度的规定，税务机关在税款征收中可以根据不同情况采取相应的税款征收措施。下列各项中，属于税款征收措施的有（　　）。

A.罚款　　B.责令缴纳并加收滞纳金

C.阻止出境　　D.由税务机关核定，调整应纳税额

8.下列各项中，属于税收保全措施的是（　　）。

A.责成纳税人提供担保

B.书面通知纳税人开户银行从其存款中扣缴税款

C.拍卖纳税人价值相当于应纳税款的货物，以拍卖所得抵缴税款

D.查封纳税人价值相当于应纳税款的货物

9.根据规定，税务机关有权核定应纳税额的情形包括（　　）。

A.依照法律、行政法规的规定可以不设置账簿的

B.纳税人拒不提供纳税资料

C.发生纳税义务，未按照规定的期限缴纳税款，经税务机关责令限期缴纳，逾期仍不缴纳

D.纳税人申报的计税依据明显偏低，但有正当理由

10.根据税收征收管理法律制度的规定，税务机关在实施税务检查时，可以行使的职权有（　　）。

A.检查纳税人会计资料

B.检查纳税人货物存放地的应纳税商品

C.检查纳税人托运、邮寄应纳税商品的单据、凭证

D.经法定程序批准，查询纳税人在银行的储蓄存款账户

11.根据税收征收管理法律制度的规定，下列属于纳税担保范围的有（　　）。

A.应纳税款　　B.担保财产质押登记费用

C.滞纳金　　D.质押财产保管费用

12.根据税收征收管理法律制度的规定，下列个人财产中，不适用税收保全措施的是（　　）。

A.机动车辆　　B.金银首饰

C.古玩字画　　D.维持生活必需的住房

13.纳税人对税务机关的下列具体行政行为不服时，可以申请行政复议，也可以直接向人民法院提起行政诉讼的有（　　）。

A.确认纳税环节　　B.税收保全措施

C.不予颁发税务登记证件　　D.停止出口退税权

14.纳税人不办理税务登记，由税务机关责令限期改正，逾期不改正的，税务机关可以对其采取的措施是（　　）。

A.处以2 000元以上1万元以下的罚款

B.提请市场监督管理机关吊销其营业执照

C.没收其经营所得

D.提请公安机关查封其财产

15.纳税人发生偷税行为时，税务机关可以行使的权力有（　　）。

A.追缴税款　　B.加收滞纳金

C.处以罚款　　D.处以罚金

选择题

二、判断题

1.关税的征收管理适用《税收征收管理法》。（　　）

2.税务人员在核定应纳税额、调整税收定额时，与纳税人存在可能影响公正执法的利害关系的，应当回避。（　　）

3.企业在外地设立的分支机构，因其不具有法人资格，根据规定可不办理税务登记。（　　）

4.从事生产经营的纳税人应当自领取营业执照或者发生纳税义务之日起15日内，按照国家有关规定设置账簿。（　　）

5.根据规定，发票应由省、自治区、直辖市税务机关确定的企业印制。（　　）

6.任何单位和个人不得转借、转让发票。（　　）

7.纳税人在纳税期内没有应纳税款的，不需办理纳税申报。（　　）

8.对于财务会计制度健全的纳税人，通常适用查账征收，而对于会计核算不健全，不能提供准确、完整的纳税资料的纳税人则采用查定征收、查验征收等方式。（　　）

9.根据规定，纳税担保的方式包括保证、抵押和质押，担保范围仅包括应纳税款、滞纳金。（　　）

10.某球员转会至国外一家俱乐部，在出境时，税务机关以其尚未结清应纳税款，又未提供担保为由，通知海关阻止其出境，税务机关的做法是正确的。（　　）

判断题

三、案例分析题

1.王某是下岗工人，申请注册一个小商品经营店，按规定享有一年的免税优惠政策。王某认为既然享有免税优惠就不需要办理税务登记。

问题：

（1）王某的观点是否正确？为什么？

（2）王某应办理哪些税务登记？

2.2021年7月4日，某县级税务局甲税务所了解到辖区内经销新鲜水果的个体工商户李某打算在月末收摊回外地老家，并存在逃避缴纳7月份税款1 000元的可能。李某系定期定额征收业户，依法应于每月10日前缴纳上月税款。7月5日，甲税务所向李某下达了限7月31日前缴纳7月份税款1 000元的通知。7月27日，甲税务所发现李某正联系货车准备将货物运走，于是，当天以该税务所的名义，由所长签发向李某下达了扣押文书，由本所税务人员赵某带两名协税人员，将李某价值约1 000元的新鲜水果扣押存放在某仓库里。7月31日11时，李某到税务所缴纳了7月份税款1 000元，并要求税务所返还所扣押的水果，因存放水果的仓库的保管员未在，未能当时返还。8月2日，税务所将扣押的水果返还给李某。李某在收到水果后，发现部分水果已经腐烂，损失水果价值约500元。李某向税务所提出赔偿请求，税务所以扣押时未开箱查验为由不予受理。

案例分析题

问题：税务所的执法行为有哪些过错？请简要说明。

第七章　支付结算法律制度

学习目标

- 熟悉支付结算的种类、办理支付结算的具体要求，掌握填写凭证的基本要求。
- 了解银行结算账户管理的相关规定，掌握银行结算账户的种类、开户要求、各账户功能及使用中的注意事项。
- 掌握票据结算的种类、特征及各种票据结算程序。
- 了解并掌握非票据结算方式及银行卡、预付卡和网上支付的特点与结算程序。

第一节　支付结算的原则和基本要求

一、支付结算的概念

支付结算是指单位、个人在社会经济活动中使用票据、信用卡和汇兑、托收承付、委托收款等结算方式进行货币给付及其资金清算的行为。它的主要功能是完成资金从一方当事人向另一方当事人的转移。支付结算工作的任务，是根据经济往来组织支付结算，准确、及时、安全办理支付结算，按照有关法律、行政法规和办法的规定管理支付结算，保障支付结算活动的正常进行。

银行（即银行业金融机构）以及单位（含个体工商户）和个人是办理支付结算的主体。其中，银行是支付结算和资金清算的中介机构。未经中国人民银行批准的非银行金融机构和其他单位不得作为中介机构办理支付结算业务。

支付结算需要借助一定的工具或结算方式来完成。传统的人民币非现金支付工具主要包括“三票一卡”，即汇票、本票、支票和银行卡；结算方式主要是指汇兑、托收承付和委托收款。票据和汇兑是我国经济活动中不可或缺的重要支付工具，被广大单位和个人广泛使用，并在大额支付中占主导地位；银行卡、第三方支付，在小额支付中占据主导地位；托收承付的使用越来越少。近年来，随着互联网技术的发展，网上银行、第三方支付等电子化支付方式得到快速发展。我国已形成了以票据和银行卡为主体、以电子支付为发展方向的非现金支付体系。

二、支付结算的原则

支付结算的原则是单位、个人和银行在进行支付结算活动时必须遵循的行为准则。根据《支付结算办法》的规定，支付结算应当遵守以下原则：

（一）恪守信用，履约付款原则

根据该原则，结算当事人必须依照共同约定的民事法律关系内容依法承担义务和行使权利，严格遵守信用，履行付款义务，特别是应当按照约定的付款金额和付款日期进行支付。结算双方办理款项收付完全建立在自觉自愿、相互信用的基础上。

（二）谁的钱进谁的账、由谁支配原则

根据该原则，银行作为资金结算的中介机构，在办理结算时，必须按照存款人的委托，将款项支付给其指定的收款人；对存款人的资金，除国家法律另有规定外，必须由其自主支配。这一原则主要在于维护存款人对存款资金的所有权或经营权，保证其对资金支配的自主支配权。

（三）银行不垫款原则

根据该原则，银行在办理结算过程中，只负责办理结算当事人之间的资金转移，而不进行资金的垫付。这一原则主要在于划清银行资金与存款人资金的界限，保护银行资金的所有权，促使单位和个人对自己的债权债务负责。

我国支付结算法律制度的构成

三、支付结算的基本要求

根据《支付结算办法》的规定，单位、个人和银行办理支付结算应当遵循下列基本要求：

第一，单位、个人和银行办理支付结算，必须使用按中国人民银行统一规定印制的票据凭证和统一规定的结算凭证。未使用按中国人民银行统一规定印制的票据，票据无效；未使用中国人民银行统一规定格式的结算凭证，银行不予受理。

第二，单位、个人和银行应当按照《人民币银行结算账户管理办法》的规定开立、使用账户。在银行开立存款账户的单位和个人办理支付结算，账户内须有足够的资金保证支付。没有开立存款账户的个人向银行交付款项后，也可以通过银行办理支付结算。

第三，票据和结算凭证上的签章和其他记载事项应当真实，不得伪造、变造。伪造是指无权限人假冒他人或虚构人名义签章的行为；变造是指无权更改票据内容的人对票据上签章以外的记载事项加以改变的行为。票据上有伪造、变造的签章的，不影响票据上其他当事人真实签章的效力。

票据和结算凭证上的签章，为签名、盖章或者签名加盖章；单位、银行在票据上的签章和单位在结算凭证上的签章，为该单位、银行的公章加其法定代表人或者其授权的代理人的签名或者盖章。

票据和结算凭证上的金额、出票或者签发日期、收款人名称不得更改，更改的票据无效；更改的结算凭证，银行不予受理。对票据和结算凭证上的其他记载事项，原记载人可以更改，更改时应当由原记载人在更改处签章证明。

第四，填写票据和结算凭证应当规范，做到要素齐全、数字正确、字迹清晰、不错不漏、不潦草，防止涂改。票据和结算凭证金额以中文大写和阿拉伯数码同时记载，二者必须一致，二者不一致的票据无效；二者不一致的结算凭证，银行不予受理。

少数民族地区和外国驻华使领馆根据实际需要，金额大写可以使用少数民族文字或者外国文字记载。

四、填写票据和结算凭证的基本要求

票据和结算凭证是办理支付结算和现金收付的重要依据，是银行、单位和个人凭以记载账务的会计凭证，是记载经济业务和明确经济责任的一种书面证明。因此，填写票据和结算凭证，必须做到标准化、规范化，要素要齐全，数字要正确，字迹要清晰、不错漏、不潦草，防止涂改。其具体要求如下：

➢中文大写金额数字应用正楷或行书填写，不得自造简化字。如壹、贰、叁、肆、伍、陆、柒、捌、玖、拾、佰、仟、万、亿、元、角、分、零、整（正）等字样。不得用一、二（两）、三、四、五、六、七、八、九、十、毛、另（或0）填写，不得自造简化字。如果金额数字书写中使用繁体字，如貳、陸、億、萬、圓的，也应受理。

➢中文大写金额数字到“元”为止的，在“元”之后，应写“整”（或“正”）字；在“角”之后可以不写“整”（或“正”）字。大写金额数字有“分”的，“分”后面不写“整”（或“正”）字。

➢中文大写金额数字前应标明“人民币”字样，大写金额数字应紧接“人民币”字样填写，不得留有空白。大写金额数字前未印“人民币”字样的，应加填“人民币”3字。

➢阿拉伯小写金额数字中有“0”的，中文大写应按照汉语语言规律、金额数字构成和防止涂改的要求进行书写。举例如下：

阿拉伯数字中间有“0”时，中文大写金额要写“零”字。例如，￥1 409.50，应写成人民币壹仟肆佰零玖元伍角整。

阿拉伯数字中间连续有几个“0”时，中文大写金额中间可以只写一个“零”字。例如，￥6 007.14，应写成人民币陆仟零柒元壹角肆分。

阿拉伯数字万位或元位是“0”，或者数字中间连续有几个“0”，万位、元位也是“0”，但千位、角位不是“0”时，中文大写金额中间可以只写一个“零”字，也可以不写“零”字。例如，￥1 680.32，应写成人民币壹仟陆佰捌拾元零叁角贰分，或者写成人民币壹仟陆佰捌拾元叁角贰分；又如，￥107 000.53，应写成人民币壹拾万柒仟元零伍角叁分，或者写成人民币壹拾万零柒仟元伍角叁分，或者写成人民币壹拾万柒仟元伍角叁分。

阿拉伯金额数字角位是“0”，而分位不是“0”时，中文大写金额“元”后面应写“零”字。例如，￥16 409.02，应写成人民币壹万陆仟肆佰零玖元零贰分；又如，￥325.04，应写成人民币叁佰贰拾伍元零肆分。

➢阿拉伯小写金额数字前面，均应填写人民币符号“￥”。阿拉伯小写金额数字要认真填写，不得连写分辨不清。

➢票据的出票日期必须使用中文大写。为防止变造票据的出票日期，在填写月、日时，月为壹、贰和壹拾的，日为壹至玖和壹拾、贰拾和叁拾的，应在其前加“零”；日为拾壹至拾玖的，应在其前加“壹”。如1月15日，应写成零壹月壹拾伍日；再如10月20日，应写成零壹拾月零贰拾日。

➢票据出票日期使用小写填写的，银行不予受理。大写日期未按要求规范填写的，银行可予受理，但由此造成损失的，由出票人自行承担。

小练习7-1

解析

某单位于2021年10月19日开出一张支票，按照支票日期的写法，应该怎样填写？填写票据金额时，￥10 056.00又应怎样填写？

第二节 银行结算账户

一、银行结算账户的概念、种类、开立和使用的基本原则

（一）银行结算账户的概念

银行结算账户指的是存款人在经办银行开立的办理资金收付结算的人民币活期存款账户。其中，“存款人”是指在中国境内开立银行结算账户的机关、团体、部队、企业、事业单位、其他组织（以下统称单位），个体工商户和自然人；“银行”是指在中国境内经中国人民银行批准经营支付结算业务的政策性银行、商业银行（含外资独资银行、中外合资银行、外国银行分行）、城市信用合作社、农村信用合作社。银行结算账户具有以下特点：

第一，办理人民币业务。这与外币存款账户不同，外币存款账户办理的是外币业务，其开立和使用应遵守国家外汇管理局的有关规定。

第二，办理资金收付结算业务。这与储蓄账户不同，储蓄账户的基本功能是存取本金和支取利息，储蓄账户不具有办理资金收付结算的功能，其开立和使用应遵守《储蓄管理条例》的规定。

第三，该账户是活期存款账户。这与单位定期存款账户不同，单位定期存款账户不具有结算功能，该类账户的开立和使用应遵守《人民币单位存款管理办法》的规定。

（二）银行结算账户的种类

1.银行结算账户按存款人不同，分为单位银行结算账户和个人银行结算账户

这里所说的单位，包括机关、团体、部队、企业、事业单位和其他组织。根据《人民币银行结算账户管理办法》的规定，个体工商户凭营业执照以字号或经营者姓名开立的银行结算账户纳入单位银行结算账户管理。个人银行结算账户是指存款人凭个人身份证以自然人名称开立的银行结算账户。这里所指的个人，包括中国公民（含香港、澳门、台湾居民）和外国公民。个人因投资、消费使用各种支付工具，包括借记卡、信用卡在银行开立的银行结算账户，纳入个人银行结算账户管理。邮政储蓄机构办理银行卡业务开立的账户也纳入个人银行结算账户管理。

2.单位银行结算账户按用途不同，分为基本存款账户、一般存款账户、专用存款账户、临时存款账户

根据《人民币银行结算账户管理办法》的规定，存款人开立基本存款账户、临时存款账户和预算单位开立专用存款账户实行核准制，经中国人民银行核准后由银行核发开户登记证。但存款人因注册验资需要开立的临时存款账户除外。

财政部门为实行财政国库集中支付的预算单位在商业银行开设的零余额账户按基本存款账户或专用存款账户管理。预算单位未开立基本存款账户，或者原基本存款账户在国库集中支付改革后已按照财政部门的要求撤销的，经同级财政部门批准，预算单位零余额账户作为基本存款账户管理。除上述情况外，预算单位零余额账户作为专用存款账户管理。

此外，根据《人民币银行结算账户管理办法》的规定，银行结算账户可以根据开户地的不同，分为本地银行结算账户和异地银行结算账户。

银行结算账户的类别不同，其开立、使用和管理也不尽相同。

（三）银行结算账户开立和使用的基本原则

根据《人民币银行结算账户管理办法》的有关规定，银行结算账户应当遵守以下基本原则：

第一，一个基本账户原则。这里是指单位银行结算账户的存款人只能在银行开立一个基本存款账户，不能多头开立基本存款账户。

第二，自主选择银行开立银行结算账户原则。这里是指存款人可以自主选择银行开立账户，除国家法律、行政法规和国务院另有规定外，任何单位和个人不得强令存款人到指定银行开立银行结算账户。

第三，银行结算账户信息保密原则。这里是指银行必须依法为存款人的银行结算账户信息保密。根据《人民币银行结算账户管理办法》的规定，对单位银行结算账户的存款和有关资料，除国家法律、行政法规另有规定外，银行有权拒绝任何单位或个人查询。对个人银行结算账户的存款和有关资料，除国家法律另有规定外，银行有权拒绝任何单位或个人查询。

第四，守法原则。这里是指银行结算账户的开立和使用应当遵守法律、行政法规，不得利用银行结算账户进行偷逃税款、逃废债务、套取现金及其他违法犯罪活动。

二、单位银行结算账户的使用范围与开户要求

（一）基本存款账户

1. 使用范围

基本存款账户是指存款人因办理日常转账结算和现金收付需要而开立的银行结算账户。该账户是存款人的主办账户，一个单位只能开立一个基本存款账户。存款人日常经营活动的资金收付及其工资、奖金和现金的支取，应通过该账户办理。

2. 开户要求

根据《人民币银行结算账户管理办法》的规定，下列存款人可以申请开立基本存款账户：

（1）企业法人；

（2）非法人企业；

（3）机关、事业单位；

（4）团级（含）以上军队、武警部队及分散值勤的支（分）队；

（5）社会团体；

（6）民办非企业组织；

（7）异地常设机构；

（8）外国驻华机构；

（9）个体工商户；

（10）居民委员会、村民委员会、社区委员会；

（11）单位设立的独立核算的附属机构；

（12）其他组织，即按照现行的法律、行政法规规定可以成立的组织，如业主委员会、村民小组等组织。

总之，凡是具有民事权利能力和民事行为能力，并依法独立享有民事权利和承担民事义务的法人和其他组织，均可以开立基本存款账户。同时，有些单位虽然不是法人组织，但具有独立核算资格，有自主办理资金结算的需要，包括非法人企业（如具有营业执照的企业集团下属的分公司）、外国驻华机构、个体工商户、单位设立的独立核算的附属机构

（单位附属独立核算的食堂、招待所、幼儿园）等，也可以开立基本存款账户。

开立基本存款账户应按照规定的程序办理并提交有关证明文件。根据《人民币银行结算账户管理办法》的规定，存款人申请开立基本存款账户时，应向银行出具下列证明文件：

（1）企业法人，应出具企业法人营业执照正本。

（2）非法人企业，应出具企业营业执照正本。

（3）机关和实行预算管理的事业单位，应出具政府人事部门或编制委员会的批文或登记证书和财政部门同意其开户的证明。非预算管理的事业单位，应出具政府人事部门或编制委员会的批文或登记证书。

（4）军队、武警团级（含）以上单位以及分散值勤的支（分）队，应出具军队军级以上单位财务部门、武警总队财务部门的开户证明。

（5）社会团体，应出具社会团体登记证书，宗教组织还应出具宗教事务管理部门的批文或证明。

（6）民办非企业组织，应出具民办非企业登记证书。

（7）外地常设机构，应出具其驻在地政府主管部门的批文。

（8）外国驻华机构，应出具国家有关主管部门的批文或证明。外资企业驻华代表处、办事处，应出具国家登记机关颁发的登记证。

（9）个体工商户，应出具个体工商户营业执照正本。

（10）居民委员会、村民委员会、社区委员会，应出具其主管部门的批文或证明。

（11）独立核算的附属机构，应出具其主管部门的基本存款账户开户登记证和批文。

（12）其他组织，应出具政府主管部门的批文或证明。

开户时，应出具法定代表人或单位负责人有效身份证件。法定代表人或单位负责人授权他人办理的，还应出具法定代表人或单位负责人的授权书以及被授权人的有效身份证件。

小练习 7-2

某公司刚成立，主营财务咨询服务。受公司法定代表人张某的授权，公司财务人员王某携带相关开户证明文件到中国工商银行长江路支行办理基本存款账户开户手续。请问王某的开户证明文件应包括哪些？应办理哪些开户手续？

解析

（二）一般存款账户

1. 使用范围

一般存款账户是指存款人因借款或其他结算需要，在基本存款账户开户银行以外的银行营业机构开立的银行结算账户。该账户用于办理存款人转存、借款归还和其他结算的资金收付，也可以办理现金缴存，但不得办理现金支取。

2. 开户要求

开立基本存款账户的存款人都可以开立一般存款账户。根据规定，只要存款人具有借款或其他结算需要，都可以申请开立一般存款账户，且没有数量限制。

根据《人民币银行结算账户管理办法》的规定，存款人申请开立一般存款账户，应向银行出具下列证明文件：

（1）开立基本存款账户规定的证明文件；

（2）基本存款账户开户登记证或企业基本存款账户编号；

（3）存款人因向银行借款需要，应出具借款合同；

（4）存款人因其他结算需要，应出具有关证明。

（三）专用存款账户

1.使用范围

专用存款账户是指存款人按照法律、行政法规和规章，对其特定用途资金进行专项管理和使用而开立的银行结算账户。专用存款账户适用于以下资金的管理和使用：基本建设资金；更新改造资金；粮、棉、油收购资金；证券交易结算资金；期货交易保证金；信托基金；政策性房地产开发资金；单位银行卡备用金；住房基金；社会保障基金；收入汇缴资金和业务支出资金；党、团、工会设在单位的组织机构经费；其他需要专项管理和使用资金。针对不同的专用资金，《人民币银行结算账户管理办法》规定了以下不同的使用范围：

（1）单位银行卡账户的资金（备用金）必须由其基本存款账户转账存入。该账户不得办理现金收付业务。

（2）证券交易结算资金、期货交易保证金和信托基金专用存款账户，不得支取现金。

（3）基本建设资金、更新改造资金、政策性房地产开发资金需要支取现金的，应在开户时报中国人民银行当地分支行批准。

（4）粮、棉、油收购资金，社会保障基金，住房基金和党、团、工会经费等专用存款账户支取现金，应按照国家现金管理的规定办理。

（5）收入汇缴资金和业务支出资金是指基本存款账户存款人附属的非独立核算单位或派出机构发生的收入和支出的资金。收入汇缴账户除向其基本存款账户或预算外资金财政专用存款户划缴款项外，只收不付，不得支取现金。业务支出账户除从其基本账户拨入款项外，只付不收，其现金支取必须按照国家现金管理的规定办理。

2.开户要求

存款人申请开立专用存款账户，应向银行出具其开立基本存款账户规定的证明文件、基本存款账户开户登记证或企业基本存款账户编号和下列证明文件：

（1）基本建设资金、更新改造资金、政策性房地产开发资金、住房基金、社会保障基金，应出具主管部门批文。

（2）粮、棉、油收购资金，应出具主管部门批文。

（3）单位银行卡备用金，应按照中国人民银行批准的银行卡章程的规定出具有关证明和资料。

（4）证券交易结算资金，应出具证券公司或证券管理部门的证明。

（5）期货交易保证金，应出具期货公司或期货管理部门的证明。

（6）收入汇缴资金和业务支出资金，应出具基本存款账户存款人有关的证明。

（7）党、团、工会设在单位的组织机构经费，应出具该单位或有关部门的批文或证明。

（8）其他按规定需要专项管理和使用的资金，应出具有关法规、规章或政府部门的有关文件。

（四）临时存款账户

1.使用范围

临时存款账户是指存款人因临时需要并在规定期限内使用而开立的银行结算账户。该账户用于办理临时机构以及存款人临时经营活动发生的资金收付，其适用范围主要包括：设立临时机构，如工程指挥部、筹备领导小组、摄制组等；异地临时经营活动，如建筑施工及安装单位等；注册验资、增资。临时存款账户应根据有关开户证明文件确定的期限或存款人的需要确定其有效期限。存款人在账户的使用中需要延长期限的，应在有效期限内向开户银行提出申请，并由开户银行报中国人民银行当地分支行核准后办理展期，其有效期限最长不得超过2年。临时存款账户支取现金，应按照国家现金管理的规定办理。注册验资的临时存款账户在验资期间只收不付，注册验资资金的汇缴人应与出资人的名称一致。

2.开户要求

根据《人民币银行结算账户管理办法》的规定，存款人有下列情况的，可以申请开立临时存款账户：

（1）设立临时机构。

（2）异地临时经营活动。

（3）注册验资。

存款人申请开立临时存款账户时，应向银行出具下列证明文件：

（1）临时机构，应出具其驻在地主管部门同意设立临时机构的批文。

（2）异地建筑施工及安装单位，应出具其营业执照正本或其隶属单位的营业执照正本，以及施工及安装地建设主管部门核发的许可证或建筑施工及安装合同。

（3）异地从事临时经营活动的单位，应出具其营业执照正本以及临时经营地市场监督管理部门的批文。

（4）注册验资资金，应出具市场监督管理部门核发的企业名称预先核准通知书或有关部门的批文。

上述（2）、（3）项，存款人还应出具其基本存款账户开户登记证。

小练习7-3

单位银行结算账户包括（ ）。

A.基本存款账户　　B.一般存款账户

C.专用存款账户　　D.临时存款账户

（五）异地银行结算账户

1.使用范围

异地银行结算账户是指存款人根据规定的条件在异地（跨省、市、县）开立的银行结算账户。根据《人民币银行结算账户管理办法》的规定，存款人有下列情形之一的，可以在异地开立相应的银行结算账户：

（1）营业执照注册地与经营地不在同一行政区域（跨省、市、县）需要开立基本存款账户的。

（2）办理异地借款和其他结算需要开立一般存款账户的。

（3）存款人因附属的非独立核算单位或派出机构发生的收入汇缴或业务支出需要开立专用存款账户的。

（4）异地临时经营活动需要开立临时存款账户的。

（5）自然人根据需要在异地开立个人银行结算账户的。

2.开户要求

存款人需要在异地开立单位银行结算账户，除出具开立基本存款账户、一般存款账户、专用存款账户和临时存款账户规定的有关证明文件与基本存款账户开户登记证或企业基本存款账户编号外，还应出具下列相应的证明文件：

（1）异地借款的存款人在异地开立一般存款账户的，应出具在异地取得贷款的借款合同。

（2）因经营需要在异地办理收入汇缴和业务支出的存款人，在异地开立专用存款账户的，应出具隶属单位的证明。

三、银行结算账户的开立、变更和撤销

（一）银行结算账户的开立

存款人应在注册地或住所地开立银行结算账户。符合异地（跨省、市、县）开户条件的，也可以在异地开立银行结算账户。开立银行结算账户应遵循存款自主原则，除国家法律、行政法规和国务院规定外，任何单位和个人不得强令存款人到指定银行开立银行结算账户。存款人申请开立银行结算账户的一般程序如下：

1.存款人填制开户申请书

存款人申请开立银行结算账户时，应填制开立银行结算账户申请书。开立单位银行结算账户时，应填写开立单位银行结算账户申请书，并加盖单位公章和法定代表人（单位负责人）或其授权代理人的签名或者盖章。存款人有统一社会信用代码、上级法人或主管单位的，应在开立单位银行结算账户申请书上如实填写相关信息。存款人有关联企业的，应填写“关联企业登记表”。

2.银行办理开户手续

银行应对存款人的开户申请书填写的事项和证明文件的真实性、完整性、合规性进行认真审查。开户申请书填写的事项齐全，符合开立核准类账户条件的，银行应将存款人的开户申请书、相关的证明文件和银行审核意见等开户资料报送中国人民银行当地分支行，经其核准并核发开户许可证后办理开户手续；符合开立一般存款账户、其他专用存款账户等备案类结算账户条件的，银行应办理开户手续，并向中国人民银行当地分支行备案。其中，开户许可证是中国人民银行依法准予申请人在银行开立核准类银行结算账户的行政许可证件，是核准类银行结算账户合法性的有效证明。开户许可证有正本和副本之分，正本由申请人保管；副本由申请人开户银行留存。

开立银行结算账户时，银行应与存款人签订银行结算账户管理协议，明确双方的权利与义务。银行应建立存款人预留签章卡片，并将签章式样和有关证明文件的原件或复印件留存归档。

3.启用银行结算账户

存款人开立单位银行结算账户，自正式开立之日起3个工作日后，方可使用该账户办理付款业务。

（二）银行结算账户的变更

变更是指存款人的账户信息资料发生变化或改变。根据账户管理的要求，存款人变更账户名称、单位的法定代表人或主要负责人、地址等其他开户证明文件后，应及时向开户

银行办理变更手续，填写变更银行结算账户申请书。具体要求包括：

➢存款人更改名称，但不改变开户银行及账号的，应于5个工作日内向开户银行提出银行结算账户的变更申请，并出具有关部门的证明文件。

➢单位的法定代表人或主要负责人、住址以及其他开户资料发生变更时，应于5个工作日内书面通知开户银行并提供有关证明。

➢属于变更开户许可证记载事项的，存款人办理变更手续时，应交回开户许可证，由中国人民银行当地分支行换发新的开户许可证。

（三）银行结算账户的撤销

银行结算账户的撤销是指存款人因开户资格或其他原因终止银行结算账户使用的行为。

根据《人民币银行结算账户管理办法》的规定，发生下列事由之一的，存款人应向开户银行提出撤销银行结算账户的申请：被撤并、解散、宣告破产或关闭的；注销、被吊销营业执照的；因迁址需要变更开户银行的；其他原因需要撤销银行结算账户的。

存款人有以上第1项、第2项情形的，应于5个工作日内向开户银行提出撤销银行结算账户的申请。撤销银行结算账户时，应先撤销一般存款账户、专用存款账户、临时存款账户，将账户资金转入基本存款账户后，方可办理基本存款账户的撤销。银行得知存款人有以上第1项、第2项情形的，存款人超过规定期限未主动办理撤销银行结算账户手续的，银行有权停止其银行结算账户的对外支付。存款人因以上第（3）项、第（4）项情形撤销基本存款账户后，需要重新开立基本存款账户的，应在撤销其原基本存款账户后10日内申请重新开立基本存款账户。

存款人尚未清偿其开户银行债务的，不得申请撤销该银行结算账户。对于按照账户管理规定应撤销而未办理销户手续的单位银行结算账户，银行通知该单位银行结算账户的存款人自发出通知之日起30日内办理销户手续，逾期视同自愿销户，未划转款项列入久悬未取专户管理。存款人撤销核准类银行结算账户时，应交回开户许可证。

【随堂测】（判断题）撤销银行结算账户时，应先撤销基本存款账户，然后撤销一般存款账户、专用存款账户和临时存款账户。（　　）

第三节　票据结算方式

一、票据及其法律关系

（一）票据的概念、特征和功能

1.票据的含义和种类

票据的概念有广义和狭义之分。广义上的票据包括各种有价证券和凭证，如股票、国库券、企业债券、发票、提单等；狭义的票据仅指《中华人民共和国票据法》（以下简称《票据法》）上规定的票据。狭义的票据是由出票人签发的、约定自己或者委托付款人在见票时或指定的日期向收款人或持票人无条件支付一定金额的有价证券。

《票据法》规定的票据，包括银行汇票、商业汇票、银行本票、支票4种。

2.票据的特征

票据具有以下6个方面的特征：

（1）票据是“完全有价证券”，即票据权利完全证券化，票据权利与票据本身融为一体、不可分离。也就是说，票据权利的产生、行使、转让和消灭都离不开票据。

（2）票据是“文义证券”，即票据上的一切票据权利义务必须严格依照票据记载的文义而定，文义之外的任何理由、事项均不得作为根据，即使文义记载有错，也不得用票据之外的其他证明方法变更或补充。

（3）票据是“无因证券”，即票据如果符合《票据法》规定的条件，票据权利就成立，持票人不必证明取得票据的原因，仅以票据文义请求履行票据权利。但当票据债务人根据《票据法》第十二条的规定，认为持票人是以欺诈、偷盗或者胁迫等手段取得票据，或者明知有上述情形出于恶意取得票据，或者因为重大过失取得票据，持票人应当对自己持票的合法性负责举证。

（4）票据是“金钱债权证券”，即票据上体现的权利性质是财产权不是其他权利，财产权的内容是请求支付一定的金钱而不是物品。

（5）票据是“要式证券”，即票据的制作、形式、文义都有规定的格式和要求，必须符合《票据法》的规定。

（6）票据是“流通证券”，即票据可以流通转让，只有流通转让，票据的功能才能充分发挥。与一般财产权相比，票据权利的转让灵活简便，无须通知债务人，通过背书行为直接转让。

3.票据的功能

票据具有以下5个方面的功能：

（1）支付功能，即票据可以充当支付工具，代替现金使用，方便、快捷。

（2）汇兑功能，即票据可以代替货币在不同地方之间运送，方便异地之间的支付，方便、安全。

（3）信用功能，即票据当事人可以凭借自己的信誉，将未来才能获得的金钱作为现在的金钱来使用。

（4）结算功能，即债务抵销功能。简单的结算是互有债务的双方当事人各签发一张本票，待两张本票都到期时则可以相互抵销债务。若有差额，由一方以现金支付。

（5）融资功能，即融通资金或调试资金。票据的融资功能是通过票据的贴现、转贴现和再贴现实现的。

（二）票据当事人

票据当事人是指票据法律关系中享有票据权利、承担票据义务的当事人，也称票据法律关系主体，可分为基本当事人和非基本当事人。

基本当事人是指在票据做成和交付时业已存在的当事人，是构成票据法律关系的必要主体，包括出票人、付款人和收款人。在汇票及支票中有出票人、付款人和收款人；在本票中有出票人和收款人。其中，出票人是指依法定方式签发票据并将票据交付给收款人的人；收款人是指票据到期后有权收取票据所载金额的人，又称票据权利人；付款人是指由出票人委托付款或自行承担付款责任的人。付款人付款后，票据上的一切债务责任解除。

【随堂测】（多选题）支票的基本当事人包括（　　）。

A.出票人　　B.保证人　　C.收款人　　D.背书人

非基本当事人是指在票据做成并交付后，通过一定的票据行为加入票据关系而享有一定权利、义务的当事人，包括承兑人、背书人、被背书人、保证人等。票据上的非基本当事人在各种票据行为中都有自己特定的名称，所以同一当事人可以有两个名称，即双重身份。如汇票中的付款人在承兑汇票后称为承兑人，第一次背书中的被背书人就是第二次背书中的背书人。其中，承兑人是指接受汇票出票人的付款委托同意承担支付票据义务的人，又称汇票主债务人。背书人是指在转让票据时，在票据背面或粘单上签字或盖章并将该票据交付给受让人的票据收款人或持有人。被背书人是指被记名受让票据或接受票据转让的人。保证人是指为票据债务提供担保的人，由票据债务人以外的人担当。保证人在被保证人不能履行票据付款责任时，以自己的金钱履行票据付款义务，然后取得持票人的权利，向票据债务人追索。并非所有的票据当事人一定同时出现在某一张票据上，除基本当事人外，非基本当事人是否存在，完全取决于相应票据行为是否发生。不同票据上可能出现的票据当事人也有所不同。

（三）票据权利与责任

票据权利与责任是指票据法律关系主体所享有的权利和应承担的责任，是票据法律关系的重要内容。

票据权利是指票据持票人向票据债务人请求支付票据金额的权利，包括付款请求权和追索权。票据付款请求权是指持票人向汇票的承兑人、本票的出票人、支票的付款人出示票据要求付款的权利，是第一顺序权利，又称主要票据权利。行使付款请求权的持票人可以是票据记载的收款人或最后的被背书人；担负付款请求权付款义务的主要是主债务人。票据追索权是指票据当事人行使付款请求权遭到拒绝或有其他法定原因存在时，向其前手请求偿还票据金额及其他法定费用的权利，是第二顺序权利，又称偿还请求权利。行使追索权的当事人除票据记载的收款人和最后被背书人外，还可能是代为清偿票据债务的保证人、背书人。

票据责任是指票据债务人向持票人支付票据金额的责任。它是基于债务人特定的票据行为（如出票、背书、承兑等）而应承担的义务，不具有制裁性质，主要包括付款义务和偿还义务。在实务中，票据债务人承担票据义务一般有4种情况：汇票承兑人因承兑而应承担付款义务；本票出票人因出票而承担自己付款的义务；支票付款人在与出票人有资金关系时承担付款义务；汇票、本票、支票的背书人，汇票、支票的出票人、保证人，在票据不获承兑或不获付款时的付款清偿义务。

（四）票据行为

票据行为是指能够产生票据权利与义务关系的法律行为。《票据法》规定的票据行为是指票据当事人以发生票据债务为目的的、以在票据上签名或盖章为权利义务成立要件的法律行为，包括出票、背书、承兑和保证4种。

出票是指出票人签发票据并将其交付给收款人的行为，包括两种行为：一是出票人依照《票据法》的规定做成票据，即在原始票据上记载法定事项并签章；二是交付票据，即将做成的票据交付给他人占有。这二者缺一不可。

背书是指收款人或持票人为将票据权利转让给他人或者将一定的票据权利授予他人行使而在票据背面或者粘单上记载有关事项并签章的行为。背书按照目的不同分为转让背书和非转让背书。转让背书是以持票人将票据权利转让给他人为目的。非转让背书是将一定的票据权利授予他人行使，包括委托收款背书和质押背书。委托收款背书是委托他人代替自己行使票据权利、收取票据金额的背书，被背书人有权代背书人行使被委托的票据权利，但是被背书人不得再以背书转让票据权利。质押背书是以设定质权、提供债务担保为目的而进行的背书。被背书人依法实现其债权时，可以行使票据权利。在质押背书中，背书人为出质人，被背书人为质权人。无论何种目的的背书，都应当记载背书事项并交付票据。以背书转让的汇票，背书还应当连续。所谓连续，是指在票据转让中，转让汇票的背书人与受让汇票的被背书人在汇票上的签章依次前后衔接，即第一次背书的背书人为票据的收款人；第二次背书的背书人为第一次背书的被背书人；以此类推。

承兑是指汇票付款人承诺在汇票到期日支付汇票金额并盖章的行为。

保证是指票据债务人以外的人，为担保特定债务人履行票据债务而在票据上记载有关事项并盖章的行为。保证人对合法取得票据的持票人所享有的票据权利承担保证责任。被保证的票据，保证人应当与被保证人对持票人承担连带责任。保证人为两人以上的，保证人之间承担连带责任。票据到期后得不到付款的，持票人有权向保证人请求付款，保证人应当足额付款。保证人清偿票据债务后，可以行使持票人对被保证人及其前手的追索权。

小练习 7-4

2021年2月26日，安徽省合肥市甲公司签发了一张银行承兑汇票，该汇票经合肥市A银行承兑，收款人为上海市乙公司，乙公司获得该汇票后背书转让给了丙公司。丙公司因购买生产原料未背书即将该汇票交付丁公司。之后，丁公司又将该汇票背书转让给了浙江省杭州市戊公司。2021年8月29日该汇票到期后，戊公司填写了委托收款凭证并附上该汇票，经其开户银行B银行向合肥市A银行发出委托收款。合肥市A银行收到委托收款凭证和该汇票后，以“该汇票背书不连续”为由予以退票。请分析A银行的做法是否正确。

（五）票据签章

票据签章是指票据有关当事人在票据上签名、盖章或签名加盖章的行为。票据签章是票据行为生效的重要条件，也是票据行为表现形式中必须记载的事项。如果票据缺少当事人的签章，将导致票据无效或该项票据行为无效。票据上的签章因票据行为的性质不同，签章当事人也不同。票据签发时，由出票人签章；票据转让时，由背书人签章；票据承兑时，由承兑人签章；票据保证时，由保证人签章；持票人行使票据权利时，由持票人签章。一般来说，出票人在票据上签章不符合法律规定的，票据无效；背书人在票据上签章不符合法律规定的，其签章无效，但不影响其前手符合规定签章的效力；承兑人、保证人在票据上签章不符合法律规定的，其签章无效，但不影响其他符合规定签章的效力。

（六）票据记载事项

票据记载事项是指依法在票据上记载票据相关内容的行为。票据记载事项一般分为绝对记载事项、相对记载事项和任意记载事项等。绝对记载事项是指《票据法》明文规定必须记载的，如不记载票据即为无效的事项。如表明票据种类的事项，必须载明“汇票”“本票”“支票”，否则票据无效。相对记载事项是指《票据法》规定应该记载而未记载，适用法律的有关规定而不使票据失效的事项。如汇票上未记载付款日期的，为见票即付等属于相对记载事项。任意记载事项是指《票据法》不强制当事人必须记载而允许当事人自行选择，不记载时不影响票据效力，记载时则产生票据效力的事项。如出票人在汇票上记载

“不得转让”字样的，汇票不得转让。其中，“不得转让”事项即为任意记载事项。

（七）票据丧失的补救

票据丧失是指票据因灭失、遗失、被盗等而使票据权利人脱离其对票据的占有。票据一旦丧失，票据的债权人不通过一定的方法就不能阻止债务人向拾获者履行义务，从而造成正当票据权利人经济上的损失。因此，需要进行票据丧失的补救。票据丧失后，可以采取挂失止付、公示催告、普通诉讼3种形式进行补救。

挂失止付是指失票人将丧失票据的情况通知付款人或代理付款人，由接受通知的付款人或代理付款人审查后暂停支付的一种方式。只有确定付款人或代理付款人的票据丧失时，才可以进行挂失止付，具体包括商业汇票、支票、填明“现金”字样和代理付款人的银行汇票以及填明“现金”字样的银行本票4种。挂失止付并不是票据丧失后采取的必经措施，而只是一种暂时的预防措施，最终要申请公示催告或提起普通诉讼。

公示催告是指在票据丧失后由失票人向人民法院提出申请，请求人民法院以公告方式通知不确定的利害关系人限期申报权利，逾期未申报者，则权利失效，而由法院通过除权判决宣告所丧失的票据无效的一种制度或程序。根据《票据法》的规定，失票人应当在通知挂失止付后的3日内，也可以在票据丧失后，依法向人民法院申请公示催告，或者向人民法院提起诉讼。申请公示催告的主体必须是可以背书转让的票据的最后持票人，失票人不知道票据的下落，利害关系人也不明确。

普通诉讼是指丧失票据的人为原告，以承兑人或出票人为被告，请求法院判决其向失票人付款的诉讼活动。如果与票据上的权利有利害关系的人是明确的，无须公示催告，可按一般的票据纠纷向法院提起诉讼。

票据的起源

二、银行汇票

（一）银行汇票的概念和使用范围

银行汇票是出票银行签发，由其在见票时按照实际结算金额无条件支付给收款人或者持票人的票据。银行汇票的出票银行为银行汇票的付款人。

银行汇票可以用于转账；填明“现金”字样的银行汇票也可以用于支取现金。单位和个人的各种款项结算，均可使用银行汇票。

银行汇票的出票和付款，全国范围限于中国人民银行和各商业银行参加“全国联行往来”的银行机构办理。跨系统银行签发的转账银行汇票的付款，应通过同城票据交换将银行汇票和解讫通知提交给同城的有关银行审核支付后抵用。代理付款人不得受理未在本行开立存款账户的持票人为单位直接提交的银行汇票。省、自治区、直辖市内和跨省、市的经济区域内银行汇票的出票和付款，按照有关规定办理。

银行汇票的代理付款人是代理本系统出票银行或跨系统签约银行审核支付汇票款项的银行。

（二）银行汇票的记载事项

签发银行汇票必须记载下列事项（即绝对记载事项），欠缺记载下列事项之一的，银行汇票无效：

1.表明“银行汇票”的字样。这是指在票据上必须记载足以表明该票据是银行汇票的文字。如果没有该文字，银行汇票则无效。

2.无条件支付的承诺。这是汇票的支付文句，即表明出票人委托付款人支付汇票金额是不附加任何条件的。换言之，如果汇票附有条件，则汇票无效。

3.出票金额。汇票金额是指出票时汇票上应该记载的确定金额。如果汇票上记载的金额是不确定的，汇票将无效。在实践中，银行汇票除记载汇票金额外，还有实际结算金额。实际结算金额是指不超过汇票金额，而另外记载的具体结算的金额。汇票上记载有实际结算金额的，以实际结算金额为汇票金额。如果银行汇票记载汇票金额而未记载实际结算金额，并不影响该汇票的效力，而以汇票金额为实际结算金额。实际结算金额只能小于或等于汇票金额，如果实际结算金额大于汇票金额，实际结算金额无效，以汇票金额为付款金额。

4.付款人名称。付款人是指出票人在汇票上记载的委托支付汇票金额的人。付款人是汇票的主债务人，如果汇票上未记载付款人的名称，收款人或者持票人将不知道向谁提示承兑或提示付款。因此，汇票上未记载付款人的，汇票则为无效。

5.收款人名称。收款人是指出票人在汇票上记载的受领汇票金额的最初票据权利人。

6.出票日期。这是指出票人在汇票上记载的签发汇票的日期。出票日期在法律上具有重要的作用，即可以确定出票后定期付款汇票的付款日期、确定见票即付汇票的付款提示期限、确定见票后定期付款汇票的承兑提示期限、确定利息起算日、确定某些票据权利的时效期限、确定保证成立之日期、判定出票人于出票时的行为能力状态以及代理人的代理权限状态等。因此，如果汇票上不记载出票日期，将不利于保护持票人的票据权利。

7.出票人签章。这是指出票人在票据上亲自书写自己的姓名或盖章。

银行汇票的格式如图7-1所示。

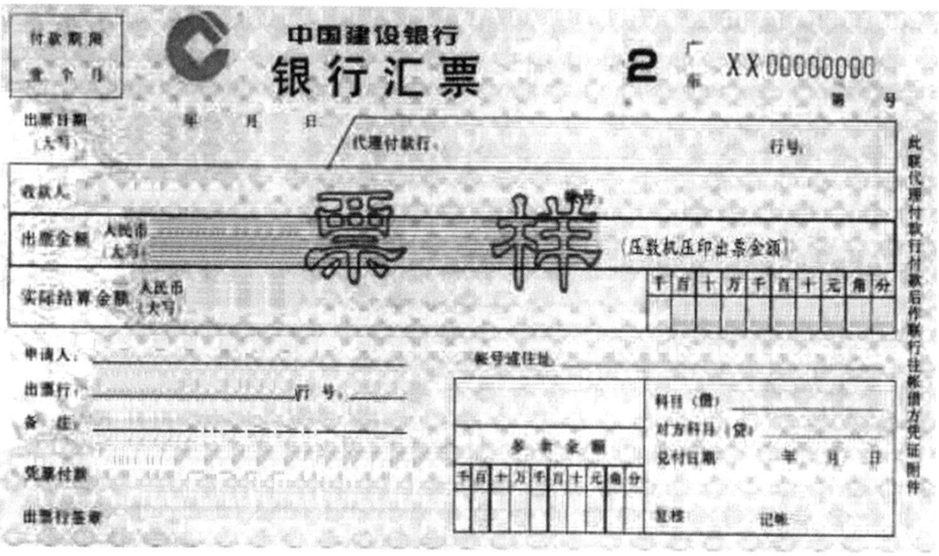
付款期限 壹个月
中国建设银行
银行汇票 2 XX00000000
第 号
出票日期（大写） 年 月 日
代理付款行： 行号：
收款人：
出票金额 人民币（大写） （压数机压印出票金额）
实际结算金额 人民币（大写） 千 百 十 万 千 百 十 元 角 分
申请人： 账号或住址：
出票行： 行号：
备注：
凭票付款
出票行签章
多余金额 千 百 十 万 千 百 十 元 角 分
科目（借）
对方科目（贷）
兑付日期 年 月 日
复核 记账
此联代理付款行付款后作联行往帐借方凭证附件
票样

原图

图7-1 银行汇票的格式

（三）银行汇票的提示付款期限

银行汇票的提示付款期限为自出票日起1个月。持票人超过提示付款期限提示付款的，代理付款人不予受理。

（四）办理银行汇票的程序

根据《支付结算办法》的规定，办理银行汇票的程序如下：

➢申请人使用银行汇票，应向出票银行填写“银行汇票申请书”，填明收款人名称、汇票金额、申请人名称、申请日期等事项并签章，签章为其预留银行的签章。

申请人和收款人均为个人，需要使用银行汇票向代理付款人支取现金的，申请人须在“银行汇票申请书”上填明代理付款人名称，在“汇票金额”栏先填写“现金”字样，后填写汇票金额。

申请人或者收款人为单位的，不得在“银行汇票申请书”上填明“现金”字样。

➢出票银行受理银行汇票申请书，收妥款项后签发银行汇票，并用压数机压印出票金额，将银行汇票和解讫通知一并交给申请人。

签发转账银行汇票，不得填写代理付款人名称，但由人民银行代理兑付银行汇票的商业银行，向设有分支机构地区签发转账银行汇票的除外。

签发现金银行汇票，申请人和收款人必须均为个人，收妥申请人交存的现金后，在银行汇票“出票金额”栏先填写“现金”字样，后填写出票金额，并填写代理付款人名称。申请人或者收款人为单位的，银行不得为其签发现金银行汇票。

➢申请人应将银行汇票和解讫通知一并交付给汇票上载明的收款人。

银行汇票结算的具体流程如图7-2所示。

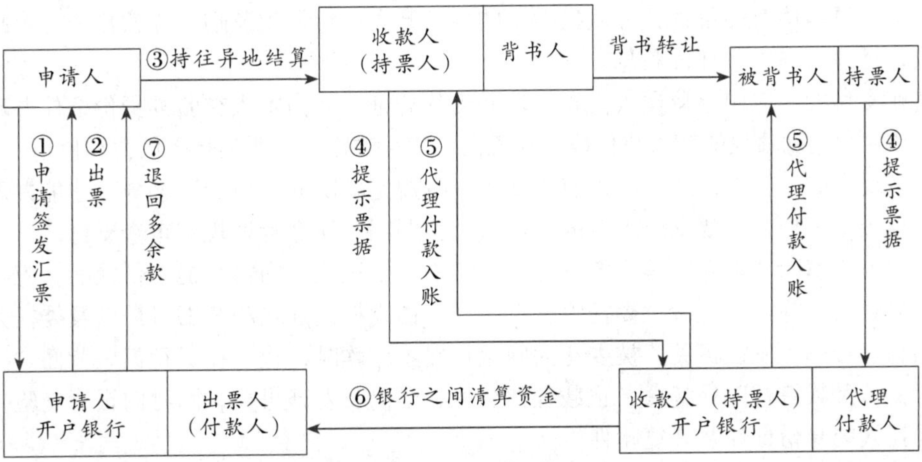

图7-2　银行汇票结算流程

（五）银行汇票兑付的基本要求

➢收款人受理银行汇票时，应审查下列事项：银行汇票和解讫通知是否齐全，汇票号码和记载的内容是否一致；收款人是否确为本单位或本人；银行汇票是否在提示付款期限内；必须记载的事项是否齐全；出票人签章是否符合规定，是否有压数机压印的出票金额，并与大写出票金额一致；出票金额、出票日期、收款人名称是否更改，更改的其他记载事项是否由原记载人签章证明。

➢收款人受理申请人交付的银行汇票时，应在出票金额以内，根据实际需要的款项办理结算，并将实际结算金额和多余金额准确、清晰地填入银行汇票和解讫通知的有关栏内。未填明实际结算金额和多余金额或实际结算金额超过出票金额的，银行都不予受理。

➢银行汇票的实际结算金额不得更改，更改实际结算金额的银行汇票无效。

➢收款人可以将银行汇票背书转让给被背书人。银行汇票的背书转让以不超过出票金额的实际结算金额为准。未填写实际结算金额或实际结算金额超过出票金额的银行汇票不得背书转让。

➢被背书人受理银行汇票时，除审查收款人受理银行汇票时应审查事项外，还应审查下列事项：银行汇票是否记载实际结算金额，有无更改，其金额是否超过出票金额；背书是否连续，背书人签章是否符合规定，背书使用粘单的是否按规定签章；背书人为个人的身份证件。

➢持票人向银行提示付款时，必须同时提交银行汇票和解讫通知，缺少任何一联，银行都不予受理。

➢在银行开立存款账户的持票人向开户银行提示付款时，应在汇票背面“持票人向银行提示付款签章”处签章，签章须与预留银行签章相同，并将银行汇票和解讫通知、进账单送交开户银行。银行审查无误后办理转账。

➢未在银行开立存款账户的个人持票人，可以向选择的任何一家银行机构提示付款。提示付款时，应在汇票背面“持票人向银行提示付款签章”处签章，并填明本人身份证件名称、号码及发证机关，由其本人向银行提交身份证件及其复印件。银行审核无误后，将其身份证件复印件留存备查，并以持票人的姓名开立应解汇款及临时存款账户，该账户只付不收，付完清户，不计付利息。

转账支付的，应由原持票人向银行填制支款凭证，并由本人交验其身份证件办理支付款项。该账户的款项只能转入单位或个体工商户的存款账户，严禁转入储蓄和信用卡账户。

支取现金的，银行汇票上必须有出票银行按规定填明的“现金”字样，才能办理。未填明“现金”字样，需要支取现金的，由银行按照国家现金管理规定审查支付。

持票人对填明“现金”字样的银行汇票，需要委托他人向银行提示付款的，应在银行汇票背面背书栏签章，记载“委托收款”字样、被委托人姓名和背书日期以及委托人身份证件名称、号码、发证机关。被委托人向银行提示付款时，也应在银行汇票背面“持票人向银行提示付款签章”处签章，记载证件名称、号码及发证机关，同时向银行交验委托人和被委托人的身份证件及其复印件。

➢银行汇票的实际结算金额低于出票金额的，其多余金额由出票银行退交申请人。

➢持票人超过期限向代理付款银行提示付款不获付款的，须在票据权利时效内向出票银行做出说明，并提供本人身份证件或单位证明，持银行汇票和解讫通知向出票银行请求付款。

➢申请人因银行汇票超过付款提示期限或其他原因要求退款时，应将银行汇票和解讫通知同时提交到出票银行。申请人为单位的，应出具该单位的证明；申请人为个人的，应出具该本人的身份证件。对于代理付款银行查询的该张银行汇票，在汇票提示付款期满后方能办理退款。出票银行对于转账银行汇票的退款，只能转入原申请人账户；对于符合规定填明“现金”字样的银行汇票的退款，才能退付现金。

申请人缺少解讫通知要求退款的，出票银行应于银行汇票提示付款期满1个月后办理。

➢银行汇票丧失，失票人可以凭人民法院出具的其享有票据权利的证明，向出票银行请求付款或退款。

小练习7-5

2021年3月6日，甲公司向乙公司购买了一批货物，双方同意采用银行汇票支付货款。在乙公司发货之前，甲公司仅交付给乙公司银行汇票的第二联，乙公司财务人员凭银行汇票第二联向本公司的开户银行A银行提示付款。请分析A银行能否受理该汇票。

三、商业汇票

（一）商业汇票的概念和种类

商业汇票是出票人签发的，委托付款人在指定日期无条件支付确定的金额给收款人或者持票人的票据。商业汇票的付款人为承兑人。按承兑人不同，商业汇票分为商业承兑汇票和银行承兑汇票。其中，承兑是指汇票付款人承诺在汇票到期日支付汇票金额并签章的行为，仅适用于商业汇票。

商业承兑汇票是指由收款人签发，付款人承兑，或由付款人签发并承兑的票据。商业承兑汇票由银行以外的付款人承兑。付款人承兑商业汇票，应当在汇票正面记载“承兑”字样和承兑日期并签章，且不得附有条件，否则视为拒绝承兑。

商业承兑汇票的格式如图7-3所示。

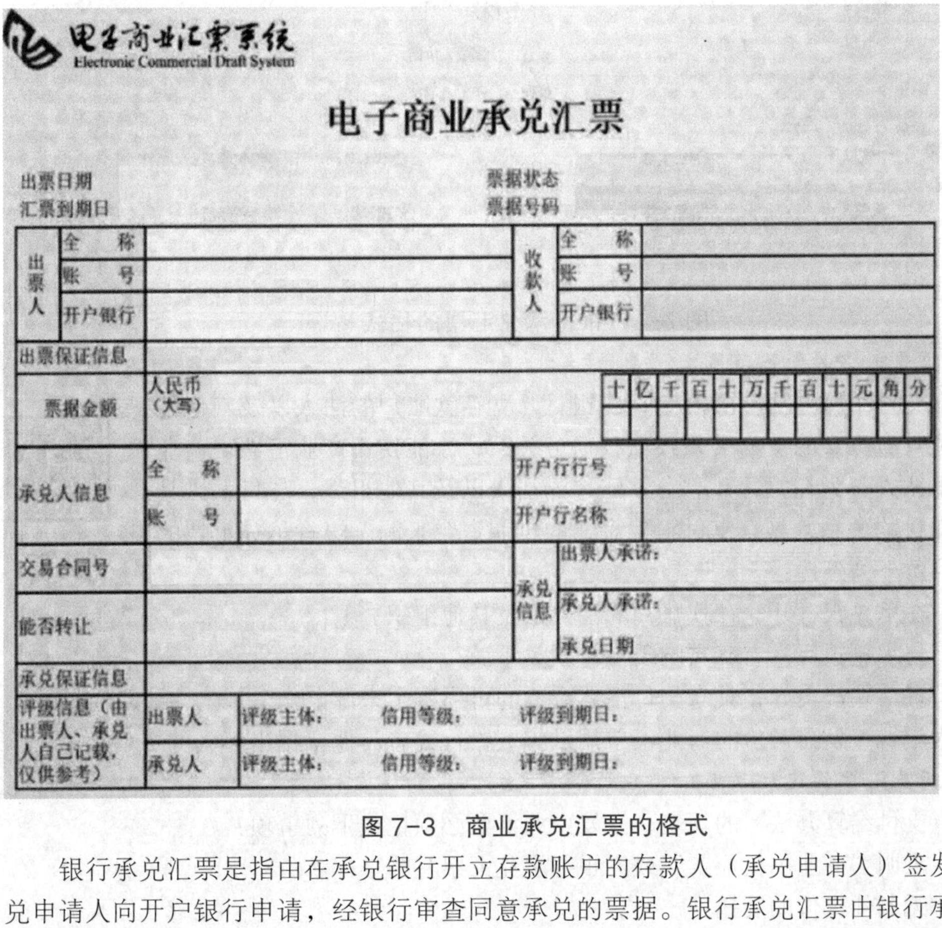
电子商业汇票系统
Electronic Commercial Draft System

电子商业承兑汇票

出票日期　　　　票据状态
汇票到期日　　　票据号码

出票人	全　称		收款人	全　称	
	账　号			账　号	
	开户银行			开户银行	
出票保证信息					
票据金额	人民币（大写）			十 亿 千 百 十 万 千 百 十 元 角 分	
承兑人信息	全　称		开户行行号		
	账　号		开户行名称		
交易合同号			承兑信息	出票人承诺：	
能否转让				承兑人承诺：	
				承兑日期	
承兑保证信息					
评级信息（由出票人、承兑人自己记载，仅供参考）	出票人	评级主体：	信用等级：	评级到期日：	
	承兑人	评级主体：	信用等级：	评级到期日：	

原图

图7-3　商业承兑汇票的格式

银行承兑汇票是指由在承兑银行开立存款账户的存款人（承兑申请人）签发，并由承兑申请人向开户银行申请，经银行审查同意承兑的票据。银行承兑汇票由银行承兑。

根据《支付结算办法》的规定，商业汇票的承兑银行，必须具备下列条件：

第一，与出票人具有真实的委托付款关系。

第二，具有支付汇票金额的可靠资金。

第三，内部管理完善，经其法人授权的银行审定。

银行承兑汇票的承兑银行，应按票面金额向出票人收取5‰的手续费。

银行承兑汇票的格式如图7-4所示。

电子商业汇票系统
Electronic Commercial Draft System

电子银行承兑汇票

出票日期：　　　　　　　　　　票据状态：

到期日期：　　　　　　　　　　票据号码：

出票人	全称		收票人	全称	
	账号			账号	
	开户银行			开户银行	
票据金额	人民币（大写）		十 亿 千 百 十 万 千 百 十 元 角 分		
承兑人信息	全称		开户行号		
	账号		开户行名称		
交易合同号			承兑信息	出票人承诺：	
能否转让				承兑人承诺： 承兑日期：	
评级信息（由出票人、承兑人自己记载，仅供参考）	出票人	评级主体：	信用等级：	评级到期日：	
	承兑人	评级主体：	信用等级：	评级到期日：	
备注					

原图

图7-4　银行承兑汇票的格式

（二）商业汇票的使用范围

微课

银行汇票与商业汇票的异同

根据《支付结算办法》的规定，在银行开立存款账户的法人以及其他组织之间，必须具有真实的交易关系或债权债务关系，才能使用商业汇票。商业承兑汇票的出票人，为在银行开立存款账户的法人以及其他组织，与付款人具有真实的委托付款关系，具有支付汇票金额的可靠资金来源。银行承兑汇票的出票人必须具备下列条件：

第一，在承兑银行开立存款账户的法人以及其他组织。

第二，与承兑银行具有真实的委托付款关系。

第三，资信状况良好，具有支付汇票金额的可靠资金来源。

出票人不得签发无对价的商业汇票用以骗取银行或者其他票据当事人的资金。

（三）商业汇票的记载事项

根据《支付结算办法》的规定，签发商业汇票必须记载下列事项：

第一，表明“商业承兑汇票”或“银行承兑汇票”的字样。

第二，无条件支付的委托。

第三，确定的金额。

第四，付款人名称。

第五，收款人名称。

第六，出票日期。

第七，出票人签章。

欠缺记载上述事项之一的，商业汇票无效。

（四）商业汇票的提示承兑

商业汇票可以在出票时向付款人提示承兑后使用，也可以在出票后先使用再向付款人提示承兑。

定日付款或者出票后定期付款的商业汇票，持票人应当在汇票到期日前向付款人提示承兑。见票后定期付款的汇票，持票人应当自出票日起1个月内向付款人提示承兑。汇票未按照规定期限提示承兑的，持票人丧失对其前手的追索权。

商业汇票的付款人接到出票人或持票人向其提示承兑的汇票时，应当向出票人或持票人签发收到汇票的回单，记明汇票提示承兑日期并签章。付款人应当在自收到提示承兑的汇票之日起3日内承兑或者拒绝承兑。付款人拒绝承兑的，必须出具拒绝承兑的证明。

银行承兑汇票的出票人或持票人向银行提示承兑时，银行的信贷部门负责按照有关规定和审批程序，对出票人的资格、资信、购销合同和汇票记载的内容进行认真审查，必要时可由出票人提供担保。符合规定和承兑条件的，与出票人签订承兑协议。

（五）商业汇票的付款期限和提示付款期限

商业汇票的付款期限，最长不得超过6个月。定日付款的汇票付款期限自出票日起计算，并在汇票上记载具体的到期日；出票后定期付款的汇票付款期限自出票日起按月计算，并在汇票上记载；见票后定期付款的汇票付款期限自承兑或拒绝承兑日起按月计算，并在汇票上记载。

商业汇票的提示付款期限，自汇票到期日起10日内。持票人应在提示付款期限内通过开户银行委托收款或直接向付款人提示付款。对异地委托收款的，持票人可匡算邮程，提前通过开户银行委托收款。持票人超过提示付款期限提示付款的，持票人开户银行不予受理。

（六）商业汇票的兑付

1.商业承兑汇票的兑付

商业承兑汇票的付款人开户银行收到通过委托收款寄来的商业承兑汇票，将商业承兑汇票留存，并及时通知付款人。付款人收到开户银行的付款通知，应在当日通知银行付款。付款人在接到通知日的次日起3日内（遇法定休假日顺延，下同）未通知银行付款的，视同付款人承诺付款，银行应于付款人接到通知日的次日起第4日（法定休假日顺延，下同）上午开始营业时，将票款划给持票人。付款人提前收到由其承兑的商业汇票，应通知银行于汇票到期日付款。付款人在接到通知日的次日起3日内未通知银行付款，付款人接到通知日的次日起第4日在汇票到期日之前的，银行应于汇票到期日将票款划给持票人。

银行在办理划款时，付款人存款账户不足支付的，应填制付款人未付票款通知书，连同商业承兑汇票邮寄持票人开户银行转交持票人。付款人存在合法抗辩事由拒绝支付的，应自接到通知日的次日起3日内，做成拒绝付款证明送交开户银行，银行将拒绝付款证明和商业承兑汇票邮寄持票人开户银行转交持票人。

2.银行承兑汇票的兑付

银行承兑汇票的出票人应于汇票到期前将票款足额交存其开户银行。承兑银行应在汇票到期日或到期日后的见票当日支付票款。承兑银行存在合法抗辩事由拒绝支付的，应自接到商业汇票的次日起3日内，做成拒绝付款证明，连同商业银行承兑汇票邮寄持票人开户银行转交持票人。银行承兑汇票的出票人于汇票到期日未能足额交存票款时，承兑银行除凭票向持票人无条件付款外，对出票人尚未支付的汇票金额按照每天5‱计收利息。

综上所述，商业承兑汇票与银行承兑汇票的结算流程略有不同，分别如图7-5、图7-6所示。

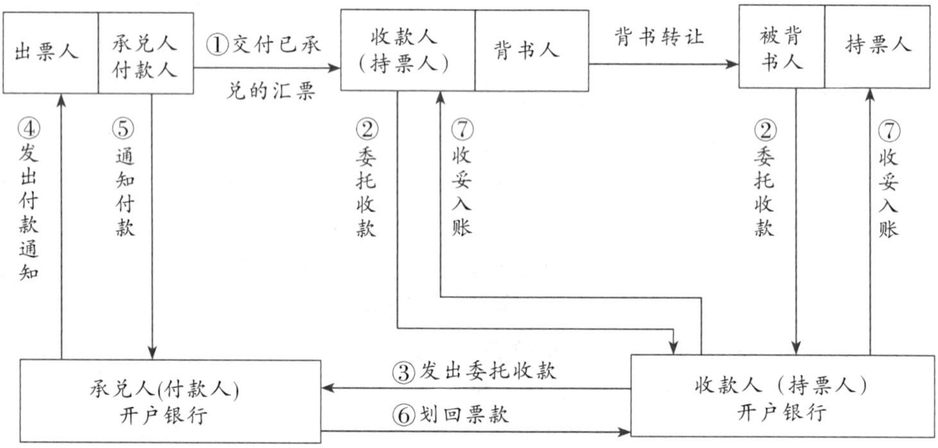

(由收款人出票的,应交由付款人承兑)

图7-5　商业承兑汇票结算流程

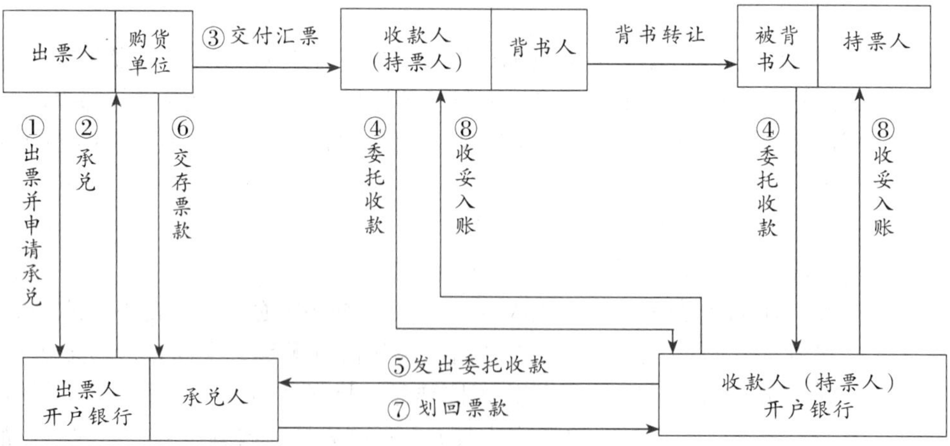

图7-6　银行承兑汇票结算流程

小练习7-6

2021年9月27日，某建筑公司接受了本市某水泥厂转让的一张银行承兑汇票，金额为2万元。该建筑公司因与自然人陈某的债权债务关系，遂将该汇票转让给了陈某。陈某因家庭装修欠某装饰公司装修费2万元，由此又将该汇票转让给了装饰公司。请分析该装饰公司能否接受该汇票。

解析

四、银行本票

（一）银行本票的概念和种类

银行本票是银行签发的，承诺自己在见票时无条件支付确定的金额给收款人或者持票人的票据。银行本票分为不定额本票和定额本票两种，定额本票为1 000元、5 000元、10 000元和50 000元。

银行本票的出票人，为经中国人民银行当地分支行批准办理银行本票业务的银行机构。单位和个人在同一票据交换区域需要支付各种款项，均可以使用银行本票。银行本票可以用于转账，注明“现金”字样的银行本票可以用于支取现金。

（二）银行本票的记载事项

根据《支付结算办法》的规定，签发银行本票必须记载下列事项：

第一，表明“银行本票”的字样。

第二，无条件支付的承诺。

第三，确定的金额。

第四，收款人名称。

第五，出票日期。

第六，出票人签章。

欠缺记载上述事项之一的，银行本票无效。

（三）银行本票的提示付款期限

银行本票的提示付款期限自出票日起最长不得超过2个月。持票人超过付款期限提示付款的，代理付款人不予受理。其中，代理付款人是指代理出票银行审核支付银行本票款项的银行。

（四）办理银行本票的程序

根据《支付结算办法》的规定，办理银行本票应遵循以下程序：

第一，申请人应向银行填写“银行本票申请书”，填明收款人名称、申请人名称、支付金额、申请日期等事项并签章。申请人和收款人均为个人需要支取现金的，应在“支付金额”栏先填写“现金”字样，后填写支付金额。申请人或收款人为单位的，不得申请签发现金银行本票。

第二，出票银行受理银行本票申请书，收妥款项签发银行本票。用于转账的，在银行本票上划去“现金”字样；申请人和收款人均为个人需要支取现金的，在银行本票上划去“转账”字样。不定额银行本票用压数机压印出票金额。出票银行在银行本票上签章后交给申请人。申请人或收款人为单位的，银行不得为其签发现金银行本票。

（五）使用银行本票的基本要求

➢申请人应将银行本票交付给本票上记明的收款人。收款人受理银行本票时，应审查下列事项：收款人是否确为本单位或本人；银行本票是否在提示付款期限内；必须记载的事项是否齐全；出票人签章是否符合规定，不定额银行本票是否有压数机压印的出票金额，并与大写出票金额一致；出票金额、出票日期、收款人名称是否更改，更改的其他记载事项是否由原记载人签章证明。

➢收款人可以将银行本票背书转让给被背书人。被背书人受理银行本票时，除审查收款人受理银行本票时应审查的事项外，还应审查下列事项：背书是否连续，背书人签章是否符合规定，背书使用粘单的是否按规定签章；背书人为个人的身份证件。

➢银行本票见票即付。跨系统银行本票的兑付，持票人开户银行可根据中国人民银行规定的金融机构同业往来利率向出票银行收取利息。

➢在银行开立存款账户的持票人向开户银行提示付款时，应在银行本票背面“持票人向银行提示付款签章”处签章，签章须与预留银行签章相同，并将银行本票、进账单送交开户银行。银行审查无误后办理转账；未在银行开立存款账户的个人持票人，凭注明“现金”字样的银行本票向出票银行支取现金的，应在银行本票背面签章，记载本人身份证件名称、号码及发证机关，并交验本人身份证件及其复印件。

持票人对注明“现金”字样的银行本票需要委托他人向出票银行提示付款的，应在银行本票背面“持票人向银行提示付款签章”处签章，记载“委托收款”字样、被委托人姓名和背书日期以及委托人身份证件名称、号码、发证机关。被委托人向出票银行提示付款时，也应在银行本票背面“持票人向银行提示付款签章”处签章，记载证件名称、号码及发证机关，同时交验委托人和被委托人的身份证件及其复印件。

➢持票人超过提示付款期限不获付款的，在票据权利时效内向出票银行做出说明，并提供本人身份证件或单位证明，可持银行本票向出票银行请求付款。

➢申请人因银行本票超过提示付款期限或其他原因要求退款时，应将银行本票提交到出票银行，申请人为单位的，应出具该单位的证明；申请人为个人的，应出具该本人的身份证件。出票银行对于在本行开立存款账户的申请人，只能将款项转入原申请人账户；对于现金银行本票和未在本行开立存款账户的申请人，才能退付现金。

➢银行本票丧失，失票人可以凭人民法院出具的其享有票据权利的证明，向出票银行请求付款或退款。

银行本票的结算流程如图7-7所示。

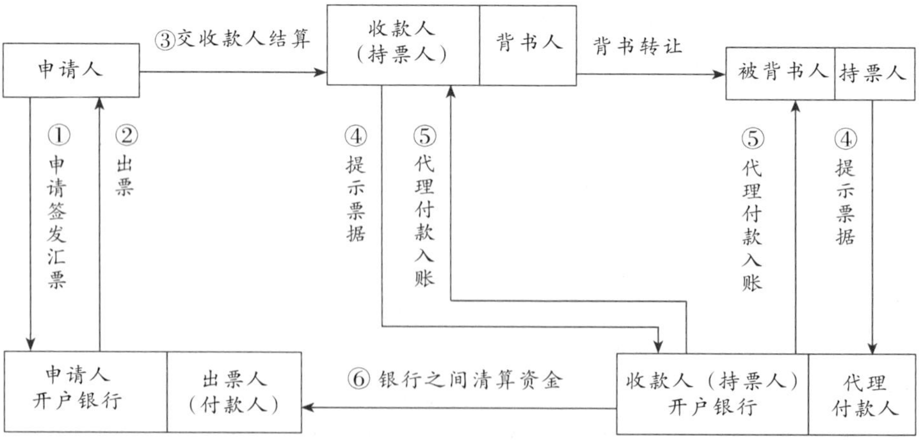

图7-7 银行本票结算流程

五、支票

（一）支票的概念和种类

支票是出票人签发的，委托办理支票存款业务的银行在见票时无条件支付确定的金额给收款人或者持票人的票据。支票的出票人，为在经中国人民银行当地分支行批准办理支票业务的银行机构开立可以使用支票的存款账户的单位和个人。单位和个人在同一票据交换区域的各种款项结算，均可以使用支票。

支票的格式如图7-8所示。

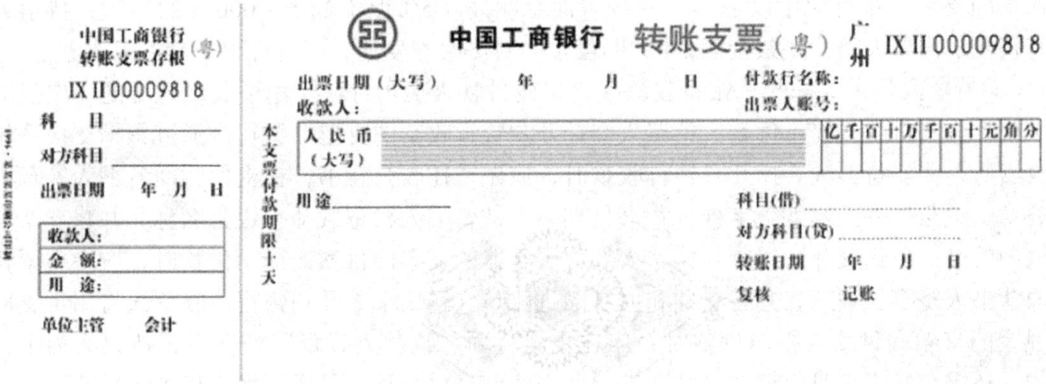
中国工商银行
转账支票存根（粤）
IX II 00009818
科　目
对方科目
出票日期　　年　月　日
收款人：
金　额：
用　途：
单位主管　　会计
本支票付款期限十天
中国工商银行　转账支票（粤）广州　IX II 00009818
出票日期（大写）　　年　　月　　日
付款行名称：
收款人：
出票人账号：
人民币（大写）
亿千百十万千百十元角分
用途
科目(借)
对方科目(贷)
转账日期　　年　　月　　日
复核　　记账

图7-8　支票的格式

《票据法》按照支付方式不同，将支票分为现金支票、转账支票和普通支票。支票上印有“现金”字样的为现金支票，现金支票只能用于支取现金；支票上印有“转账”字样的为转账支票，转账支票只能用于转账；支票上未印有“现金”或“转账”字样的为普通支票，普通支票可以用于支取现金，也可以用于转账。在普通支票左上角划两条平行线的，为划线支票，划线支票只能用于转账，不得支取现金。

（二）支票的记载事项

根据《支付结算办法》的规定，签发支票必须记载下列事项：

第一，表明“支票”的字样。

第二，无条件支付的委托。

第三，确定的金额。

第四，付款人名称（支票的付款人为支票上记载的出票人开户银行）。

第五，出票日期。

第六，出票人签章。

欠缺记载上述事项之一的，支票无效。此外，支票的金额、收款人名称，可以由出票人授权补记。未补记前，不得背书转让和提示付款。

（三）支票的提示付款期限

支票的提示付款期限自出票日起10日，但中国人民银行另有规定的除外。超过提示付款期限提示付款的，持票人开户银行不予受理，付款人不予付款。

（四）支票的签发和使用要求

➢签发支票应使用碳素墨水或墨汁填写，中国人民银行另有规定的除外。

➢签发现金支票和用于支取现金的普通支票，必须符合国家现金管理的规定。

➢支票的出票人签发支票的金额不得超过付款时在付款人处实有的存款金额。禁止签发空头支票。

➢支票的出票人预留银行签章是银行审核支票付款的依据。银行也可以与出票人约定使用支付密码，作为银行审核支付支票金额的条件。

➢出票人不得签发与其预留银行签章不符的支票；使用支付密码的，出票人不得签发支付密码错误的支票。

➢出票人签发空头支票、签章与预留银行签章不符的支票、使用支付密码但支付密码错误的支票，银行应予以退票，并按票面金额处以5%但不低于1 000元的罚款；持票人有权要求出票人赔偿支票金额2%的赔偿金。对屡次签发的，银行应停止其签发支票。

➢持票人可以委托开户银行收款或直接向付款人提示付款。用于支取现金的支票仅限于收款人向付款人提示付款。持票人委托开户银行收款的支票，银行应通过票据交换系统收妥后入账。持票人委托开户银行收款时，应做委托收款背书，在支票背面背书人签章栏签章、记载“委托收款”字样、背书日期，在被背书人栏记载开户银行名称，并将支票和填制的进账单送交开户银行。持票人持用于转账的支票向付款人提示付款时，应在支票背面背书人签章栏签章，并将支票和填制的进账单交送出票人开户银行。收款人持用于支取现金的支票向付款人提示付款时，应在支票背面“收款人签章”处签章，持票人为个人的，还需交验本人身份证件，并在支票背面注明证件名称、号码及发证机关。

➢出票人在付款人处的存款足以支付支票金额时，付款人应当在见票当日足额付款。

➢存款人领购支票，必须填写“票据和结算凭证领用单”并签章，签章应与预留银行的签章相符。存款账户结清时，必须将全部剩余空白支票交回银行注销。

支票结算办理包括出票人持票办理和收款人持票办理两种方式，其结算流程分别如图7-9、图7-10所示。

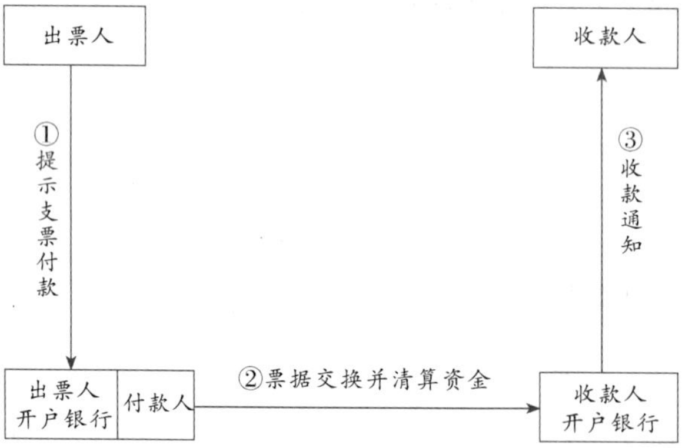

图7-9 出票人持票办理结算流程

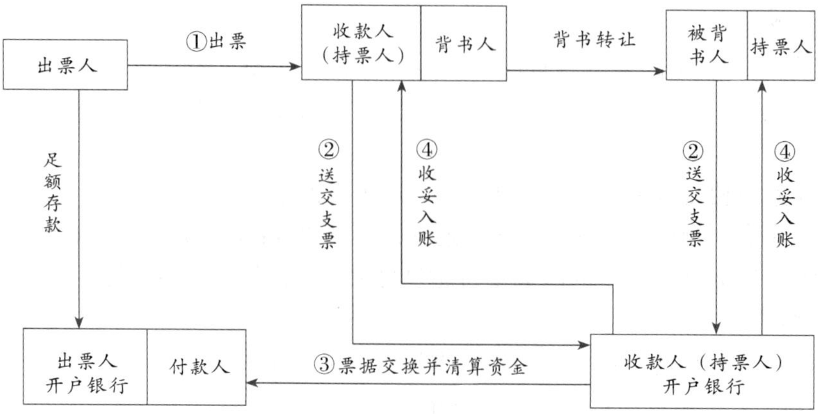

图7-10 收款人持票办理结算流程

小练习7-7

2021年11月10日，甲公司经办人员将本单位转账支票一张交给办公用品供货商某商场供货人员，并授权其补记支票金额。11月11日，该供货商将办公用品以及商场开具的办公用品发票交给甲公司经办人员，甲公司经办人员根据发票金额在转账支票存根联填写相关内容。

2021年12月4日，甲公司财会人员在与开户银行对账时发现其2021年11月10日签发的支票，银行实际付款金额为47 000元，与该商场出具的发票金额相差17 000元。经调查，此系商场财会人员擅自扩大了支票补记金额所致。于是，甲公司决定诉至人民法院，要求商场退还多收部分款项，并要求开户银行承担利息损失。请分析甲公司的主张是否正确。

第四节　非票据结算方式

一、委托收款

（一）委托收款的概念和种类

委托收款是收款人委托银行向付款人收取款项的结算方式。单位和个人凭已承兑商业汇票、债券、存单等付款人债务证明办理款项的结算，均可以使用委托收款结算方式。

委托收款在同城、异地均可以使用。委托收款结算款项的划回方式分邮寄和电报两种，收款人可以根据需要自主选用。此外，在同城范围内，收款人收取公用事业费或根据国务院的规定，可以使用同城特约委托收款。其中，收取公用事业费，必须具有收付双方事先签订的经济合同，由付款人向开户银行授权，并经开户银行同意，报经中国人民银行当地分支行批准。

（二）委托收款凭证的记载事项

收款人签发委托收款凭证必须记载下列事项：

第一，表明“委托收款”的字样。

第二，确定的金额。

第三，付款人名称。

第四，收款人名称。

第五，委托收款凭据名称及附寄单证张数。

第六，委托日期。

第七，收款人签章。

以上事项为绝对记载事项，欠缺记载上述事项之一的，银行不予受理。

委托收款以银行以外的单位为付款人的，委托收款凭证必须记载付款人开户银行名称；以银行以外的单位或在银行开立存款账户的个人为收款人的，委托收款凭证必须记载收款人开户银行名称；未在银行开立存款账户的个人为收款人的，委托收款凭证必须记载被委托银行名称。欠缺记载的，银行不予受理。

（三）委托收款的结算程序

1.委托

收款人办理委托收款应向银行提交委托收款凭证和有关的债务证明。

2.付款

银行接到寄来的委托收款凭证及债务证明，审查无误，并区别以下两种情况办理付款：

（1）以银行为付款人的，银行应在当日将款项主动支付给收款人。

（2）以单位为付款人的，银行应及时通知付款人，按照有关规定，需要将有关债务证明交给付款人的应交给付款人并签收。

付款人应于接到通知的当日书面通知银行付款。按照有关规定，付款人未在接到通知日的次日起3日内通知银行付款的，视同付款人同意付款，银行应于付款人接到通知日的次日起第4日上午开始营业时，将款项划给收款人。

付款人提前收到由其付款的债务证明，应通知银行于债务证明的到期日付款。付款人未于接到通知日的次日起3日内通知银行付款，付款人接到通知日的次日起第4日在债务证明到期日之前的，银行应于债务证明到期日将款项划给收款人。

银行在办理划款时，付款人存款账户不足支付的，应通过被委托银行向收款人发出未付款项通知书。按照有关规定，债务证明留存付款人开户银行的，应将其债务证明，连同未付款项通知书邮寄被委托银行转交收款人。

3.拒绝付款

付款人审查有关债务证明后，对收款人委托收取的款项需要拒绝付款的，可以办理拒绝付款。其具体要求是：（1）以银行为付款人的，应自收到委托收款及债务证明的次日起3日内出具拒绝证明，连同有关债务证明、凭证寄给被委托银行，转交收款人。（2）以单位为付款人的，应在付款人接到通知日的次日起3日内出具拒绝证明，持有债务证明的，应将其送交开户银行。银行将拒绝证明、债务证明和有关凭证一并寄给被委托银行，转交收款人。

委托收款结算流程如图7-11所示。

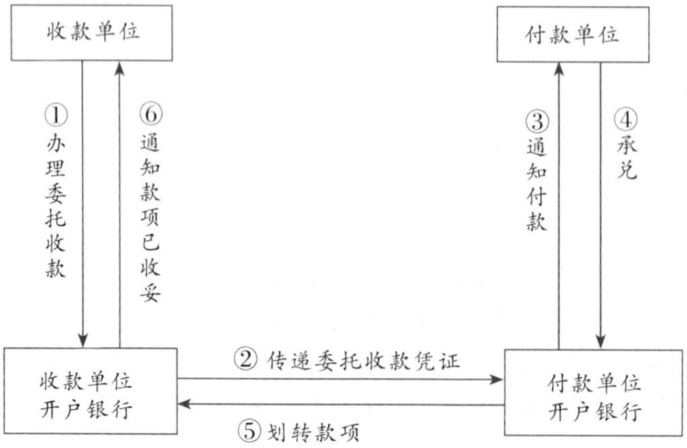

图7-11　委托收款结算流程

二、托收承付

（一）托收承付的概念和种类

托收承付是根据购销合同由收款人发货后委托银行向异地付款人收取款项，由付款人向银行承认付款的结算方式。托收承付结算每笔的金额起点为10 000元；新华书店系统每笔的金额起点为1 000元。按照结算款项的划回方式不同，托收承付分为邮寄和电报两种，收款人可以根据需要自主选用。

（二）托收承付的适用条件

办理托收承付结算方式的，必须同时具备以下条件：

➢使用托收承付结算方式的收款单位和付款单位，必须是国有企业、供销合作社以及经营管理较好，并经开户银行审查同意的城乡集体所有制工业企业。

➢办理托收承付结算的款项，必须是商品交易，以及因商品交易而产生的劳务供应的款项。代销、寄销、赊销商品的款项，不得办理托收承付结算。

➢收付双方使用托收承付结算必须签有符合《中华人民共和国民法典》的购销合同，并在合同上订明使用托收承付结算方式。

➢收付双方办理托收承付结算，必须重合同、守信用。收款人对同一付款人发货托收累计3次收不回货款的，收款人开户银行应暂停收款人向该付款人办理托收；付款人累计3次提出无理拒付的，付款人开户银行应暂停其向外办理托收。

➢收款人办理托收，必须具有商品确已发运的证件（包括铁路、航运、公路等运输部门签发的运单、运单副本和邮局包裹回执）。没有发运证件，属于下列情况的，可凭其他有关证件办理托收，主要有：

第一，内贸、外贸部门系统内商品调拨，自备运输工具发送或自提的；易燃、易爆、剧毒、腐蚀性强的商品，以及电、石油、天然气等必须使用专用工具或线路、管道运输的，可凭付款人确已收到商品的证明（粮食部门凭提货单及发货明细表）。

第二，铁道部门的材料厂向铁道系统供应专用器材，可凭其签发注明车辆号码和发运日期的证明。

第三，收款人承造或大修理船舶、锅炉和大型机器等，生产周期长，合同规定按工程进度分次结算的，可凭工程进度完工证明书。

第四，付款人购进的商品，在收款人所在地转厂加工、配套的，可凭付款人和承担加工、配套单位的书面证明。

第五，合同规定商品由收款人暂时代为保管的，可凭寄存证及付款人委托保管商品的证明。

第六，使用“铁路集装箱”或将零担凑整车发运商品的，由于铁路只签发一张运单，可凭持有发运证件单位出具的证明。

第七，外贸部门进口商品，可凭国外发来的账单、进口公司开出的结算账单。

（三）托收承付凭证的记载事项

收款人签发托收承付凭证时，必须记载下列事项：

第一，表明“托收承付”的字样。

第二，确定的金额。

第三，付款人名称及账号。

第四，收款人名称及账号。

第五，付款人开户银行名称。

第六，收款人开户银行名称。

第七，托收附寄单证张数或册数。

第八，合同名称、号码。

第九，委托日期。

第十，收款人签章。

托收承付凭证上欠缺记载上述事项之一的，银行不予受理。

（四）托收承付的结算程序

托收承付结算方式包括托收和承付两个阶段。

1.托收

收款人按照签订的购销合同发货后，委托银行办理托收。托收时，收款人应将托收凭证并附发运证件或其他符合托收承付结算的有关证明和交易单证送交银行。收款人如需取回发运证件，银行应在托收凭证上加盖“已验发运证件”戳记。

收款人开户银行接到托收凭证及其附件后，应当按照托收的范围、条件和托收凭证记载的要求认真进行审查，必要时，还应查验收付款人签订的购销合同。凡不符合要求或违反购销合同发货的，不能办理。审查时间最长不得超过次日。

2.承付

付款人开户银行收到托收凭证及其附件后，应当及时通知付款人。通知的方法，可以根据具体情况与付款人签订协议，采取付款人来行自取、派人送达、对距离较远的付款人邮寄等。付款人应在承付期内审查核对，安排资金。承付货款分为验单付款和验货付款两种，由收付双方商量选用，并在合同中明确规定。

（1）验单付款。验单付款的承付期为3天，从付款人开户银行发出承付通知的次日算起（承付期内遇法定休假日顺延）。付款人在承付期内，未向银行表示拒绝付款，银行即视作承付，并在承付期满的次日（法定休假日顺延）上午银行开始营业时，将款项主动从付款人的账户内付出，按照收款人指定的划款方式，划给收款人。

（2）验货付款。验货付款的承付期为10天，从运输部门向付款人发出提货通知的次日算起。对收付双方在合同中明确规定，并在托收凭证上注明验货付款期限的，银行从其规定。付款人收到提货通知后，应立即向银行交验提货通知。付款人在银行发出承付通知的次日起10天内，未收到提货通知的，应在第10天将货物尚未到达的情况通知银行。在第10天付款人没有通知银行的，银行即视作已经验货，于10天期满的次日上午银行开始营业时，将款项划给收款人；在第10天付款人通知银行货物未到，而以后收到提货通知没有及时送交银行，银行仍按10天期满的次日作为划款日期，并按超过的天数，计扣逾期付款赔偿金。采用验货付款的，收款人必须在托收凭证上加盖明显的“验货付款”字样戳记。托收凭证未注明验货付款，经付款人提出合同证明是验货付款的，银行可按验货付款处理。

不论验单付款还是验货付款，付款人都可以在承付期内提前向银行表示承付，并通知银行提前付款，银行应立即办理划款；因商品的价格、数量或金额变动，付款人应多承付款项的，须在承付期内向银行提出书面通知，银行据以随同当次托收款项划给收款人。付款人不得在承付货款中，扣抵其他款项或以前托收的货款。

托收承付结算流程如图7-12所示。

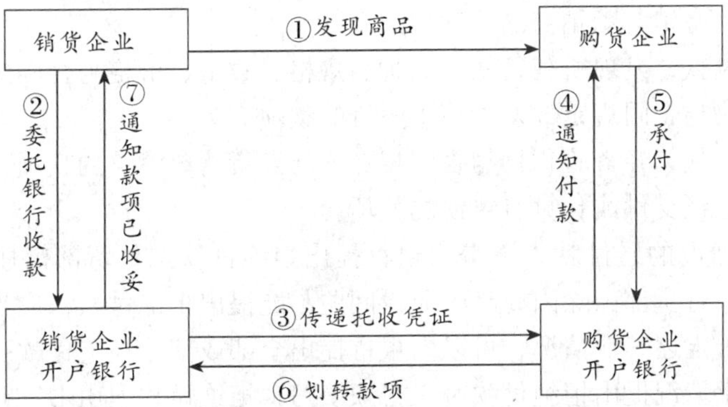

图7-12　托收承付结算流程

（五）逾期付款

付款人在承付期满日银行营业终了时，如无足够资金支付，其不足部分，即为逾期未付款项，按逾期付款处理。

付款人开户银行对付款人逾期支付的款项，应当根据逾期付款金额和逾期天数，按每天5‰计算逾期付款赔偿金。逾期付款天数从承付期满日算起。

赔偿金实行定期扣付，每月计算一次，于次月3日内单独划给收款人，且赔偿金的扣付列为企业销货收入扣款顺序的首位。

付款人开户银行对付款人逾期未能付款的情况，应当及时通知收款人开户银行，由其转知收款人。

付款人开户银行要随时掌握付款人账户逾期未付的资金情况，当账户有款时，必须将逾期未付款项和应付的赔偿金及时扣划给收款人，不得拖延扣划。

付款人开户银行对不执行合同规定、3次拖欠货款的付款人，应当通知收款人开户银行转知收款人，停止对该付款人办理托收。收款人不听劝告，继续对该付款人办理托收，付款人开户银行对发出通知的次日起一个月之后收到的托收凭证，可以拒绝受理，注明理由，原件退回。

付款人开户银行对逾期未付的托收凭证，负责进行扣款的期限为3个月（从承付期满日算起）。在此期限内，银行必须按照扣款顺序陆续扣款。期满时，付款人仍无足够资金支付该笔尚未付清的欠款，银行应于次日通知付款人将有关交易单证（单证已做账务处理或已部分支付的，可以填制应付款项证明单）在2日内退回银行。银行将有关结算凭证连同交易单证或应付款项证明单退回收款人开户银行转交收款人，并将应付的赔偿金划给收款人。对付款人逾期不退回单证的，开户银行应当自发出通知的第3天起，按照该笔尚未付清欠款的金额，每天处以5‰但不低于50元的罚款，并暂停付款人向外办理结算业务，直到退回单证时止。

（六）拒绝付款

对于下列情况，付款人在承付期内，可向银行提出全部或部分拒绝付款：

第一，没有签订购销合同或购销合同未订明托收承付结算方式的款项。

第二，未经双方事先达成协议，收款人提前交货或因逾期交货，付款人不再需要该项货物的款项。

第三，未按合同规定的到货地址发货的款项。

第四，代销、寄销、赊销商品的款项。

第五，验单付款，发现所列货物的品种、规格、数量、价格与合同规定不符，或货物已到，经查验货物与合同规定或发货清单不符的款项。

第六，验货付款，经查验货物与合同规定或与发货清单不符的款项。

第七，货款已经支付或计算有错误的款项。

不属于上述情况的，付款人不得向银行提出拒绝付款。外贸部门托收进口商品的款项，在承付期内，订货部门除因商品的质量问题不能提出拒绝付款，应当另行向外贸部门提出索赔外，属于上述其他情况，可以向银行提出全部或部分拒绝付款。

付款人对以上情况提出拒绝付款时，必须填写“拒绝付款理由书”并签章，注明拒绝付款理由，涉及合同的应引证合同上的有关条款。属于商品质量问题，需要出具商品检验部门的检验证明；属于商品数量问题，需要出具数量问题的证明及其有关数量的记录；属于外贸部门进口商品，应当出具国家商品检验或运输等部门的证明。

开户银行必须认真审查拒绝付款理由，查验合同。对于付款人提出拒绝付款的手续不全、依据不足、理由不符合规定和不属于上述7种拒绝付款情况的，以及超过承付期拒付和应当部分拒付提为全部拒付的，银行均不得受理，应实行强制扣款。

银行同意部分或全部拒绝付款的，应在拒绝付款理由书上签注意见。部分拒绝付款，除办理部分付款外，应将拒绝付款理由书连同拒付证明和拒付商品清单邮寄收款人开户银行转交收款人。全部拒绝付款，应将拒绝付款理由书连同拒付证明和有关单证邮寄收款人开户银行转交收款人。

（七）重办托收

收款人对被无理拒绝付款的托收款项，在收到退回的结算凭证及其所附单证后，需要委托银行重办托收，应当填写4联“重办托收理由书”，将其中3联连同购销合同、有关证据和退回的原托收凭证及交易单证，一并送交银行。经开户银行审查，确属无理拒绝付款，可以重办托收。

三、汇兑

（一）汇兑的概念和种类

汇兑是汇款人委托银行将其款项支付给收款人的结算方式。汇兑有信汇、电汇两种方式，供汇款人选择使用。单位和个人的各种款项的结算，均可使用汇兑结算方式。

（二）汇兑凭证的记载事项

根据《支付结算办法》的规定，汇款人签发汇兑凭证时，必须记载下列事项：

第一，表明“信汇”或“电汇”的字样。

第二，无条件支付的委托。

第三，确定的金额。

第四，收款人名称。

第五，汇款人名称。

第六，汇入地点、汇入行名称。

第七，汇出地点、汇出行名称。

第八，委托日期（这里是指汇款人向汇出银行提交汇兑凭证的当日）。

第九，汇款人签章。

汇兑凭证上欠缺上述记载事项之一的，银行不予受理。另外，汇兑凭证记载的汇款人名称、收款人名称，其在银行开立存款账户的，必须记载其账号，否则，银行不予受理。

（三）办理汇兑的基本要求

➢汇兑凭证上记载收款人为个人的，收款人需要到汇入银行领取汇款，汇款人应在汇兑凭证上注明“留行待取”字样；留行待取的汇款，需要指定单位的收款人领取汇款的，应注明收款人的单位名称；信汇凭收款人签章支取的，应在信汇凭证上预留其签章。汇款人确定不得转汇的，应在汇兑凭证备注栏注明“不得转汇”字样。

➢汇款人和收款人均为个人，需要在汇入银行支取现金的，应在信、电汇凭证的“汇款金额”大写栏，先填写“现金”字样，后填写汇款金额。

➢汇出银行受理汇款人签发的汇兑凭证，经审查无误后，应及时向汇入银行办理汇款，并向汇款人签发汇款回单。汇款回单只能作为汇出银行受理汇款的依据，不能作为该笔汇款已转入收款人账户的证明。

➢汇入银行对开立存款账户的收款人，应将汇给其的款项直接转入收款人账户，并向其发出收账通知。收账通知是银行将款项确已收入收款人账户的凭据。

➢未在银行开立存款账户的收款人，凭信、电汇的取款通知或“留行待取”的，向汇入银行支取款项，必须交验本人的身份证件，在信、电汇凭证上注明证件名称、号码及发证机关，并在“收款人签盖章”处签章；信汇凭签章支取的，收款人的签章必须与预留信汇凭证上的签章相符。银行审查无误后，以收款人的姓名开立应解汇款及临时存款账户，该账户只付不收，付完清户，不计付利息。

支取现金的，信、电汇凭证上必须有按规定填明的“现金”字样，才能办理。未填明“现金”字样，需要支取现金的，由汇入银行按照国家现金管理规定审查支付。

收款人需要委托他人向汇入银行支取款项的，应在取款通知上签章，注明本人身份证件名称、号码、发证机关和“代理”字样以及代理人姓名。代理人代理取款时，也应在取款通知上签章，注明其身份证件名称、号码及发证机关，同时交验代理人和被代理人的身份证件。

转账支付的，应由原收款人向银行填制支款凭证，并由本人交验其身份证件办理支付款项。该账户的款项只能转入单位或个体工商户的存款账户，严禁转入储蓄和信用卡账户。

转汇的，应由原收款人向银行填制信、电汇凭证，并由本人交验其身份证件。转汇的收款人必须是原收款人。原汇入银行必须在信、电汇凭证上加盖“转汇”戳记。

➢汇款人对汇出银行尚未汇出的款项可以申请撤销。申请撤销时，应出具正式函件或本人身份证件及原信、电汇回单。汇出银行查明确未汇出款项的，收回原信、电汇回单，方可办理撤销。

➢汇款人对汇出银行已经汇出的款项可以申请退汇。对在汇入银行开立存款账户的收款人，由汇款人与收款人自行联系退汇；对未在汇入银行开立存款账户的收款人，汇款人应出具正式函件或本人身份证件以及原信、电汇回单，由汇出银行通知汇入银行，经汇入银行核实汇款确未支付，并将款项汇回汇出银行，方可办理退汇。

➢转汇银行不得受理汇款人或汇出银行对汇款的撤销或退汇。

➢汇入银行对于收款人拒绝接受的汇款，应立即办理退汇。汇入银行对于向收款人发出取款通知，经过2个月无法交付的汇款，应主动办理退汇。

汇兑结算流程如图7-13所示。

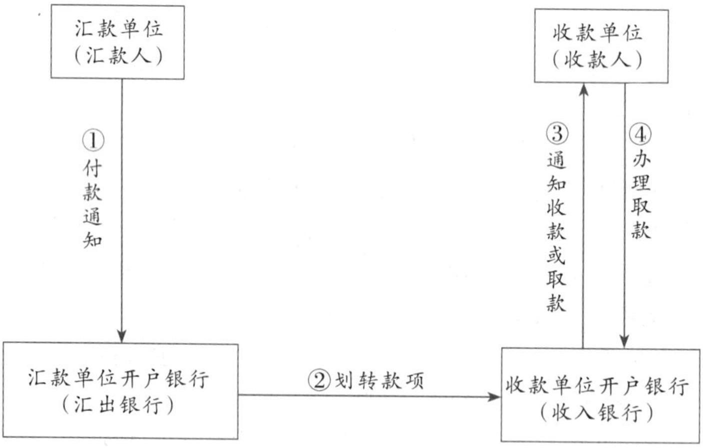

图7-13 汇兑结算流程

小练习7-8

2021年9月10日，安徽省合肥市甲公司财务人员持现金150万元和3份加盖了甲公司财务印鉴的电汇凭证到其开户银行A银行办理汇款业务。3份电汇凭证的付款人均为甲公司，付款人账号栏为空；汇入行分别为上海市B银行、C银行和D银行，收款人分别为上海市乙公司、丙公司和丁公司；大写金额栏均为“现金伍拾万元正”。A银行前台业务人员认真审查了电汇凭证，认为甲公司的财务人员应先在其银行结算账户缴存现金后才能办理电汇业务，并要求其重新签发电汇凭证，提醒其注意电汇凭证上应填写账号，大写金额栏不要填写“现金”字样。请分析A银行工作人员的做法是否正确。

解析

第五节 银行卡和预付卡

德技兼修

视频

无处安放的卡
——支付结算法律警示

一、银行卡

（一）银行卡的概念和分类

银行卡是指由商业银行（含邮政金融机构）向社会发行的具有消费信用、转账结算、存取现金等全部或部分功能的信用支付工具。根据《银行卡业务管理办法》的规定，银行卡有以下分类：

➢银行卡按是否具有透支功能，分为信用卡、借记卡。信用卡可以进行透支，借记卡则不具有透支功能。

信用卡按是否向发卡银行交存备用金，又分为贷记卡、准贷记卡两类。贷记卡是指发卡银行给予持卡人一定的信用额度，持卡人可在信用额度内先消费、后还款的信用卡。准贷记卡是指持卡人须先按发卡银行要求交存一定金额的备用金，当备用金账户余额不足支付时，可在发卡银行规定的信用额度内透支的信用卡。

借记卡按功能不同，又分为转账卡（含储蓄卡）、专用卡、储值卡。转账卡是实时扣账的借记卡，具有转账结算、存取现金和消费功能。专用卡是具有专门用途、在特定区域使用的借记卡，具有转账结算、存取现金功能。这里的“专门用途”是指在百货、餐饮、饭店、娱乐行业以外的用途。储值卡是发卡银行根据持卡人要求将其资金转至卡内储存，交易时直接从卡内扣款的预付钱包式借记卡。

联名（认同）卡是商业银行与营利性机构或非营利性机构合作发行的银行卡附属产品，其所依附的银行卡品种必须是已经中国人民银行批准的品种，并应当遵守相应品种的业务章程或管理办法，发卡银行和联名单位应当为联名卡持卡人在联名单位用卡提供一定比例的折扣优惠或特殊服务；持卡人领用认同卡表示对认同单位事业的支持。

贷记卡和准贷记卡的区别

➢银行卡按币种不同，分为人民币卡、外币卡。外币卡是持卡人与发卡银行以除人民币以外的货币作为清算货币的银行卡。目前国内商户可受理VISA（维萨）、Master Card（万事达）、American Express（美国运通）、Diners Club（大来）等信用卡组织发行的外币卡。

➢银行卡按发行对象不同，分为单位卡（商务卡）、个人卡。

➢银行卡按信息载体不同，分为磁条卡、芯片（IC）卡。芯片（IC）卡既可应用于单一的银行卡品种，又可应用于组合的银行卡品种。

（二）银行卡账户和交易管理

1.银行卡的申领、注销和丧失

单位或个人申领银行卡，都需提交相关资料给发卡银行，根据《银行卡业务管理办法》的规定，凡在中国境内金融机构开立基本存款账户的单位，应当凭中国人民银行核发的开户许可证申领单位卡；个人申领银行卡（储值卡除外），应当向发卡银行提供公安部门规定的本人有效身份证件，经发卡银行审查合格后，为其开立记名账户。银行卡及其账户只限经发卡银行批准的持卡人本人使用，不得出租和转借。

个人贷记卡申请的基本条件是：（1）年满18周岁，有固定职业和稳定收入，工作单位和户口在常住地的城乡居民。（2）填写申请表，并在持卡人处亲笔签字。（3）向发卡银行提供本人及附属卡持卡人、担保人的身份证复印件。外地、境外人员及现役军官以个人名义领卡应出具当地公安部门签发的临时户口或有关部门开具的证明，并须提供具备担保条件的担保单位或有当地户口、在当地工作的担保人。

单位人民币卡账户的资金一律从其基本存款账户转账存入，不得存取现金，不得将销货收入存入单位卡账户。单位外币卡账户的资金应从其单位的外汇账户转账存入，不得在境内存取外币现钞。个人人民币卡账户的资金以其持有的现金存入或以其工资性款项、属于个人的合法的劳务报酬、投资回报等收入转账存入。个人外币卡账户的资金以其个人持有的外币现钞存入或从其外汇账户（含外钞账户）转账存入，该外汇账户及存款应符合国家外汇管理局的有关规定。严禁将单位的款项转入个人卡账户存储。

持卡人在还清全部交易款项、透支本息和有关费用后，可申请办理销户。销户时，单位人民币卡账户的资金应当转入其基本存款账户，单位外币卡账户的资金应当转回相应的外汇账户，不得提取现金。对于持卡人因死亡等原因而需办理的注销和清户，应按照我国的继承法和公证法等法规办理。发卡行受理注销之日起45日后，被注销信用卡账户方能清户。

持卡人丧失银行卡，应立即持本人身份证件或其他有效证明，并按规定提供有关情况，向发卡银行或代办银行申请挂失，发卡银行或代办银行审核后办理挂失手续。

小练习7-9

甲公司会计人员于2020年11月6日在其开户银行A银行为单位开立了一个单位人民币借记卡账户，并从其基本账户转入款项60万元。2020年12月3日，异地乙公司业务人员随身携带现金4万元与甲公司洽谈生意。洽谈结束后，乙公司按照洽谈意见，需要预付货款5万元。乙公司业务人员交付携带的4万元现金后，甲公司授意其将剩余的1万元从乙公司的异地账户直接汇入甲公司银行卡账户。2020年12月10日，甲公司银行卡账户中收到乙公司的1万元预付货款，同日，甲公司会计人员到开户银行A银行将银行卡账户中的2万元转入该公司总经理在B银行开立的个人银行卡账户。请分析甲公司会计人员的以上做法哪些违反了银行卡业务管理的有关规定。

2.银行卡交易的基本规定

根据相关规定，银行卡在使用时还应注意以下几点：

（1）单位人民币卡可办理商品交易和劳务供应款项的结算，但不得透支。单位卡不得支取现金。

（2）信用卡预借现金业务。该业务包括现金提取、现金转账和现金充值。现金提取是指持卡人通过柜面和自动柜员机等自助机具，以现钞形式获得信用卡预借现金额度内资金；现金转账是指持卡人将信用卡预借现金额度内资金划转到本人银行结算账户；现金充值是指持卡人将信用卡预借现金额度内资金划转到本人在非银行支付机构开立的支付账户。信用卡持卡人通过ATM等自助机具办理现金提取业务，每卡每日累计不得超过人民币1万元；通过柜面办理现金提取业务，通过各类渠道办理现金转账业务的每卡每日限额，由发卡机构与持卡人通过协议约定。发卡机构可自主确定是否提供现金充值服务，并与持卡人协议约定每卡每日限额。发卡机构不得将持卡人信用卡预借现金额度内资金划至其他信用卡，以及非持卡人的银行结算账户或支付账户。发卡银行应当对借记卡持卡人在自动柜员机（ATM机）取款设定交易上限，每卡每日累计提款不得超过2万元。储值卡的面值或卡内币值不得超过1 000元人民币。

(3) 贷记卡持卡人非现金交易可享受免息还款期和最低还款额待遇，银行记账日到发卡银行规定的到期还款日之间为免息还款期，持卡人在到期还款日前偿还所使用全部银行款项有困难的，可按照发卡银行规定的最低还款额还款。持卡人透支消费享受免息还款期与最低还款额待遇的条件和标准等，由发卡机构自主确定。

(4) 发卡银行可以通过扣减持卡人保证金、依法处理抵押物和质物，向保证人追索透支款项，通过司法机关的诉讼程序进行追偿等方式追偿透支款项和诈骗款项。

(三) 银行卡计息和收费标准

发卡银行对准贷记卡及借记卡（不含储值卡）账户内的存款，按照中国人民银行规定的同期同档次存款利率及计息办法计付利息。对信用卡透支利率实行上限和下限管理，透支利率上限为日利率5‱，下限为日利率5‱的0.7倍。信用卡透支的计结息方式，以及对信用卡溢缴款是否计付利息及其利率标准，由发卡机构自主确定。

发卡机构应在信用卡协议中以显著方式提示信用卡税率标准、计结息方式、免息还款期和最低还款额待遇的条件与标准，以及向持卡人收取违约金的详细情形和收取标准等与持卡人有重大利害关系的事项，确保持卡人充分知悉并确认接受。其中，对于信用卡利率标准，应注明日利率和年利率。发卡机构调整信用卡利率的，应至少提前45个自然日按照约定方式通知持卡人。持卡人有权在新利率标准生效之日前选择销户，并按照已签订的协议偿还相关款项。

取消信用卡滞纳金，对于持卡人违约逾期未还款的行为，发卡机构应与持卡人通过协议约定是否收取违约金，以及相关收取方式和标准。发卡机构向持卡人提供超过授信额度用卡的，不得收取超限费。

发卡机构对向持卡人收取的违约金和年费、取现手续费、货币兑换费等服务费用不得计收利息。

二、预付卡

(一) 预付卡的概念和分类

预付卡是指发卡机构以特定载体和形式发行的、可在发卡机构之外购买商品或服务的预付价值。

近年来，随着信息技术发展和小额支付服务市场的不断创新，商业预付卡市场发展迅速。商业预付卡以预付和非金融主体发行为典型特征，按发卡人不同可划分为两类：一类是专营发卡机构发行，可跨地区、跨行业、跨法人使用的多用途预付卡；另一类是商业企业发行，只在本企业或同一品牌连锁商业企业购买商品、服务的单用途预付卡。商业预付卡在减少现金使用、便利公众支付、促进消费等方面发挥了积极作用。这里所讲述的预付卡为多用途预付卡。

按不同的标准，可以对预付卡做不同的分类：

➢按是否记载持卡人身份信息，分为记名预付卡、不记名预付卡。

➢按信息载体不同，分为磁条卡、芯片（IC）卡。

(二) 预付卡的相关规定

2012年9月27日，中国人民银行公布《支付机构预付卡业务管理办法》（自2012年11月1日起施行），对预付卡做出了如下规定：

1. 预付卡的限额

预付卡以人民币计价，不具有透支功能。单张记名预付卡资金限额不得超过5 000元，单张不记名预付卡资金限额不得超过1 000元。

2. 预付卡的期限

预付卡卡面记载有效期限或有效期截止日。记名预付卡可挂失，可赎回，不得设置有效期；不记名预付卡不挂失，不赎回，有效期不得低于3年。超过有效期尚有资金余额的预付卡，可通过延期、激活、换卡等方式继续使用。

3. 预付卡的办理

个人或单位购买记名预付卡或一次性购买不记名预付卡1万元以上的，应当使用实名并向发卡机构提供有效身份证件。发卡机构应当识别购卡人、单位经办人的身份，核对有效身份证件，登记身份基本信息，并留存有关身份证件的复印件或影印件。代理他人购买预付卡的，发卡机构应当采取合理方式确认代理关系，核对代理人和被代理人的有效身份证件，登记代理人和被代理人的身份基本信息，并留存代理人和被代理人的有效身份证件的复印件或影印件。使用实名购买预付卡的，发卡机构应当登记购卡人姓名或单位名称、单位经办人姓名、有效身份证件名称和号码、联系方式、购卡数量、购卡日期、购卡总金额，预付卡卡号及金额等信息。单位一次性购买预付卡5 000元以上，个人一次性购买预付卡5万元以上的，应当通过银行转账等非现金结算方式购买，不得使用现金。购卡人不得使用信用卡购买预付卡。

4. 预付卡的充值

预付卡通过现金或银行转账方式进行充值，不得使用信用卡为预付卡充值。一次性充值金额5 000元以上的，不得使用现金。单张预付卡充值后的资金余额不得超过规定限额。预付卡现金充值通过发卡机构网点进行，单张预付卡同日累计现金充值在200元以下的，可通过自助充值终端、销售合作机构代理等方式充值。

5. 预付卡的使用

预付卡在发卡机构拓展、签约的特约商户中使用，不得用于或变相用于提取现金，不得用于购买、交换非本发卡机构发行的预付卡、单一行业卡及其他商业预付卡或向其充值，卡内资金不得向银行账户或向非本发卡机构开立的网络支付账户转移。

6. 预付卡的赎回

记名预付卡可在购卡3个月后办理赎回。赎回时，持卡人应当出示预付卡及持卡人和购卡人的有效身份证件。由他人代理赎回的，应当同时出示代理人和被代理人的有效身份证件。单位购买的记名预付卡，只能由单位办理赎回。

7. 预付卡的发卡机构

预付卡发卡机构必须是经中国人民银行核准，取得“支付业务许可证”的支付机构。支付机构要严格按照核准的业务类型和业务覆盖范围从事预付卡业务。发卡机构要采取有效措施加强对购卡人和持卡人信息的保护，确保信息安全，防止信息泄露和滥用，未经购卡人和持卡人同意，不得用于与购卡人和持卡人的预付卡业务无关的目的。发卡机构要严格发票管理，按照《中华人民共和国发票管理办法》等的有关规定开具发票。发卡机构要加强预付卡资金管理，维护持卡人合法权益。发卡机构接受的、客户用于未来支付需要的预付卡资金，不属于发卡机构的自有财产，发卡机构不得挪用、挤占。发卡机构必须在商业银行开立备付金专用存款账户存放预付资金，并与银行签订存管协议，接受银行对备付金使用情况的监督。中国人民银行负责对发卡机构的预付卡备付金专用存款账户的开立和使用进行监督。

第六节　网上支付

微课

什么是数字人民币?

网上支付是电子支付的一种形式，是指电子交易的当事人，包括消费者、厂商和金融机构，使用电子支付手段通过网络进行的货币或资金流转。网上支付的主要方式有网上银行和第三方支付。

一、网上银行

（一）网上银行的概念与分类

网上银行（Internet-bank or E-bank），包含两个层次的含义：一个是机构概念，指通过信息网络开办业务的银行；另一个是业务概念，指银行通过信息网络提供的金融服务，包括传统银行业务和因信息技术应用带来的新兴业务。在日常生活和工作中，我们提及网上银行，更多是第二层次的概念，即网上银行服务的概念。

简单地说，网上银行就是银行在互联网上设立虚拟银行柜台，使传统的银行服务不再通过物理的银行分支机构来实现，而是借助于网络与信息技术手段在互联网上实现。因此，网上银行也称网络银行。网上银行又被称为“3A银行”，因其不受时间、空间的限制，能够在任何时间（Anytime）、任何地点（Anywhere）、以任何方式（Anyway）为客户提供金融服务。

按照不同的标准，网上银行可以分为不同的类型。

1.按主要服务对象，分为企业网上银行和个人网上银行

企业网上银行主要适用于企事业单位。企事业单位可以通过企业网络银行适时了解财务运作情况，及时调度资金，轻松处理大批量的网络支付和工资发放业务，并可以处理信用证相关业务等。个人网上银行主要适用于个人与家庭。个人可以通过个人网络银行实现实时查询、转账、网络支付和汇款等功能。

2.按经营组织，分为分支型网上银行和纯网上银行

分支型网上银行是指现有的传统银行利用互联网作为新的服务手段，建立银行站点，提供在线服务而设立的网上银行；纯网上银行的本身就是一家银行，是专门为提供在线银行服务而成立的，因而也被称为只有一个站点的银行。

（二）网上银行的主要功能

目前，网上银行利用Internet和HTML等技术，能够为客户提供综合、统一、安全、实时的银行服务，包括提供对私、对公的全方位银行业务，还可以为客户提供跨国的支付与清算等其他贸易和非贸易的银行业务服务。

1.企业网上银行子系统

企业网上银行子系统目前能够支持所有的对公企业客户，能够为客户提供网上账务信息查询、资金划拨、B2B网上支付和批量支付等服务，使集团公司总部能对其分支机构的财务活动进行实时监控，随时获得其账户的动态情况。其主要业务功能包括：

（1）账户信息查询。能够为企业客户提供账户信息的网上在线查询、网上下载和电子

邮件发送账务信息等服务，包括账户的昨日余额、当前余额、当日明细和历史明细等。

（2）资金划拨。该业务能够为客户提供集团、企业内部各分支机构之间的账务往来，同时能提供集团、企业之间的账务往来，并且支持集团、企业向他行账户进行付款。

（3）B2B（Business to Business）网上支付。B2B即商业机构之间的商业往来活动，指的是企业与企业之间进行的电子商务活动。

（4）批量支付。能够为企业客户提供批量付款（包括同城、异地及跨行转账业务）、代发工资、一付多收等批量支付功能。企业客户负责按银行要求的格式生成数据文件，通过安全通道传送给银行，银行负责系统安全及业务处理，并将处理结果反馈给客户。

2.个人网上银行子系统

个人网上银行子系统主要提供银行卡、本外币活期一本通客户账务管理、信息管理、网上支付等功能，是网上银行对个人客户服务的窗口。其具体业务功能包括：

（1）账户信息查询。系统为个人客户提供账户信息查询功能，能够查询银行卡的人民币余额和活期一本通的不同币种的钞、汇余额；提供银行卡在一定时间段内的历史明细数据查询；下载包含银行卡、活期一本通一定时间段内的历史明细数据的文本文件；查询使用信用卡进行网上支付后的支付记录等。

（2）人民币转账业务。系统能够提供个人客户本人的或与他人的银行卡之间的卡卡转账服务。系统在转账功能上严格控制了单笔转账最大限额和当日转账最大限额，使个人客户的资金安全有一定的保障。

（3）银证转账业务。银行卡个人客户在网上能够进行银证转账，可以实现银转证、证转银、查询证券资金余额等功能。

（4）外汇买卖业务。个人客户通过网上银行系统能够进行外汇买卖，主要可以实现外汇即时买卖、外汇委托买卖、查询委托明细、查询外汇买卖历史明细、撤销委托等功能。

（5）账户管理业务。系统提供个人客户对本人网上银行各种权限功能、客户信息的管理以及账户的挂失。

（6）B2C（Business to Customer）网上支付。B2C即商业机构对消费者的电子商务，指的是企业与消费者之间进行的在线式零售商业活动（包括网上购物和网上拍卖等）。个人客户在申请开通网上支付功能后，能够使用本人的银行卡进行网上购物后的电子支付。通过账户管理功能，个人客户还能够随时选择使用哪一张银行卡来进行网上支付。

（三）网上银行主要业务流程

1.客户开户流程

客户开通网上银行有两种方式：一是客户前往银行柜台办理；二是客户先网上自助申请，后到柜台签约。

使用网上交易的用户申请证书的流程如下：

（1）客户使用浏览器通过Internet登录网银中心的“申请服务器”（数据库）上，填写开户申请表，提交申请。

（2）网银中心将开户申请信息通过内部网以邮件形式发送到签约柜台。

（3）客户持有效身份证件和账户凭证到签约柜台办理签约手续。签约柜台核实客户有效证件及账户凭证的真实性，同时参照网银中心传来的客户开户申请，核实客户的签约账户申请信息。之后，将核实的客户信息通过电子邮件/传真等方式返回给网银中心。

(4) 网银中心根据签约柜台核实的邮件/传真件，进行申请的初审和复审，并录入复审后的申请客户信息，为其生成证书申请，通过内部网以邮件方式发送到CA中心。

(5) CA中心为客户申请签发证书，并将证书放置到客户从Internet上可以访问的目录服务器上，然后通知网银中心，网银中心通过邮件通知客户从指定地址下载CA证书。

(6) 客户下载并安装证书后，即可进入网上银行系统，进行网上交易。

2.网上银行的交易流程

网上银行的具体交易流程如下：

(1) 网上银行客户使用浏览器通过Internet登录网银中心，并发出网上交易请求。

(2) 网银中心接收、审核客户的交易请求，经过通信格式转换，然后将交易请求转发给相应成员行的业务主机。

(3) 成员行业务主机完成交易处理，并返回处理结果给网银中心。

(4) 网银中心对交易结果进行再处理后，返回相应信息给客户。

二、第三方支付

(一) 第三方支付的业务定义

从狭义上说，第三方支付是指具备一定实力和信誉保障的非银行机构，借助通信、计算机和信息安全技术，采用与各大银行签约的方式，在用户与银行支付结算系统间建立连续的电子支付模式。在手机端进行的互联网支付，又称为移动支付。通过这个平台实现资金在不同支付机构账户或银行账户间的划拨和转移。第三方支付的特点是独立于商户和银行，为客户提供支付结息服务，具有方便快捷、安全可靠、开放创新的优势。

从广义上说，第三方支付在中国人民银行《非金融机构支付服务管理办法》中是指非金融机构作为收、付款人的支付中介所提供的网络支付、预付卡发行与受理、银行卡收单以及中国人民银行确定的其他支付服务。这一定义让第三方支付不仅是互联网支付，而是成为一个集线上、线下于一体，提供移动支付、电话支付、预付卡支付于一体的综合支付服务工具。

第三方支付就本质而言，是一种新型的支付手段和方式，通过这种新型的模式将互联网技术与传统金融支付有机结合，是对传统银行支付模式的创新和整合。

(二) 第三方支付方式的种类

1.线上支付方式

线上支付是指通过互联网实现的用户和商户、商户和商户之间在线货币支付、资金清算、查询统计等过程。线上支付完成了使用者信息传递和资金转移的过程。广义的线上支付，包括直接使用网上银行进行的支付和通过第三方支付平台间接使用网上银行进行的支付。狭义的线上支付，仅指通过第三方支付平台实现的互联网在线支付，包括网上支付和移动支付中的远程支付。

2.线下支付方式

线下支付区别于网上银行等线上支付，是指通过非互联网线上的方式对购买商品或服务所产生的费用进行的资金支付行为。其中，订单的产生可能通过互联网线上完成。新兴线下支付的具体表现形式，包括POS机刷卡支付、拉卡拉等自助终端支付、电话支付、手机近端支付、电视支付等。

（三）第三方支付行业分类和主流品牌

1.行业分类

目前第三方支付机构主要有两类模式：

（1）金融型支付企业。金融型支付企业是以银联商务、快钱、易宝支付、汇付天下、拉卡拉等为典型代表的独立第三方支付模式，其不负有担保功能，仅仅为用户提供支付产品和支付系统解决方案，侧重行业需求和开拓行业应用，是立足于企业端的金融型支付企业。

（2）互联网支付企业。互联网支付企业是以支付宝、财付通等为典型代表的依托于自有的电子商务网站并提供担保功能的第三方支付模式，以在线支付为主，是立足于个人消费者端的互联网型支付企业。

2.主流品牌

第三方支付机构是较新的支付清算组织，它是为银行业金融机构或其他机构及个人提供电子支付指令交换和计算的法人组织。目前，国内的第三方支付品牌，支付市场互联网转接交易规模前三位的分别是支付宝、财付通和银联商务。

（四）第三方支付交易流程

在第三方支付模式下，支付者必须在第三方支付机构平台上开立账户，向第三方支付机构平台提供信用卡信息或账户信息，在账户中“充值”，通过支付平台将该账户中的虚拟资金划转到收款人的账户，完成支付行为。收款人可以在需要时将账户中的资金兑成实体的银行存款。第三方支付机构平台结算支付模式的资金划拨是在平台内部进行的，此时划拨的是虚拟的资金。真正的实体资金还需要通过实际支付层来完成。

以B2C交易为例，其交易流程如图7-10所示。

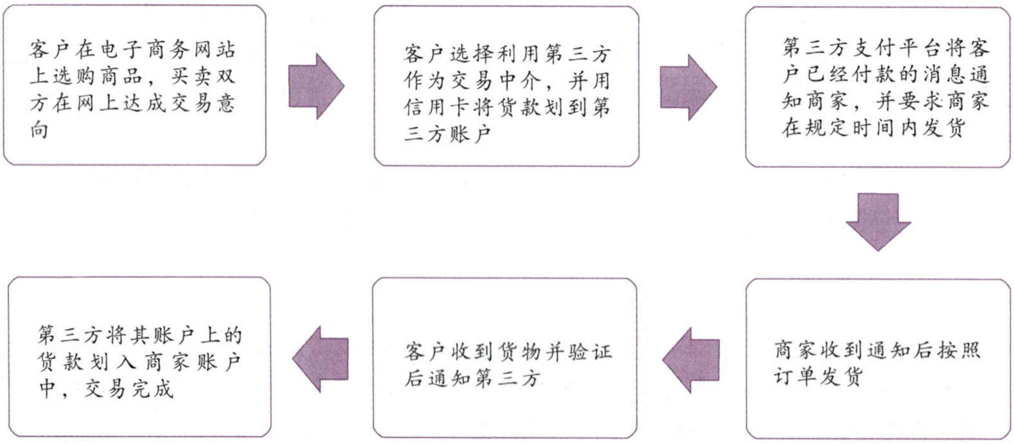

图7-10　B2C交易第三方支付流程

第七节　银行结算账户管理与法律责任

一、银行结算账户的管理

加强银行结算账户的管理是维护正常结算秩序的基础，是加强信贷、结算监督和现金管理的重要措施之一。根据规定，银行结算账户的管理包括以下内容：

(一) 银行结算账户的实名制管理

银行结算账户的实名制管理的具体要求，主要包括：存款人应以实名开立银行结算账户，并对其出具的开户（变更、撤销）申请资料实质内容的真实性负责，法律、行政法规另有规定的除外；存款人应按照账户管理规定使用银行结算账户办理结算业务，不得出租、出借银行结算账户，不得利用银行结算账户套取银行信用或进行洗钱活动。

(二) 银行结算账户变更事项的管理

单位存款人申请临时存款账户展期，变更、撤销单位银行结算账户以及补（换）发开户许可证时，可由法定代表人或单位负责人直接办理，也可授权他人办理。由法定代表人或单位负责人直接办理的，除出具相应的证明文件外，还应出具法定代表人或单位负责人的身份证件；授权他人办理的，除出具相应的证明文件外，还应出具法定代表人或单位负责人的身份证件及其出具的授权书，以及被授权人的身份证件。

(三) 单位存款人预留银行签章的管理

单位遗失预留公章或财务专用章的，应向开户银行出具书面申请、开户许可证、营业执照等相关证明文件。更换预留公章或财务专用章时，应向开户银行出具书面申请、原预留公章或财务专用章等相关证明文件。更换预留公章或财务专用章但无法提供原预留公章或财务专用章的，应向开户银行出具原印鉴卡、开户许可证、营业执照正本、司法部门的证明等相关文件。单位存款人申请变更预留公章或财务专用章，可由法定代表人或单位负责人直接办理，也可授权他人办理。由法定代表人或单位负责人直接办理的，除出具相应的证明文件外，还应出具法定代表人或单位负责人的身份证件；授权他人办理的，除出具相应的证明文件外，还应出具法定代表人或单位负责人的身份证件及其出具的授权书，以及被授权人的身份证件。

(四) 银行结算账户的对账管理

银行结算账户的存款人应与银行按规定核对账务。存款人收到对账单或对账信息后，应及时核对账务并在规定期限内向银行发出对账回单或确认信息。

二、违反支付结算法律制度的法律责任

(一) 签发空头支票或者签发与其预留的签章不符的支票，未构成犯罪行为的法律责任

单位或个人签发空头支票或者签发与其预留的签章不符、使用支付密码但支付密码错误的支票，不以骗取财物为目的的，由中国人民银行处以票面金额5%但不低于1 000元的罚款；持票人有权要求出票人赔偿支票金额2%的赔偿金。屡次签发空头支票的，银行有权停止为其办理支票或全部支付结算业务。根据《中华人民共和国行政处罚法》和《票据管理实施办法》的规定，中国人民银行是空头支票的处罚主体，银行机构发现空头支票行为的，应向中国人民银行分支机构举报，并协助送达相应的行政处罚法律文书。

(二) 无理拒付，占用他人资金行为的法律责任

票据的付款人对见票即付或者到期的票据，故意压票、拖延支付的，银行机构违反票据承兑等结算业务规定，不予兑现，不予收付入账，压单、压票或者违反规定退票的，由国务院银行保险监督管理机构责令其改正，有违法所得的，没收违法所得。违法所得5万元以上的，并处违法所得1倍以上5倍以下罚款；没有违法所得或者违法所得不足5万元

的，处5万元以上50万元以下罚款。

（三）违反账户规定行为的法律责任

➢存款人开立、撤销银行结算账户，不得有的行为有：违反规定开立银行结算账户。伪造、变造证明文件欺骗银行开立银行结算账户。违反规定不及时撤销银行结算账户。属于非经营性存款人的，若有上述行为之一，给予警告并处以1 000元的罚款；属于经营性存款人的，若有上述行为之一，给予警告并处以1万元以上3万元以下的罚款；构成犯罪的，移交司法机关依法追究刑事责任。

➢存款人使用银行结算账户，不得有的行为有：❶违反规定将单位款项转入个人银行结算账户；❷违反规定支取现金；❸利用开立银行结算账户逃废银行债务；❹出租、出借银行结算账户；❺从基本存款账户之外的银行结算账户转账存入、将销货收入或现金存入单位信用卡账户；❻法定代表人或主要负责人、存款人地址以及其他开户资料的变更事项未在规定期限内通知银行。非经营性的存款人有上述所列❶至❺项行为的，给予警告并处以1 000元的罚款；经营性的存款人有上述所列❶至❺项行为的，给予警告并处以5 000元以上3万元以下的罚款；存款人有上述所列第❻项行为的，给予警告并处以1 000元的罚款。

➢伪造、变造、私自印制开户许可证的存款人，属非经营性的处以1 000元的罚款；属经营性的处以1万元以上3万元以下的罚款；构成犯罪的，移交司法机关依法追究刑事责任。

（四）票据欺诈等行为的法律责任

根据《票据法》的规定，有以下票据欺诈行为之一的，依法追究刑事责任：伪造、变造票据、托收凭证、汇款凭证、信用证，伪造信用卡等；故意使用伪造、变造的票据的；签发空头支票或者故意签发与其预留的本名签名式样或者印鉴不符的支票，骗取财物的；签发无可靠资金来源的汇票、本票，骗取资金的；汇票、本票出票人在出票时做虚假记载，骗取财物的；冒用他人的票据，或者故意使用过期或者作废的票据，骗取财物的；付款人同出票人、持票人恶意串通，实施前6项行为之一的。

其中，伪造、变造票据、托收凭证、汇款凭证、信用证，伪造信用卡的，处5年以下有期徒刑或者拘役，并处或者单处2万元以上20万元以下罚金；情节严重的，处5年以上10年以下有期徒刑，并处5万元以上50万元以下罚金；情节特别严重的，处10年以上有期徒刑或者无期徒刑，并处5万元以上50万元以下罚金或者没收财产。单位犯上述罪行的，对单位判处罚金，并对其直接负责的主管人员和其他责任人员，依照上述规定处罚。

有以下情形之一，妨害信用卡管理的，处3年以下有期徒刑或者拘役，并处或者单处1万元以上10万元以下罚金；数量巨大或者有其他严重情节的，处3年以上10年以下有期徒刑，并处2万元以上20万元以下罚金：明知是伪造的信用卡而持有、运输的，或者明知是伪造的空白信用卡而持有、运输，数量较大的；非法持有他人信用卡，数量较大的；使用虚假的身份证明骗领信用卡的；出售、购买、为他人提供伪造的信用卡或者以虚假的身份证明骗领的信用卡的；窃取、收买或者非法提供他人信用卡信息资料的。

有以下情形之一的，属于信用卡诈骗活动：使用伪造的信用卡，或者使用以虚假的身份证明骗领的信用卡的；使用作废的信用卡的；冒用他人信用卡的；恶意透支的。进行信用卡诈骗活动，数额较大的，处5年以下有期徒刑或者拘役，并处2万元以上20万元以下罚金；数额巨大或者有其他严重情节的，处5年以上10年以下有期徒刑，并处5万元以上50万元以下罚金；数额特别巨大或者有其他特别严重情节的，处10年以上有期徒刑或者无期徒刑，并处5万元以上50万元以下罚金或者没收财产。

思政课堂

"廉洁自律"是人生的基本准则

廉洁自律不仅是会计职业道德的要求，更应当作为我们人生的基本准则。从字面上看，廉洁就是不贪污钱财，不收受贿赂，保持清白。自律是指按照一定的标准，自己约束自己、自己控制自己的言行和思想的过程。自律的核心是用道德观念自觉抵制自己的不良欲望。对于整天与钱财打交道的财经工作者来说，经常会受到财、权的诱惑，如果职业道德观念不强、自律意志薄弱，很容易成为权、财的奴隶，走向犯罪的"不归路"。自古以来，有多少人倒在财、权的诱惑之下，我们务必恪守"廉洁自律"信条，坚守"廉洁自律"底线，时刻牢记"针尖大的窟窿能漏过斗大的风"，将防微杜渐时时刻刻挂在心上，这样我们才能真正光明磊落、坦坦荡荡，成为受人敬重的"君子"。

本章小结

课程思政
跨境赌博案

支付结算是指单位、个人在社会经济活动中使用现金、票据、信用卡和结算凭证进行货币给付及资金清算的行为。单位、个人应在银行开立银行结算账户。银行结算账户包括单位银行结算账户和个人结算账户。其中，单位银行结算账户按照用途不同，分为基本存款账户、一般存款账户、专用存款账户和临时存款账户。支付结算的具体方式如图7-11所示。

- 支付结算方式
  - 票据结算方式
    - 汇票
      - 银行汇票
      - 商业汇票
        - 商业承兑汇票
        - 银行承兑汇票
    - 本票
    - 支票
      - 现金支票
      - 转账支票
      - 普通支票
  - 非票据结算方式
    - 委托收款
    - 托收承付
    - 汇兑
    - 银行卡
    - 预付卡
  - 网上支付
    - 网上银行
    - 第三方支付

图7-11　支付结算的具体方式

单位、个人和银行必须遵循支付结算的基本原则，按照办理支付结算的基本要求，选择适当的支付结算方式进行支付结算活动，并对违反银行结算管理制度的行为承担相应的法律责任。

本章练习

一、选择题

1.下列各项中，属于办理支付结算应遵循的原则有（　　）。

A.恪守信用，履约付款　　B.谁的银钱进谁的账，由谁支配

C.银行不垫款　　D.文明服务

2.下列说法中，正确的有（　　）。

A.对票据和结算凭证上可更改的记载事项，原记载人可以更改，但更改时应由原记载人视情况在更改处签章证明

B.票据和结算凭证金额以中文大写和阿拉伯数码同时记载，二者必须一致

C.票据和结算凭证上的签章和其他记载事项应当真实，不得伪造、变造

D.单位、个人和银行办理支付结算，必须使用按中国人民银行统一规定印制的票据凭证和结算凭证

3.某票据的出票日期为“2021年3月15日”，其规范的写法是（　　）。

A.贰零贰壹年零叁月壹拾伍日　　B.贰零贰壹年叁月壹拾伍日

C.贰零贰壹年零叁月拾伍日　　D.贰零贰壹年叁月拾伍日

4.下列说法中，正确的有（　　）。

A.个人银行卡账户可以出租、出借

B.临时存款账户的有效期限最长不得超过2年

C.单位银行卡账户的资金必须由其基本存款账户转账存入，该账户不得办理现金收付业务

D.证券交易结算资金、期货交易保证金和信托基金专用存款账户不得支取现金

E.基本建设资金、更新改造资金、政策性房地产开发资金需要支取现金的，应在开户时报中国人民银行当地分支行批准

5.支票的基本当事人包括（　　）。

A.出票人　　B.保证人　　C.收款人　　D.背书人

6.票据权利包括（　　）。

A.付款请求权　　B.利益返还请求权

C.追索权　　D.票据返还请求权

7.在下列情况下取得的票据，享有票据权利的有（　　）。

A.张某明知李某偷来一张支票，李某向其转让，张某欣然接受

B.甲公司以支票形式向地震灾区某小学捐款，该小学接受该支票

C.作为收款人，王某依法接受一张银行本票

D.作为最后持票人，刘某持有一张银行汇票且背书连续

8.下列表述中，正确的是（　　）。

A.申请公示催告必须先申请挂失止付

B.办理挂失止付应有确定的“付款人”，因此未填明代理付款人的银行汇票不得挂失止付

C.银行网点营业时间终止后，因为紧急情况可以到该银行网点负责人的家中提示付款

D.公示催告可以在当地晚报上刊发

9.下列票据记载事项中，属于相对记载事项的有（　　）。

A.背书日期　　B.承兑日期　　C.保证日期　　D.被保证人

10.下列票据背书中，属于转让票据权利的背书有（　　）。

A.质押背书　　B.委托收款背书　　C.贴现背书　　D.转让背书

11.票据行为包括（　　）。

A.出票　　B.背书　　C.承兑

D.保证　　E.付款

12.下列关于银行汇票的表述中，正确的有（　　）。

A.银行汇票的实际结算金额不得更改，且不得超过出票金额

B.持票人向银行提示付款时，须同时提交银行汇票和解讫通知

C.银行汇票的提示付款期限自出票日起1个月

D.申请人或者收款人为单位的，可以申请使用现金银行汇票

13.下列关于银行本票的说法中，正确的有（　　）。

A.银行本票的提示付款期限自出票日起最长不得超过2个月

B.申请人或收款人为单位的，银行不得为其签发现金银行本票

C.银行本票见票即付

D.单位存款人向自己的开户银行提示付款时，应在银行本票背面“持票人向银行提示付款签章”处签章，签章须与预留银行签章相同。

14.下列关于支票的说法中，错误的有（　　）。

A.支票的提示付款期限自出票日起10日

B.支票的出票人预留银行签章是银行审核支票付款的依据，出票人不得签发与其预留银行签章不符的支票

C.支票的金额、收款人名称、出票日期，可以由出票人授权补记

D.出票人签发的支票金额超过其签发时在付款人处实有的存款金额的，为空头支票

15.按照是否可以透支，银行卡可分为（　　）。

A.借记卡与信用卡　　B.贷记卡和准贷记卡

C.单位卡和个人卡　　D.磁条卡与芯片卡

16.下列各项中，属于持卡人持贷记卡办理刷卡消费等非现金交易所享受的优惠有（　　）。

A.免息还款期待遇　　B.免年费待遇

C.最低还款额待遇　　D.免收账户维护费待遇

17.预付卡发卡机构取得的客户预付资金不是其自有资金，应开立（　　），并与开户银行签订存管协议，接受银行监督。

A.基本存款账户　　B.一般存款账户　　C.专用存款账户　　D.临时存款账户

18.个人网上银行具体业务功能包括（　　）。

A.账户信息查询　　B.人民币转账业务　　C.外汇买卖业务　　D.B2B网上支付

19.能够提供担保功能的第三方支付品牌包括（　　）。

A.支付宝　　B.财付通　　C.银联商务　　D.快钱

20.下列关于账户违法行为的说法中，正确的有（　　）。

A.存款人出租、出借银行卡账户应承担法律责任

B.伪造、变造证明文件欺骗银行开立银行结算账户构成犯罪的，移交司法机关依法追究刑事责任

C.伪造、变造、私自印制开户许可证的，均处以1万元以上3万元以下的罚款

选择题

D.伪造、变造、私自印制开户许可证构成犯罪的，移交司法机关依法追究刑事责任

二、判断题

1.撤销银行结算账户时，应先撤销基本存款账户，然后撤销一般存款账户、专用存款账户和临时存款账户。（　　）

2.个人银行结算账户是指自然人和法人因投资、消费、结算等而开立的可办理支付结算业务的存款账户。（　　）

3.个人储蓄账户的用途主要是办理个人现金存取及转账结算。（　　）

4.零余额账户是预算单位为使用财政性资金而开立的，既可作为基本存款账户使用，也可用于专用存款账户。（　　）

5.单位银行卡账户的资金来源包括基本存款账户转入、销货收入存入及付款人转入。（　　）

6.发卡银行对贷记卡持卡人未偿还最低还款额和超信用额度用卡的行为，可约定比例收取滞纳金和超限费。（　　）

7.预付卡卡面记载有效期限或有效期限截止日，超过有效期尚有资金余额的，按规定处理后仍可继续使用。（　　）

8.在预付卡的有效期限内或有效期截止日前，预付卡可以赎回。（　　）

9.5月15日，甲公司向A厂购买一批原材料，财务部向丙银行提出申请并由丙银行为其签发了一张价值80万元、收款人为A厂的银行汇票。由于物价上涨等因素，该批材料实际计算金额为88万元，A厂按实填写了结算金额并在汇票上签章。A厂于6月10日向丙银行提示付款，被拒绝受理，丙银行拒绝受理A厂的提示付款请求是正确的。（　　）

10.商业汇票的付款期限记载包括定日付款、出票后定期付款和见票后定期付款3种形式。（　　）

三、案例分析题

判断题

1.甲企业从乙企业购进一批商品，价款为100万元。甲企业开出一张由甲企业为出票人和付款人、乙企业为收款人、付款期限为6个月的商业承兑汇票，同时丙企业为该汇票提供了担保，保证甲企业到期承兑该汇票。付款期满后，由于甲企业发生财务困难，无款可付，乙企业要求丙企业支付该款，但丙企业拒绝付款。

问题：丙企业是否要付该笔款项？为什么？

2.甲公司与乙公司签订一份商品购销合同，货款200 000元，增值税26 000元。乙公司签发了一张面值226 000元的普通支票（已划线）给甲公司。甲公司持支票到银行办理兑现时，银行发现乙公司的银行存款只有1 000元，后经查乙公司应收另一家公司的货款尚未到账，造成存款不足，以至无法支付甲公司的货款。

问题：乙公司是否应承担法律责任？应承担哪些法律责任？

3.甲公司因采购钢材，向乙公司开具了由该公司开户银行签发的150万元的银行汇票一张，由于钢材价格上涨，实际结算金额为180万元。该汇票的签章为甲公司公章，出票日期为“3月20日”。乙公司接受汇票后，到付款银行提示承兑，付款银行拒绝了此笔承兑。于是，乙公司与甲公司协商，将实际结算金额更改为150万元，剩余款项日后支付。当乙公司将更改后的票据提交付款银行承兑时，付款银行仍然拒绝了乙公司的承兑要求。

问题：

（1）指出上述票据填写不符合要求的地方，并说明理由。

（2）付款银行两次拒绝承兑的行为是否正确？为什么？

4.甲公司2021年3月发生如下相关业务：

3月3日，向乙公司购买一批货物，向银行申请“现金银行汇票”用于结算货款。

3月7日，与丙公司签订一份彩电购销合同。该合同规定：由丙公司在10日内向甲公司提供彩电100台，共计货款20万元。双方约定以银行汇票进行支付。3月15日，丙公司将100台彩电交付甲公司，甲公司遂向其开户银行申请签发银行汇票。3月20日，甲公司开户银行发出了出票人、付款人为该开户行，收款人为丙公司，票面金额20万元，付款期限为6个月的银行汇票。但由于疏忽，银行工作人员未记载出票日期。甲公司将该汇票和解讫通知交付丙公司。此后，丙公司又将该汇票背书转让给丁公司。9月4日，丁公司持该汇票向代理付款银行提示付款。

3月22日，将工会经费存入其在某商业银行的专用账户。9月30日，因为企业职工运动会从该账户中提取现金8 000元。

问题：

（1）甲公司签发的银行汇票是否正确？并说明理由。

（2）甲公司开户银行签发的汇票是否有效？为什么？

（3）甲公司开户银行关于提示付款期限的约定是否有效？为什么？对于丁公司提示的银行汇票，代理付款银行应如何处理？

（4）甲公司开设的专用存款账户是否符合规定？为什么？

案例分析题

第八章　财政法律制度

学习目标

- 了解预算法律制度的构成、国家预算的概念与作用及预算管理的职权划分，掌握国家预算的级次与构成。
- 掌握预算的编制、审批、执行和调整程序，以及决算和预决算的监督。
- 了解政府采购法律制度的构成，掌握政府采购的概念、原则和执行模式，以及政府采购的方式及其选择。
- 了解国库集中收付制度的概念和特征，掌握国库单一账户体系以及财政收入收缴与财政支出支付的方式和程序。

第一节　预算法律制度

一、预算法律制度的构成

预算法律制度是指国家经过法定程序制定的，用以调整国家预算关系的法律、行政法规和相关的规章制度。我国预算法律制度由《中华人民共和国预算法》（以下简称《预算法》）、《中华人民共和国预算法实施条例》（以下简称《预算法实施条例》）以及有关国家预算管理的其他法规制度构成。

（一）《预算法》

《预算法》是我国第一部财政基本法律，是我国国家预算管理工作的根本法律，是制定其他预算法规的基本依据。《预算法》于1994年3月22日第八届全国人民代表大会第二次会议通过，自1995年1月1日起施行。该法于2014年8月31日第十二届全国人民代表大会常务委员会第十次会议第一次修正、2018年12月19日第十三届全国人民代表大会常务委员会第七次会议第二次修正，包括总则、预算管理职权、预算收支范围、预算编制、预算审查和批准、预算执行、预算调整、决算、监督、法律责任、附则，共11章101条。

（二）《预算法实施条例》

为了贯彻实施《预算法》，为预算及其监督提供更为具体明确的行为准则，国务院于1995年11月22日发布实施《预算法实施条例》。该条例于2020年8月3日修订，包括总则、预算收支范围、预算编制、预算执行、决算、监督、法律责任和附则，共8章97条。该条例是根据《预算法》确立的基本原则和规定，对其中的有关法律概念以及预算管理的方法和程序做了具体规定。

二、国家预算

（一）国家预算的编制原则

国家预算是经法定程序批准的国家年度财政收支计划，是实现财政职能的基本手段，反映国家的施政方针和社会经济政策，规定政府活动的范围和方向。我国国家预算是具有法律效力的基本财政计划，是国家为了实现政治经济任务，有计划地集中和分配财政收入的重要工具，是国家经济政策的反映。现实中，国家预算的编制必须遵循一定的原则，主要包括：

1. 公开性

国家预算反映政府的活动范围、方向和政策，与全体公民的切身利益息息相关，因此国家预算及其执行情况必须采取一定的形式公开，为公众所了解并置于公众的监督下。

2. 可靠性

每一收支项目的数据指标必须运用科学的方法，依据充分确定的资料，并总结出规律性，进行计算，不得假定或估算，更不能任意编造。

3. 完整性

应列入国家预算的一切财政收支都要列在预算中，不得打埋伏、造假账、预算外另列预算。国家允许的预算外收支，也应在预算中有所反映。

4. 统一性

虽然一级政府设立一级预算，但所有地方预算连同中央预算一起共同组成统一的国家预算。因此，要求设立统一的预算科目，每个科目都应按统一的口径、程序计算和填列。

5. 年度性

政府必须按照法定预算年度编制国家预算，这一预算要反映全年的财政收支活动，同时不允许将不属于本年度财政收支的内容列入本年度的国家预算之中。

上述预算原则是就一般意义而言的，不是绝对的。一个国家的预算原则一般是依据预算本身的属性，并与本国的经济实践相结合，通过制定预算法来体现。

（二）国家预算的作用

国家预算作为财政分配和宏观调控的主要手段，具有分配、调控和监督职能。国家预算的作用是国家预算职能在经济生活中的具体体现，具有以下3个方面的作用：

1. 财力保证作用

国家预算既是保障国家机器运转的物质条件，又是政府实施各项社会经济政策的有效保证。

2. 调节制约作用

国家预算作为国家的基本财政计划，是国家财政实行宏观调控的主要依据和手段。国家预算的收支规模可调节社会总供给和总需求的平衡，预算支出的结构可调节国民经济结构，因而国家预算的编制与执行情况对国民经济和社会发展都有直接的制约作用。

3. 反映监督作用

国家预算是国民经济的综合反映，预算收入反映国民经济发展规模和经济效益水平，预算支出反映各项事业发展的基本情况。因此，通过国家预算的编制和执行便于掌握国民经济的运行状况、发展趋势以及出现的问题，从而采取对策措施，促进国民经济稳定协调发展。

（三）国家预算的级次和内容

1. 预算级次

我国国家预算实行一级政府一级财政，每级财政都建立一级总预算。目前，我国国家预算设以下5级预算：中央预算；省、自治区、直辖市预算；设区的市、自治州预算；县、自治县、不设区的市、市辖区预算；乡、民族乡、镇预算。

2. 预算内容

预算由预算收入和预算支出组成。政府的全部收入和支出都应当纳入预算。国家预算包括：

（1）一般公共预算。一般公共预算是对以税收为主体的财政收入，安排用于保障和改善民生、推动经济社会发展、维护国家安全、维持国家机构正常运转等方面的收支预算。

（2）政府性基金预算。政府性基金预算是对依照法律、行政法规的规定在一定期限内向特定对象征收、收取或者以其他方式筹集的资金，专项用于特定公共事业发展的收支预算。政府性基金预算应当根据基金项目收入情况和实际支出需要，按基金项目编制，做到以收定支。

（3）国有资本经营预算。国有资本经营预算是对国有资本收益做出支出安排的收支预算。国有资本经营预算应当按照收支平衡的原则编制，不列赤字，并安排资金调入一般公共预算。

（4）社会保险基金预算。社会保险基金预算是对社会保险缴款、一般公共预算安排和其他方式筹集的资金，专项用于社会保险的收支预算。社会保险基金预算应当按照统筹层次和社会保险项目分别编制，做到收支平衡。

根据《预算法》的规定，一般公共预算、政府性基金预算、国有资本经营预算、社会保险基金预算应当保持完整、独立。政府性基金预算、国有资本经营预算、社会保险基金预算应当与一般公共预算相衔接。

（四）国家预算的构成

根据政府层次不同，国家预算分为中央预算和地方预算；根据预算对象不同，国家预算分为总预算和部门单位预算。上述预算共同构成了我国国家预算体系。

1. 中央预算

中央预算由中央各部门（含直属单位，下同）的预算和中央对地方的税收返还、转移支付预算组成。其中，预算收入包括中央本级收入和地方向中央上解收入；预算支出包括中央本级支出、中央对地方的税收返还和转移支付。

2. 地方预算

地方预算由各省、自治区、直辖市总预算组成，包括本级各部门（含直属单位，下同）的预算和税收返还、转移支付预算。其中，预算收入包括地方本级收入、上级政府对本级政府的税收返还和转移支付、下级政府的上解收入；预算支出包括地方本级支出、对上级政府的上解支出、对下级政府的税收返还和转移支付。

3. 总预算

总预算由本级政府预算和汇总的下一级总预算组成。没有下一级预算的，总预算即指本级预算。地方各级总预算由本级政府预算和汇总的下一级总预算组成。下一级只有本级预算的，下一级总预算即指下一级的本级预算。

4.部门单位预算

各部门预算由本部门所属各单位预算组成。单位预算是指列入部门预算的国家机关、社会团体和其他单位的收支预算。

三、预算管理的职权

（一）各级人民代表大会及其常务委员会的职权

1.全国人民代表大会及其常务委员会的职权

全国人民代表大会审查中央和地方预算草案及中央和地方预算执行情况的报告；批准中央预算和中央预算执行情况的报告；改变或者撤销全国人民代表大会常务委员会关于预算、决算的不适当的决议。

全国人民代表大会常务委员会监督中央和地方预算的执行；审查和批准中央预算的调整方案；审查和批准中央决算；撤销国务院制定的同宪法、法律相抵触的关于预算、决算的行政法规、决定和命令；撤销省、自治区、直辖市人民代表大会及其常务委员会制定的同宪法、法律和行政法规相抵触的关于预算、决算的地方性法规和决议。

【随堂测】（单选题）根据我国《预算法》的规定，下列机构中负责审查和批准中央预算的是（　　）。

A.全国人民代表大会　　B.国务院

C.全国人民代表大会常务委员会　　D.财政部

2.地方各级人民代表大会及其常务委员会的职权

县级以上地方各级人民代表大会审查本级总预算草案及本级总预算执行情况的报告；批准本级预算和本级预算执行情况的报告；改变或者撤销本级人民代表大会常务委员会关于预算、决算的不适当的决议；撤销本级政府关于预算、决算的不适当的决定和命令。

县级以上地方各级人民代表大会常务委员会监督本级总预算的执行；审查和批准本级预算的调整方案；审查和批准本级决算；撤销本级政府和下一级人民代表大会及其常务委员会关于预算、决算的不适当的决定、命令和决议。

乡、民族乡、镇的人民代表大会审查和批准本级预算和本级预算执行情况的报告；监督本级预算的执行；审查和批准本级预算的调整方案；审查和批准本级决算；撤销本级政府关于预算、决算的不适当的决定和命令。

（二）各级财政部门的职权

1.国务院和国务院财政部门的职权

国务院负责编制中央预算、决算草案；向全国人民代表大会做关于中央和地方预算草案的报告；将省、自治区、直辖市政府报送备案的预算汇总后报全国人民代表大会常务委员会备案；组织中央和地方预算的执行；决定中央预算预备费的动用；编制中央预算调整方案；监督中央各部门和地方政府的预算执行；改变或者撤销中央各部门和地方政府关于预算、决算的不适当的决定、命令；向全国人民代表大会、全国人民代表大会常务委员会报告中央和地方预算的执行情况。

国务院财政部负责具体编制中央预算、决算草案；具体组织中央和地方预算的执行；

提出中央预算预备费动用方案；具体编制中央预算的调整方案；定期向国务院报告中央和地方预算的执行情况。

2.地方各级政府财政部门的职权

县级以上地方各级政府负责编制本级预算、决算草案；向本级人民代表大会做关于本级总预算草案的报告；将下一级政府报送备案的预算汇总后报本级人民代表大会常务委员会备案；组织本级总预算的执行；决定本级预算预备费的动用；编制本级预算的调整方案；监督本级各部门和下级政府的预算执行；改变或者撤销本级各部门和下级政府关于预算、决算的不适当的决定、命令；向本级人民代表大会、本级人民代表大会常务委员会报告本级总预算的执行情况。

乡、民族乡、镇政府编制本级预算、决算草案；向本级人民代表大会做关于本级预算草案的报告；组织本级预算的执行；决定本级预算预备费的动用；编制本级预算的调整方案；向本级人民代表大会报告本级预算的执行情况。经省、自治区、直辖市政府批准，乡、民族乡、镇本级预算草案、预算调整方案、决算草案，可以由上一级政府代编，并依法报乡、民族乡、镇的人民代表大会审查和批准。

地方各级政府财政部门负责具体编制本级预算、决算草案；具体组织本级总预算的执行；提出本级预算预备费动用方案；具体编制本级预算的调整方案；定期向本级政府和上一级政府财政部门报告本级总预算的执行情况。

（三）各部门、各单位的职权

1.各部门的职权

各部门具体负责编制本部门预算、决算草案；组织和监督本部门预算的执行；定期向本级政府财政部门报告预算的执行情况。

2.各单位的职权

各单位负责编制本单位预算、决算草案；按照国家规定上缴预算收入，安排预算支出，并接受国家有关部门的监督。

四、预算收入与预算支出

（一）预算收入

微课

税收与预算收入

预算收入是指在预算年度内通过一定的形式和程序，有计划地筹集的归国家支配的资金，是实现国家职能的财力保证。

从来源上看，一般公共预算收入包括税收收入、行政事业性收费收入、国有资源（资产）有偿使用收入、转移性收入、其他收入。其中，行政事业性收费收入是指国家机关、事业单位等依照法律法规规定，按照国务院规定的程序批准，在实施社会公共管理以及在向公民、法人和其他组织提供特定公共服务过程中，按照规定标准向特定对象收取费用形成的收入。国有资源（资产）有偿使用收入是指矿藏、水流、海域、无居民海岛以及法律规定属于国家所有的森林、草原等国有资源有偿使用收入，按照规定纳入一般公共预算管理的国有资产收入等。转移性收入是指上级税收返还和转移支付、下级上解收入、调入资金以及按照财政部规定列入转移性收入的无隶属关系政府的无偿援助。

从归属上看，预算收入划分为中央预算收入、地方预算收入、中央和地方预算共享收入。其中，中央预算收入是指按照分税制财政管理体制，纳入中央预算、地方不参与分享的收入，包括中央本级收入和地方按照规定向中央上解的收入；地方预算收入是指按照分税制财政管理体制，纳入地方预算、中央不参与分享的收入，包括地方本级收入、上级政府对本级政府的税收返还和转移支付、下级政府的上解收入；中央和地方预算共享收入是指按照分税制财政管理体制，中央预算和地方预算对同一税种的收入，按照一定划分标准或者比例分享的收入。

（二）预算支出

预算支出是指国家对集中的预算收入有计划地分配和使用而安排的支出。

什么是分税制

从功能上看，一般公共预算支出包括一般公共服务支出、外交、公共安全、国防支出，农业、环境保护支出，教育、科技、文化、卫生、体育支出，社会保障及就业支出和其他支出。从经济性质上看，一般公共预算支出包括工资福利支出、商品和服务支出、资本性支出和其他支出。

从主体上讲，预算支出划分为中央预算支出和地方预算支出。其中，中央预算支出是指按照分税制财政管理体制，由中央财政承担并列入中央预算的支出，包括中央本级支出和中央返还、中央对地方的税收返还和转移支付；地方预算支出是指按照分税制财政管理体制，由地方财政承担并列入地方预算的支出，包括地方本级支出、对上级政府的上解支出、对下级政府的税收返还和转移支付。

五、预算组织程序

（一）预算的编制

1.预算年度

我国国家预算年度自公历1月1日起至12月31日止。各级政府、各部门、各单位应当按照国务院规定的时间编制预算草案。

2.预算草案的编制依据

各级预算应当根据年度经济社会发展目标、国家宏观调控总体要求和跨年度预算平衡的需要，参考上一年预算执行情况、有关支出绩效评价结果和本年度收支预测，按照规定程序征求各方面意见后，进行编制。

各级政府编制年度预算草案的依据包括：（1）法律、法规；（2）国民经济和社会发展计划、财政中长期计划以及有关的财政经济政策；（3）本级政府的预算管理职权和财政管理体制确定的预算收支范围；（4）上一年度预算执行情况和本年度预算收支变化因素；（5）上级政府对编制本年度预算草案的指示和要求。各级政府依据法定权限做出决定或者制定行政措施，凡涉及增加或者减少财政收入或者支出的，应当在预算批准前提出并在预算草案中做出相应安排。

各部门、各单位编制年度预算草案的依据包括：（1）法律、法规；（2）本级政府的指示和要求以及本级政府财政部门的部署；（3）本部门、本单位的职责、任务和事业发展计划；（4）本部门、本单位的定员定额标准；（5）本部门、本单位上一年度预算执行情况和本年度预算收支变化因素。各部门、各单位应当按照国务院财政部门制定的政府收支分类科目、预算支出标准和要求，以及绩效目标管理等预算编制规定，根据其依法履行职能和事业发展的需要以及存量资产情况，编制本部门、本单位预算草案。

3.预算草案的编制内容

中央预算和地方各级政府预算按照复式预算编制。从预算编制的具体内容来看，中央预算包括：（1）本级预算收入和支出；（2）上一年度结余用于本年度安排的支出；（3）中央对地方的税收返还和转移支付；（4）地方向中央上解的收入。此外，中央财政本年度举借的国内外债务和还本付息数额应当在本级预算中单独列示。地方各级政府预算的编制内容包括：（1）本级预算收入和支出；（2）上一年度结余用于本年度安排的支出；（3）上级政府对本级政府的税收返还和转移支付；（4）对下级政府的税收返还和转移支付；（5）对上级政府的上解支出；（6）下级政府的上解收入。

复式预算与单式预算的区别

编制预算草案的具体事项，由国务院财政部门部署。国务院应当及时下达关于编制下一年度预算草案的通知。各级政府、各部门、各单位应当按照国务院规定的时间编制预算草案。各级预算应当根据年度经济社会发展目标、国家宏观调控总体要求和跨年度预算平衡的需要，参考上一年度预算执行情况、有关支出绩效评价结果和本年度收支预测，按照规定程序征求各方面意见后，进行编制。各级政府依据法定权限做出决定或者制定行政措施，凡涉及增加或者减少财政收入或者支出的，应当在预算批准前提出并在预算草案中做出相应安排。各部门、各单位应当按照国务院财政部门制定的政府收支分类科目、预算支出标准和要求，以及绩效目标管理等预算编制规定，根据其依法履行职能和事业发展的需要以及存量资产情况，编制本部门、本单位预算草案。政府收支分类科目中的收入分为类、款、项、目；政府收支分类科目中的支出按其功能分类分为类、款、项，按其经济性质分类分为类、款。

各级预算收入的编制，应当与经济社会发展水平相适应，与财政政策相衔接。各级政府、各部门、各单位应当依照《预算法》的规定，将所有政府收入全部列入预算，不得隐瞒、少列。各级预算支出的编制，应当贯彻勤俭节约的原则，严格控制各部门、各单位的机关运行经费和楼堂馆所等基本建设支出。各级一般公共预算支出的编制，应当统筹兼顾，在保证基本公共服务合理需要的前提下，优先安排国家确定的重点支出。中央预算和有关地方政府预算中应当安排必要的资金，用于扶助革命老区、民族地区、边疆地区、贫困地区发展经济社会建设事业。各级一般公共预算应当按照本级一般公共预算支出额的1%～3%设置预备费，用于当年预算执行中的自然灾害等突发事件处理增加的支出及其他难以预见的开支。各级一般公共预算按照国务院的规定可以设置预算周转金，用于本级政府调剂预算年度内季节性收支差额；各级一般公共预算按照国务院的规定可以设置预算稳定调节基金，用于弥补以后年度预算资金的不足。各级政府上一年预算的结转资金，应当在下一年用于结转项目的支出；连续两年未用完的结转资金，应当作为结余资金管理。各部门、各单位上一年预算的结转、结余资金按照国务院财政部门的规定办理。

（二）预算的审批

1.人民代表大会审批

中央预算由全国人民代表大会审查和批准，地方各级政府预算由本级人民代表大会审查和批准。国务院财政部门应当在每年全国人民代表大会会议举行的45日前，将中央预算草案的初步方案提交全国人民代表大会财政经济委员会进行初步审查。省、自治区、直辖市政府财政部门应当在本级人民代表大会会议举行的30日前，将本级预算草案的初步方案提交本级人民代表大会有关专门委员会进行初步审查。设区的市、自治州政府财政部门应当在本级人民代表大会会议举行的30日前，将本级预算草案的初步方案提交本级人民代表大会有关专门委员会进行初步审查，或者送交本级人民代表大会常务委员会有关工作机构征求意见。县、自治县、不设区的市、市辖区政府应当在本级人民代表大会会议举行的30日前，将本级预算草案的初步方案提交本级人民代表大会常务委员会进行初步审查。国务院在全国人民代表大会举行会议时，向大会做关于中央和地方预算草案以及中央和地方预算执行情况的报告。地方各级政府在本级人民代表大会举行会议时，向大会做关于总预算草案和总预算执行情况的报告。

2.政府财政部门及各部门的批复

各级政府预算经本级人民代表大会批准后，本级政府财政部门应当在20日内向本级各部门批复预算。各部门应当在接到本级政府财政部门批复的本部门预算后15日内向所属各单位批复预算。

3.预算上报备案

乡、民族乡、镇政府应当及时将经本级人民代表大会批准的本级预算报上一级政府备案。县级以上地方各级政府应当及时将经本级人民代表大会批准的本级预算及下一级政府报送备案的预算汇总，报上一级政府备案。县级以上地方各级政府将下一级政府报送备案的预算汇总后，报本级人民代表大会常务委员会备案。国务院将省、自治区、直辖市政府报送备案的预算汇总后，报全国人民代表大会常务委员会备案。

国务院和县级以上地方各级政府对下一级政府报送备案的预算，认为有同法律、行政法规相抵触或者有其他不适当之处，需要撤销批准预算的决议的，应当提请本级人民代表大会常务委员会审议决定。

（三）预算的执行

1.政府财政部门的任务

什么是预算外资金

预算经本级人民代表大会批准后，按照批准的预算执行。各级预算由本级政府组织执行，具体工作由本级政府财政部门负责。预算执行中，政府财政部门的主要职责：（1）研究和落实财政税收政策措施，支持经济社会健康发展；（2）制定组织预算收入、管理预算支出以及相关财务、会计、内部控制、监督等制度和办法；（3）督促各预算收入征收部门和单位依法履行职责，征缴预算收入；（4）根据年度支出预算和用款计划，合理调度、拨付预算资金，监督各部门、各单位预算资金使用管理情况；（5）统一管理政府债务的举借、支出与偿还，监督债务资金使用情况；（6）指导和监督各部门、各单位建立健全财务制度和会计核算体系，规范账户管理，健全内部控制机制，按照规定使用预算资金；（7）汇总、编报分期的预算执行数据，分析预算执行情况，按照本级人民代表大会常务委员会、本级政府和上一级政府财政部门的要求定期报告预算执行情况，并提出相关政策建议；（8）组织和指导预算资金绩效监控、绩效评价；（9）协调预算收入征收部门和单位、国库以及其他有关部门的业务工作。

预算年度开始后，各级预算草案在本级人民代表大会批准前，可以安排下列支出：（1）上一年度结转的支出；（2）参照上一年同期的预算支出数额安排必须支付的本年度部门基本支出、项目支出，以及对下级政府的转移性支出；（3）法律规定必须履行支付义务的支出，以及用于自然灾害等突发事件处理的支出。

2.预算收入执行

各级财政、税务、海关等预算收入征收部门和单位，必须依照有关法律、行政法规的规定，及时、足额征收应征的预算收入，按照财政管理体制的规定及时将预算收入缴入中央国库和地方国库，不得截留、占用、挪用或者拖欠。对于法律有明确规定或者经国务院批准的特定专用资金，可以依照国务院的规定设立财政专户。不得违反法律、行政法规规定，多征、提前征收或者减征、免征、缓征应征的预算收入，不得截留、占用或者挪用预算收入。各级政府不得向预算收入征收部门和单位下达收入指标。

3.预算支出执行

各级政府财政部门依照法律、行政法规和国务院财政部门的规定，及时、足额地拨付预算支出资金，加强对预算支出的管理和监督。各级政府财政部门应当加强对预算资金拨付的管理，并遵循下列原则：(1) 按照预算拨付，即按照批准的年度预算和用款计划拨付资金。除《预算法》第五十四条规定的在预算草案批准前可以安排支出的情形外，不得办理无预算、无用款计划、超预算或者超计划的资金拨付，不得擅自改变支出用途。(2) 按照规定的预算级次和程序拨付，即根据用款单位的申请，按照用款单位的预算级次、审定的用款计划和财政部门规定的预算资金拨付程序拨付资金。(3) 按照进度拨付，即根据用款单位的实际用款进度拨付资金。

各级政府、各部门、各单位应当加强对预算支出的管理，严格执行预算，遵守财政制度，强化预算约束，不得擅自扩大支出范围、提高开支标准；严格按照预算规定的支出用途使用资金，合理安排支出进度。

4.国库的设置与管理

国库是办理预算收入的收纳、划分、留解、退付和库款支拨的专门机构，分为中央国库和地方国库。县级以上各级预算必须设立国库；具备条件的乡、民族乡、镇也应当设立国库。中央国库业务由中国人民银行经理，地方国库业务依照国务院的有关规定办理。

各级国库应当按照国家有关规定，及时准确地办理预算收入的收纳、划分、留解、退付和预算支出的拨付。各级国库库款的支配权属于本级政府财政部门。除法律、行政法规另有规定外，未经本级政府财政部门同意，任何部门、单位和个人都无权冻结、动用国库库款或者以其他方式支配已入国库的库款。各级政府应当加强对本级国库的管理和监督，按照国务院的规定完善国库现金管理，合理调节国库资金余额。

已经缴入国库的资金，依照法律、行政法规的规定或者国务院的决定需要退付的，各级政府财政部门或者其授权的机构应当及时办理退付。按照规定应当由财政支出安排的事项，不得用退库处理。

国家实行国库集中收缴和集中支付制度，对政府全部收入和支出实行国库集中收付管理。

什么是国库

（四）预算的调整

预算调整是指经全国人民代表大会批准的中央预算和经地方各级人民代表大会批准的地方各级预算，在执行中因特殊情况需要增加支出或者减少收入，使原批准的收支平衡的预算的总支出超过总收入，或者使原批准的预算中举借债务的数额增加的部分变更。《预算法》规定，经全国人民代表大会批准的中央预算和经地方各级人民代表大会批准的地方各级预算，在执行中出现下列情况之一的，应当进行预算调整：（1）需要增加或者减少预算总支出的；（2）需要调入预算稳定调节基金的；（3）需要调减预算安排的重点支出数额的；（4）需要增加举借债务数额的。

在预算执行中，各级政府一般不制定新的增加财政收入或者支出的政策和措施，也不制定减少财政收入的政策和措施；必须做出并需要进行预算调整的，应当在预算调整方案中做出安排。预算调整方案由政府财政部门负责具体编制。预算调整方案应当说明预算调整的理由、项目和数额。由于发生自然灾害等突发事件，必须及时增加预算支出的，应当先动支预备费；预备费不足支出的，各级政府可以先安排支出，属于预算调整的，列入预算调整方案。

中央预算的调整方案应当提请全国人民代表大会常务委员会审查和批准。县级以上地方各级预算的调整方案应当提请本级人民代表大会常务委员会审查和批准；乡、民族乡、镇预算的调整方案应当提请本级人民代表大会审查和批准。未经批准，不得调整预算。对于违反规定做出的决定，本级人民代表大会、本级人民代表大会常务委员会或上级政府应当责令其改变或者撤销。

六、决算

决算（即《预算法》所称的"决算草案"）是指各级政府、各部门、各单位编制的未经法定程序审查和批准的预算收支和结余的年度执行结果。决算草案由各级政府、各部门、各单位，在每一预算年度终了后按照国务院规定的时间编制。编制决算草案，必须符合法律、行政法规，做到收支真实、数额准确、内容完整、报送及时。各级政府财政部门、各部门、各单位在每一预算年度终了时，应当清理核实全年预算收入、支出数据和往来款项，做好决算数据对账工作。决算各项数据应当以经核实的各级政府、各部门、各单位会计数据为准，不得以估计数据替代，不得弄虚作假。各部门、各单位决算应当列示结转、结余资金。

财政部在每年第四季度部署编制决算草案的原则、要求、方法和报送期限，制发中央各部门决算、地方决算及其他有关决算的报表格式。省、自治区、直辖市政府按照国务院的要求和财政部的部署，结合本地区的具体情况，提出本行政区域编制决算草案的要求。县级以上地方政府财政部门根据财政部的部署和省、自治区、直辖市政府的要求，部署编制本级政府各部门和下级政府决算草案的原则、要求、方法和报送期限，制发本级政府各部门决算、下级政府决算以及其他有关决算的报表格式。地方政府财政部门根据上级政府财政部门的部署，制定本行政区域决算草案和本级各部门决算草案的具体编制办法。各部门根据本级政府财政部门的部署，制定所属各单位决算草案的具体编制办法。各单位应当按照主管部门的布置，认真编制本单位决算草案，在规定期限内上报。

各部门在审核汇总所属各单位决算草案的基础上，连同本部门自身的决算收入和支出数据，汇编成本部门决算草案并附详细说明，经部门负责人签章后，在规定期限内报本级政府财政部门审核。各级预算收入征收部门和单位应当按照财政部门的要求，及时编制收入年报及有关资料并报送财政部门。国务院财政部门编制中央决算草案，经国务院审计部门审计后，报国务院审定，由国务院提请全国人民代表大会常务委员会审查和批准；县级以上地方各级政府财政部门编制本级决算草案，经本级政府审计部门审计后，报本级政府审定，由本级政府提请本级人民代表大会常务委员会审查和批准；乡、民族乡、镇政府编制本级决算草案，提请本级人民代表大会审查和批准。

各级决算经批准后，财政部门应当在20日内向本级各部门批复决算。各部门应当在接到本级政府财政部门批复的本部门决算后15日内向所属单位批复决算。地方各级政府应当将经批准的决算及下一级政府上报备案的决算汇总，报上一级政府备案。县级以上各级政府应当将下一级政府报送备案的决算汇总后，报本级人民代表大会常务委员会备案。国务院和县级以上地方各级政府对下一级政府依照《预算法》第八十一条规定报送备案的决算，认为有同法律、行政法规相抵触或者有其他不适当之处，需要撤销批准该项决算的决议的，应当提请本级人民代表大会常务委员会审议决定；经审议决定撤销的，该下级人民代表大会常务委员会应当责成本级政府依照《预算法》规定重新编制决算草案，提请本级人民代表大会常务委员会审查和批准。

七、监督

（一）各级人民代表大会及其常务委员会的监督

全国人民代表大会及其常务委员会对中央和地方预算、决算进行监督。县级以上地方各级人民代表大会及其常务委员会对本级和下级政府预算、决算进行监督。乡、民族乡、镇人民代表大会对本级预算、决算进行监督。各级人民代表大会和县级以上各级人民代表大会常务委员会有权就预算、决算中的重大事项或者特定问题组织调查，有关的政府、部门、单位和个人应当如实反映情况和提供必要的材料。各级人民代表大会和县级以上各级人民代表大会常务委员会举行会议时，人民代表大会代表或者常务委员会组成人员，依照法律规定程序就预算、决算中的有关问题提出询问或者质询，受询问或者受质询的有关的政府或者财政部门必须及时给予答复。

（二）政府的监督

国务院和县级以上地方各级政府应当在每年6月至9月期间向本级人民代表大会常务委员会报告预算执行情况。各级政府监督下级政府的预算执行；下级政府应当定期向上一级政府报告预算执行情况。

各级政府财政部门负责监督本级各部门及其所属各单位预算管理有关工作，并向本级政府和上一级政府财政部门报告预算执行情况。政府各部门负责监督检查所属各单位的预算执行，及时向本级政府财政部门反映本部门预算执行情况，依法纠正违反预算的行为。

（三）审计监督

县级以上政府审计部门依法对预算执行、决算实行审计监督。对预算执行和其他财政收支的审计工作报告应当向社会公开。

（四）社会监督

公民、法人或者其他组织发现有违反《预算法》的行为，可以依法向有关国家机关进行检举、控告。接受检举、控告的国家机关应当依法进行处理，并为检举人、控告人保密。任何单位或者个人不得压制和打击报复检举人、控告人。

第二节　政府采购法律制度

德技兼修

视频

守清廉　莫伸手

一、政府采购法律制度的构成

政府采购法律制度由《中华人民共和国政府采购法》（以下简称《政府采购法》）、政府采购法规、政府采购部门规章、政府采购地方性法规和规章组成，是政府采购管理的制度基础和工作保障，对规范政府采购行为、促进政府采购改革与发展具有重要意义。

（一）政府采购法

为规范政府采购行为，提高政府采购资金的使用效益，维护国家利益和社会公众利益，保护政府采购当事人的合法权益，促进廉政建设，2002年6月29日第九届全国人民代表大会常务委员会第二十八次会议审议通过了《政府采购法》（自2003年1月1日起施行）。2014年8月31日第十二届全国人民代表大会常务委员会第十次会议对该法进行了修正。该法共9章88条，包括总则、政府采购当事人、政府采购方式、政府采购程序、政府采购合同、质疑与投诉、监督检查、法律责任和附则。

（二）政府采购法规

为保证《政府采购法》的顺利实施，国务院于2014年12月31日根据《政府采购法》制定发布了《中华人民共和国政府采购法实施条例》，自2015年3月1日起实施。这是我国为进一步规范国家机关、事业单位和团体组织的政府采购行为，完善政府采购法律制度而发布实施的一部重要行政法规。

（三）政府采购部门规章

政府采购部门规章是为贯彻国家有关法律法规和政府政策，由国务院有关部门制定的一系列规章制度。如财政部作为政府采购监督管理部门，相继制定了《政府采购货物和服务招标投标管理办法》《政府采购信息公告管理办法》等。除财政部外，国家发展和改革委员会等国务院部门也制定了一些政府采购规章制度，对完善政府采购管理发挥了重要作用。

（四）政府采购地方性法规和规章

在政府采购地方性法规和规章建设方面，有的地方通过本级人民代表大会立法颁布实施了本地区的政府采购条例，不少地方以人民政府法规和规章的形式制定了本地区政府采购管理实施办法，绝大部分地方财政部门都结合本地实际，根据《政府采购法》的规定制定了专项管理办法和具体操作规程，使《政府采购法》及其配套规章制度的实施更具有针对性和可操作性。

二、政府采购的概念

所谓政府采购，是指各级国家机关、事业单位和团体组织，使用财政性资金采购依法制定的集中采购目录以内的或者采购限额标准以上的货物、工程和服务的行为。与一般民事采购相比，政府采购具有非营利性、资金来源的财政性或公共性、管理上的规范性和公开性等特点。

（一）政府采购的主体范围

政府采购的主体是依靠国家财政性资金运作的政府机关、事业单位和社会团体等，而所有个人、私人企业和公司均不能成为政府采购的采购方主体。供应商主体却可以是任何有供货条件的个人或企业公司。

（二）政府采购的资金来源

政府采购的资金来源为财政性资金和以财政性资金作为还款来源的借贷资金。其中，财政性资金是指纳入预算管理的资金。这些资金的最终来源为纳税人的税收和政府对公共服务的收费。在财政支出中具体表现为采购支出，即财政支出减去转移支出的余额。

购买性支出和转移性支出

（三）政府集中采购目录和政府采购限额标准

集中采购是政府采购的主要方式之一。集中采购的范围由省级以上人民政府公布的集中采购目录确定。集中采购目录包括集中采购机构采购项目和部门集中采购项目。技术、服务等标准统一，采购人普遍使用的项目，列为集中采购机构采购项目；采购人本部门、本系统基于业务需要有特殊要求，可以统一采购的项目，列为部门集中采购项目。

属于中央预算的政府采购项目，其集中采购目录和采购限额标准由国务院确定并公布；属于地方预算的政府采购项目，其集中采购目录由省、自治区、直辖市人民政府或者其授权的机构根据实际情况，可以确定分别适用于本行政区域省级、设区的市级、县级的集中采购目录和采购限额标准。

（四）政府采购的对象范围

政府采购的对象包括货物、工程和服务。所谓货物，是指各种形态和各类的物品，包括原材料、燃料、设备、产品等；所谓工程，是指建设工程，包括建筑物和构筑物的新建、改建、扩建、装修、拆除、修缮等；所谓服务，是指除货物和工程以外的其他政府采购对象，包括政府自身需要的服务和政府向社会公众提供的公共服务。

三、政府采购的原则

根据《政府采购法》的规定，政府采购应当遵循公开透明、公平竞争、公正和诚实信用4条原则。

（一）公开透明原则

公开透明原则是指政府采购所进行的有关活动都必须公开进行，包括采购数量、质量、规格、要求等都要公开；采购的合同条件、采购过程、采购结果等采购信息要公开；采购活动要逐项做好采购记录以备审查监督；供应商还可对有关活动和程序进行质疑与投诉。只有在阳光下进行的政府采购活动，才能最有效地保证它的合理性，使有关供应商和社会公众了解采购情况，监督采购资金的使用。

（二）公平竞争原则

公平竞争原则是指政府采购要通过公平竞争选择最优的供应商，取得最好的采购效果，所有参加竞争的供应商机会均等并受到同等待遇，不得有任何歧视行为，同时应在程序上保证有利于合同相对方权利的实现。政府采购使用的是财政性资金，只有公平竞争才能保证财政资金的使用效益，也只有公平竞争才能让参与政府采购的供应商信服，维护政府采购在市场上的声誉，有利于引导整个市场形成良性竞争的环境。

（三）公正原则

公正原则是指在公开、公平原则上所取得的结果的公正和整个操作程序与过程的公正。公正原则更主要地体现在确定供应商上，如评标标准明确严格、评标程序的公正、利害关系人的回避制度等。政府采购当事人在采购活动中的地位是平等的，任何一方不得向另一方提出不合理的要求，不得将自己的意志强加给对方。公正原则是建立在公开透明和公平的基础上的，只有公开透明和公平，才能有公正的政府采购的结果。

（四）诚实信用原则

诚实信用原则要求政府采购各方都要诚实守信，不得有欺骗背信的行为，以善意的方式行使权利，尊重他人利益和公共利益，忠实地履行约定义务。

四、政府采购的功能

政府采购具有典型的公共性特征和巨大的市场影响力，不仅是采购公共物品与服务的重要手段，而且是一种有效的政策工具，具有多方面的功能作用。

（一）节约财政支出，提高采购资金的使用效益

这是政府采购的基本功能。政府采购遵循公开透明、公平竞争、公正和诚实信用原则，实行规范的、阳光化的采购，不仅可以使政府得到物美价廉的商品和劳务，大幅度节约支出，降低行政成本，而且可以强化预算约束，减少资金的流通环节，提高资金使用效率。

（二）强化宏观调控

政府可以从社会公共利益出发，按照社会公众的要求，综合考虑政府采购的社会效果和经济效果，通过制定政府采购政策、确立采购对象等，控制公共采购资金的使用，规定优先采购什么、禁止采购什么、向谁采购和由谁采购等一系列政策措施，直接影响供应商的生产和销售行为以及投资选择，促进政府多种社会经济政策的贯彻实施，强化政府宏观调控。

（三）活跃市场经济

购买是市场中一种交易行为。当市场处于低迷时，企业和个人的购买需求不振，政府启动与扩大购买内容和范围，可以激发市场活力，提振经济预期，活跃市场经济。政府采购作为市场的现实需求之一，还可以为技术创新者“创造”一块市场，推动技术创新和新兴产业的成长，促进国民经济的结构优化，实现经济结构转型和升级。

（四）推进反腐倡廉

建立政府采购制度，在政府采购过程中引入招标、投标等竞争机制，在当事人之间建立起相互监督的制约关系，各方将在公平透明的“游戏规则”下为自身利益最大化而展开竞争，从而从制度层面有效地减少采购过程中的权钱交易等腐败现象。

什么是招标

（五）保护民族产业

政府采购原则上应该采购本国产品，担负起保护民族产业的重要职责。尤其是在我国加入世界贸易组织后，面临大量进口产品对民族产业，特别是对汽车、信息等高技术产业形成冲击和压力的情况下，保留政府采购市场暂不对外开放，显然具有重要意义。通过以法律和政策的方式，规定政府采购应该采购本国产品、支持民族产业发展，可以实现保护民族产业的目标。

五、政府采购的执行模式

我国政府采购实行集中采购和分散采购相结合的执行模式。

（一）集中采购

集中采购是指采购人将列入集中采购目录的项目委托集中采购机构代理采购或者进行部门集中采购的行为。按集中程度不同，集中采购又分为政府集中采购和部门集中采购两类。其中，政府集中采购是指采购单位委托政府集中采购机构（公共资源交易中心）组织实施的，纳入集中采购目录以内的属于通用性的项目采购活动；部门集中采购是指由采购单位主管部门统一负责组织实施的、纳入集中采购目录以内的属于本部门或本系统有专业技术等特殊要求的项目采购活动。

（二）分散采购

分散采购是指采购人将采购限额标准以上的未列入集中采购目录的项目自行采购或者委托采购代理机构代理采购的行为。

集中采购与分散采购相比，具有以下主要区别：

第一，采购项目特征不同。列入集中采购的项目往往是一些大宗的、通用性的项目，一般采购单位都会涉及并需要采购，或者是一些社会关注程度较高、影响较大的特定商品、大型工程和重要服务类项目。而列入分散采购的项目往往是一些专业化程度较高或单位有特定需求的项目，一般不具有通用性的特征。

第二，采购执行主体不同。就集中采购而言，采购单位必须委托集中采购机构代理采购，采购单位不得擅自自行组织采购。其中，部门集中采购可以由主管部门统一组织集中采购。而分散采购，采购单位可以依法自行组织实施采购，也可以委托集中采购机构或其他具有政府采购代理资格的社会中介机构代理采购。委托集中采购机构采购的，采购单位不需支付任何采购代理费用；而委托社会中介机构代理采购的，则需要按规定支付一定的采购代理费用。

第三，采购目的和作用不同。集中采购具有采购成本低、操作相对规范和社会影响力大的特点，可以发挥政府采购的规模优势和政策作用，体现政府采购的效益性和公共性原则，也有利于政府的集中监督和对分散采购的良好示范作用。分散采购可以借助单位的技术优势和社会中介机构的专业优势，充分调动单位政府采购的积极性和主动性，提高采购效率。

集中采购和分散采购两者互有优势，相互补充。但同作为一种政府采购行为，采购人或其委托的采购代理机构都必须遵循政府采购的原则，依法组织实施采购活动，并自觉接受同级财政部门和有关监督部门的监督、管理。

六、政府采购当事人

政府采购当事人是指在政府采购活动中享有权利和承担义务的各类主体，包括采购人、供应商和采购代理机构等。

（一）采购人

采购人是指为从事日常的政务活动或为了满足公共服务的目的，利用国家财政性资金和以财政性资金作为还款来源的借贷资金依法采购货物、工程和服务的国家机关、事业单位、团体组织。

采购人在政府采购活动中应当维护国家利益和社会公共利益，公正廉洁，诚实守信，执行政府采购政策，建立政府采购内部管理制度，厉行节约，科学合理确定采购需求。采购人不得向供应商索要或者接受其给予的赠品、回扣或者与采购无关的其他商品、服务。

（二）供应商

供应商是指向采购人提供货物、工程或者服务的法人、其他组织或者自然人。供应商参加政府采购活动应当具备下列条件：具有独立承担民事责任的能力；具有良好的商业信誉和健全的财务会计制度；具有履行合同所必需的设备和专业技术能力；有依法缴纳税金和社会保障资金的良好记录；参加政府采购活动前3年内，在经营活动中没有重大违法记录；法律、行政法规规定的其他条件。

（三）采购代理机构

采购代理机构是指集中采购机构和集中采购机构以外的采购代理机构。其中，集中采购机构是设区的市级以上人民政府依法设立的非营利事业法人，是代理集中采购项目的执行机构，如公共资源交易中心等。集中采购机构应当根据采购人委托制订集中采购项目的实施方案，明确采购规程，组织政府采购活动，不得将集中采购项目转委托。集中采购机构以外的采购代理机构，是从事采购代理业务的社会中介机构。

采购代理机构应当建立完善的政府采购内部监督管理制度，具备开展政府采购业务所需的评审条件和设施。采购代理机构还应当提高确定采购需求，编制招标文件、谈判文件、询价通知书，拟订合同文本和优化采购程序的专业化服务水平，根据采购人委托在规定的时间内及时组织采购人与中标或者成交供应商签订政府采购合同，及时协助采购人对采购项目进行验收。

采购代理机构不得以不正当手段获取政府采购代理业务，不得与采购人、供应商恶意串通操纵政府采购活动。采购代理机构工作人员不得接受采购人或者供应商组织的宴请、旅游、娱乐，不得收受礼品、现金、有价证券等，不得向采购人或者供应商报销应当由个人承担的费用。

【随堂测】（判断题）政府采购当事人包括采购人、供应商、采购代理机构以及政府采购监督管理部门等。（　）

七、政府采购方式

（一）公开招标

公开招标是政府采购的主要采购方式。公开招标与其他采购方式不是并行的关系。公开招标的具体数额标准，属于中央预算的政府采购项目，由国务院规定；属于地方预算的政府采购项目，由省、自治区、直辖市人民政府规定；因特殊情况需要采用公开招标以外的采购方式的，应当在采购活动开始前获得设区的市、自治州以上人民政府采购监督管理部门的批准。采购人不得将应当以公开招标方式采购的货物或者服务化整为零或者以其他任何方式规避公开招标采购。

（二）邀请招标

邀请招标也称选择性招标，由采购人根据供应商或承包商的资信和业绩，选择一定数目的法人或其他组织（不能少于3家），向其发出招标邀请书，邀请他们参加投标竞争，从中选定中标的供应商。符合下列情形之一的货物或者服务，可以采用邀请招标方式采购：第一，具有特殊性，只能从有限范围的供应商处采购的；第二，采用公开招标方式的费用占政府采购项目总价值的比例过大的。

货物或者服务项目采取邀请招标方式采购的，采购人应当从符合相应资格条件的供应商中，通过随机方式选择3家以上的供应商，并向其发出投标邀请书。货物和服务项目实行招标方式采购的，自招标文件开始发出之日起至投标人提交投标文件截止之日止，不得少于20日。在招标采购中，出现下列情形之一的，应予废标：第一，符合专业条件的供应商或者对投标文件做实质响应的供应商不足3家的；第二，出现影响采购公正的违法、违规行为的；第三，投标人的报价均超过采购预算，采购人不能支付的；第四，因重大变故，采购任务取消的。废标后，采购人应当将废标理由通知所有投标人，除采购任务取消情形外，应当重新组织招标；需要采取其他方式采购的，应当在采购活动开始前获得设区的市、自治州以上人民政府采购监督管理部门或者政府有关部门批准。

（三）竞争性谈判

竞争性谈判是指采购人或代理机构通过与多家供应商（不少于3家）进行谈判，最后从中确定中标供应商。符合下列情形之一的货物或者服务，可以采用竞争性谈判方式采购：第一，投标后没有供应商投标或者没有合格标的或者重新招标未能成立的；第二，技术复杂或者性质特殊，不能确定详细规格或者具体要求的；第三，采用招标所需时间不能满足用户紧急需要的；第四，不能事先计算出价格总额的。

采用竞争性谈判方式采购的，应当遵循下列程序：第一，成立谈判小组。谈判小组由采购人的代表和有关专家共3人以上的单数组成，其中专家的人数不得少于成员总数的2/3。第二，制定谈判文件。谈判文件应当明确谈判程序、谈判内容、合同草案的条款以及评定成交的标准等事项。第三，确定邀请参加谈判的供应商名单。谈判小组从符合相应资格条件的供应商名单中确定不少于3家的供应商参加谈判，并向其提供谈判文件。第四，谈判。谈判小组所有成员集中与单一供应商分别进行谈判。在谈判中，谈判的任何一方不得透露与谈判有关的其他供应商的技术资料、价格和其他信息。谈判文件有实质性变动的，谈判小组应当以书面形式通知所有参加谈判的供应商。第五，确定成交供应商。谈判结束后，谈判小组应当要求所有参加谈判的供应商在规定时间内进行最后报价，采购人从谈判小组提出的成交候选人中根据符合采购需求、质量和服务相等且报价最低的原则确定成交供应商，并将结果通知所有参加谈判的未成交的供应商。

（四）单一来源

单一来源采购也称直接采购，是指达到了限额标准和公开招标数额标准，但所购商品的来源渠道单一，或属专利、首次制造、合同追加、原有采购项目的后续扩充和发生了不可预见的紧急情况不能从其他供应商处采购等情况。该采购方式的最主要特点是没有竞争性。符合下列情形之一的货物或者服务，可以采用单一来源方式采购：第一，只能从唯一供应商处采购的；第二，发生了不可预见的紧急情况，不能从其他供应商处采购的；第三，必须保证原有采购项目的一致性或者服务配套的要求，需要继续从原供应商处添购，且添购资金总额不超过原合同采购金额10%的。

采用单一来源方式采购的，采购人与供应商应当遵循《政府采购法》规定的原则，在保证采购项目质量和双方商定合理价格的基础上进行采购。

（五）询价

询价是指采购人向有关供应商发出询价单让其报价，在报价基础上进行比较并确定最优供应商的一种采购方式。采购的货物规格、标准统一、现货货源充足且价格变化幅度小的政府采购项目，可以采用询价方式采购。

采取询价方式采购的，应当遵循下列程序：第一，成立询价小组。询价小组由采购人的代表和有关专家共3人以上的单数组成，其中专家的人数不得少于成员总数的2/3。询价小组应当对采购项目的价格构成和评定成交的标准等事项做出规定。第二，确定被询价的供应商名单。询价小组根据采购需求，从符合相应资格条件的供应商名单中确定不少于3家的供应商，并向其发出询价通知书让其报价。第三，询价。询价小组要求被询价的供应商一次报出不得更改的价格。第四，确定成交供应商。采购人根据符合采购需求、质量和服务相等且报价最低的原则确定成交供应商，并将结果通知所有被询价的未成交的供应商。

八、政府采购的监督检查

（一）政府采购的监督机构

依照法律、行政法规的规定对政府采购负有行政监督职责的政府有关部门，应当按照其职责分工，加强对政府采购活动的监督。审计机关对政府采购进行审计监督。监察机关对参与政府采购活动的国家机关、国家公务员和国家行政机关任命的其他人员实施监察。政府采购监督管理部门对政府采购活动及集中采购机构进行业务监督检查。政府采购监督管理部门、政府采购各当事人的有关政府采购活动，应当接受审计机关的审计监督。任何单位和个人对政府采购活动中的违法行为，有权控告和检举，有关部门、机关依照各自职责及时处理。

（二）政府采购监督管理部门的监督

为确保政府采购合法有序运行，政府采购监督管理部门应当加强对政府采购活动及集中采购机构的监督检查，政府采购当事人应当如实反映情况，提供有关材料。监督检查的主要内容有：第一，有关政府采购的法律、行政法规和规章的执行情况；第二，采购范围、采购方式和采购程序的执行情况；第三，政府采购人员的职业素质和专业技能。为保证政府采购监督管理的公正有效，政府采购监督管理部门不得设置集中采购机构，不得参与政府采购项目的采购活动。采购代理机构与行政机关不得存在隶属关系或者其他利益关系。政府采购监督管理部门对集中采购机构的采购价格、节约资金效果、服务质量、信誉状况、有无违法行为等事项进行考核，并定期如实公布考核结果。

（三）集中采购机构的内部监督

招投标暗箱操作案

集中采购机构应当建立健全内部监督管理制度。采购活动的决策和执行程序应当明确，并相互监督、相互制约。经办采购的人员与负责采购合同审核、验收人员的职责权限应当明确，并相互分离。集中采购机构的采购人员应当具有相应职业素质和专业技能，符合政府采购监督管理部门规定的专业岗位任职要求。集中采购机构对其工作人员应当加强教育和培训，对采购人员的专业水平、工作实绩和职业道德状况定期进行考核。采购人员经考核不合格的，不得继续任职。此外，政府采购项目的采购标准应当公开。采购人按照法律规定的采购方式和采购程序完成采购活动后，应当将采购结果予以公布。任何单位和个人不得违反《政府采购法》的规定，要求采购人或者采购工作人员向其指定的供应商进行采购。

第一节 国库集中收付制度

一、国库集中收付制度概述

国库集中收付制度是指以国库单一账户体系为基础，将所有财政性资金都纳入国库单一账户体系管理，收入直接缴入国库和财政专户，支出通过国库单一账户体系支付到商品和劳务供应商或用款单位的一项国库管理制度。国库集中收付制度是市场经济体制下公共财政的运作基础。世界上绝大多数市场经济国家都实行了国库集中收付制度。

总体来看，国库集中收付制度具有以下3个特征：第一，财政部门在中央银行开设国库单一账户。所有财政资金均纳入国库单一账户运作和管理，收入直接缴入国库，支出由财政部门通过代理银行直接支付到商品或劳务供应商，财政资金不得在国库单一账户体系外运行。第二，财政资金收入收缴和支出方式运作规范。税收收入和非税收入直接缴入银行，并通过银行清算系统及时划入国库单一账户。财政资金的支出实行财政直接支付或财政授权支付，通过代理银行将款项支付到商品和劳务供应商。第三，财政设立专门的国库现金管理和支付执行机构。实行国库单一账户制度的国家，普遍设有不同形式的专门履行财政国库现金管理和支付职能的执行机构。

国际上普遍认为，国库单一账户制度具有3个优越性：第一，可以加快资金的运转速度，提高资金的使用效率；第二，可以对资金的支付实行有效控制，提高资金支付的透明度，防止截留、挤占、挪用财政资金；第三，能够及时、准确、系统地提供预算执行信息，有利于国家对宏观经济进行正确决策。

二、国库单一账户体系

国库单一账户体系是指以财政国库存款账户为核心的各类财政性资金账户的集合，所有财政性资金的收入、支付、存储及资金清算活动均在该账户体系中运行。我国财政国库单一账户体系主要包括国库单一账户、财政部门和预算单位的零余额账户、财政专户、特设专户4类。

国库集中收付制度改革

（一）国库单一账户

财政部门在中央银行开设国库单一账户，用于记录、核算和反映纳入预算管理的财政收入和支出活动，并与财政部门在商业银行开设的零余额账户进行清算，实现资金收缴入库和资金支付。国库单一账户按收入和支出设置分类账，收入账按预算科目进行明细核算，支出账按资金使用性质设立分账册。

（二）财政部门和预算单位零余额账户

财政部门按资金使用性质在商业银行开设零余额账户；在商业银行为预算单位开设零余额账户。财政部门的零余额账户，用于财政直接支付和与国库单一账户支出清算。预算单位的零余额账户，在支出管理中，用于财政授权支付和与国库单一账户清算。

预算单位使用财政性资金，应当按照规定的程序和要求，向财政部门提出设立零余额账户的申请，财政部门同意预算单位开设零余额账户后通知代理银行。代理银行根据规定，具体办理开设预算单位零余额账户业务，并将所开设账户的开户银行名称、账号等详细情况书面报告财政部门和中国人民银行，并由财政部门通知一级预算单位。

预算单位根据财政部门的开户通知，具体办理预留印鉴手续。印鉴卡内容如有变动，预算单位应及时通过一级预算单位向财政部门提出变更申请，办理印鉴卡更换手续。

一个基层预算单位开设一个零余额账户。预算单位零余额账户用于财政授权支付，可以办理转账、提取现金等结算业务，可以向本单位按账户管理规定保留的相应账户划拨工会经费、住房公积金及提租补贴，以及财政部门批准的特殊款项，不得违反规定向本单位其他账户和上级主管单位及所属下级单位账户划拨资金。

（三）财政专户

财政部门在商业银行开设财政专户，按收入和支出设置分类账。财政专户用于记录、核算和反映非税收入的收支活动，用于非税收入资金的日常收支清算。

（四）特设专户

经国务院和省级人民政府批准或授权财政部门开设特殊过渡性专户（以下简称特设专户），用于记录、核算和反映预算单位的特殊专项支出活动，并与国库单一账户清算。

上述4类账户构成了我国的国库单一账户体系。通过建立国库单一账户体系，在建立健全现代化银行支付系统和财政管理信息系统的基础上，逐步实现由国库单一账户核算所有财政性资金收支活动，并通过各部门在商业银行开设的零余额账户处理日常支付和清算业务。

三、财政收入收缴方式和程序

（一）收缴方式

我国财政收入的收缴分为直接缴库和集中汇缴。

直接缴库是指由缴款单位或缴款人按照有关法律法规的规定，直接将应缴收入缴入国库单一账户或预算外资金财政专户。

集中汇缴是指由征收机关（有关法定单位）按照有关法律法规的规定，将所收的应缴收入汇总缴入国库单一账户或预算外资金财政专户。

（二）收缴程序

1.直接缴库程序

直接缴库的税收收入，由纳税人或税务代理人提出纳税申报，经征收机关审核无误后，由纳税人通过开户银行将税款缴入国库单一账户。直接缴库的其他收入，比照上述程序缴入国库单一账户或预算外资金财政专户。

2.集中汇缴程序

小额零散税收和法律另有规定的应缴收入，由征收机关于收缴收入的当日汇总缴入国库单一账户。非税收入中的现金缴款，比照本程序缴入国库单一账户或预算外资金财政专户。

四、财政支出支付方式和程序

财政支出按是否对资源和生产要素形成直接需求的标准分类，可分为购买性支出和转移性支出两大类。根据支付管理的实际需要，将购买性支出和转移性支出具体分为工资支出、购买支出、零星支出和转移支出。

（一）支付方式

按照支付管理实际需要进行分类后，按发出支付令的主体不同，财政支付方式可分为财政直接支付和财政授权支付两种。财政直接支付是由财政部门发出支付令的支付方式；财政授权支付是由预算单位经财政部门授权自行发出支付令的支付方式。

（二）支付程序

1.财政直接支付程序

预算单位按照批复的部门预算和资金使用计划，按照规定程序上报支付申请，由一级预算单位审核汇总后向财政国库支付执行机构提出支付申请，财政国库支付执行机构根据批复的部门预算和资金使用计划及相关要求对支付申请审核无误后，向代理银行签发支付令，同时向中国人民银行国库部门发出支付清算信息。代理银行支付后，通过全国银行清算系统与国库单一账户实时清算，财政资金从国库单一账户划拨到收款人的银行账户。

财政直接支付程序如图8-1所示。

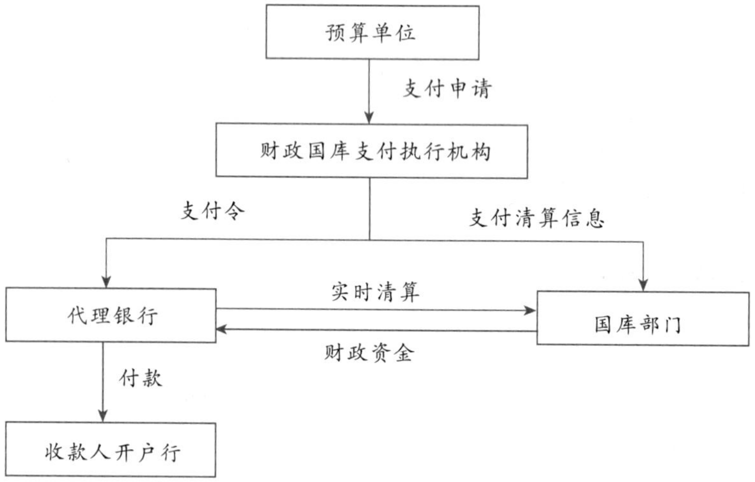

图8-1　财政直接支付程序

2.财政授权支付程序

财政国库支付执行机构根据批复的用款计划，将批准后的财政授权支付额度通知代理银行和预算单位，并通知中国人民银行国库部门。预算单位在月度用款额度内，自行开具支付令送代理银行，代理银行通过国库单一账户体系向收款人付款，并与国库单一账户清算。

财政授权支付程序如图8-2所示。

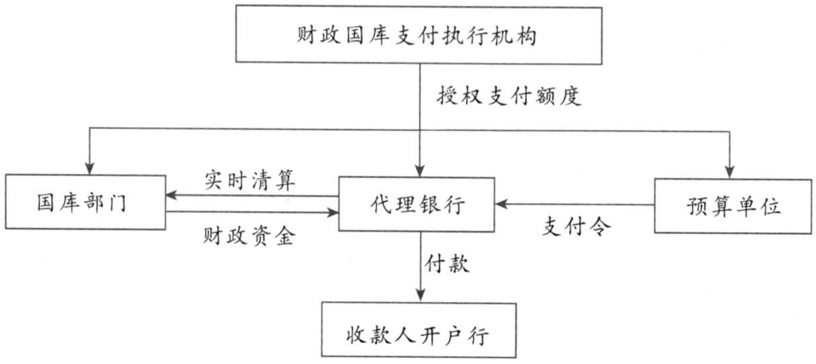

图8-2　财政授权支付程序

思政课堂

“讲诚信、懂规矩、守纪律”是做好财经工作的前提

“讲诚信、懂规矩、守纪律”是习近平总书记2013年8月31日在辽宁考察时提出的，虽然是对领导干部讲的，但这一基本要求对会计人员同样适合。

一是讲诚信。会计人员必须把诚实守信作为起码要求，要光明磊落、襟怀坦白，表里如一、言行一致。只有这样，才会尊重客观事实，实事求是，编制的财务报表才会真实、客观。

二是懂规矩。“不以规矩，不能成方圆”。财经工作者必须懂规矩，懂财经法规，懂会计准则，“哪些事能做、哪些事不能做，哪些事该这样做、哪些事该那样做”，只有严格按照规矩办事，编制的财务报表、提供的信息才可信、可靠。

三是守纪律。财经工作政策性强，财经工作者必须严格遵守财经纪律，“心存敬畏，手握戒尺，‘吾日三省吾身’，使守纪律成为浸在骨子里、融在血液中的自觉修养”，才能在财经工作岗位上行稳致远。

本章小结

国家预算是国家财政发展到一定阶段适应加强财政管理和监督的需要而产生的，具有公开性、可靠性、完整性、统一性和年度性等特征。我国国家预算由中央预算和地方预算组成，设以下5级预算：❶中央预算；❷省、自治区、直辖市预算；❸设区的市、自治州预算；❹县、自治县、不设区的市、市辖区预算；❺乡、民族乡、镇预算。预算的编制、审批、执行、调整，以及决算和预决算的监督都必须遵守《预算法》和《预算法实施条例》及其他相关法规的规定。

政府采购法律制度由《政府采购法》、政府采购法规、政府采购部门规章、政府采购地方性法规和规章组成。政府采购的主体是依靠国家财政资金运作的政府机关、事业单位和社会团体等；政府采购的资金来源为财政性资金和以财政性资金作为还款来源的借贷资金；政府采购的对象包括货物、工程和服务。政府采购实行集中采购和分散采购相结合的执行模式，采购方式包括公开招标、邀请招标、竞争性谈判、单一来源和询价，采购人必须依法选择政府采购方式。

国库集中收付制度是市场经济体制下公共财政的运作基础，我国国库单一账户体系由国库单一账户、财政部门和预算单位零余额账户、财政专户和特设账户组成。为适应我国国库集中收付制度改革的要求，将财政收入的收缴分为直接缴库和集中汇缴，财政支付方式设计为财政直接支付和财政授权支付两种。

本章练习

一、选择题

1.国家预算管理的主体是（　　）。

A.政府　　B.财政　　C.国家　　D.税务

2.根据我国《预算法》的规定，下列机构中负责审查和批准中央预算的是（　　）。

A.全国人民代表大会　　B.国务院

C.全国人民代表大会常务委员会　　D.财政部

3.各级人民代表大会常务委员会的预算管理职权有（　　）。

A.监督权　　B.审批权　　C.撤销权　　D.变更权

4.我国国家预算的级次包括（　　）。

A.中央和地方两级预算　　B.中央、省、市三级预算

C.中央、省、市、县四级预算　　D.中央、省、市、县、乡五级预算

5.各部门、各单位编制年度预算草案的依据有（　　）。

A.法律法规

B.本部门、本单位的职责、任务和事业发展计划

C.本部门、本单位的定员定额标准

D.上级政府对编制本年度预算草案的指示和要求

6.各级预算按收支管理范围分类，可以分为（　　）。

A.总预算　　B.地方预算　　C.部门单位预算　　D.中央预算

7.预算执行包括的环节有（　　）。

A.收入征缴　　B.指标审核　　C.支出资金拨付　　D.预算资金的调整

8.政府采购应采取的主要方式是（　　）。

A.竞争性谈判方式　　B.询价方式　　C.公开招标方式　　D.邀请招标方式

9.政府采购资金不包括（　　）。

A.预算内资金　　B.预算外资金

C.社会捐助资金　　D.与财政资金相配套的单位自筹资金

10.按照不同支付主体，财政支付方式可分为（　　）。

A.财政直接支付　　B.财政工资支付

C.财政转移支付　　D.财政授权支付

选择题

二、判断题

1.国家预算作为财政分配和宏观调控的主要手段，具有分配、调控和监督职能。（　　）

2.总预算是指各级政府将本级政府的年度财政收支计划汇总编成的预算，又称财政总预算。（　　）

3.中央预算和地方各级政府预算，只需要按本年收支预测进行编制。（　　）

4.各级政府预算的具体工作由本级政府负责。（　　）

5.用于政府采购的财政性资金，包括财政预算资金和预算外资金。（　　）

6.政府采购对象中的货物，包括原材料、燃料、设备、产品等。（　　）

7.根据《政府采购法》的规定，我国政府采购实行集中采购和分散采购相结合的执行模式。（　　）

8.政府采购当事人包括采购人、供应商、采购代理机构以及政府采购监督管理部门等。（　　）

9.实行国库集中收付制度后，财政收入的缴库方式包括直接缴库和集中汇缴两种。（　　）

10.小额零散税收和法律另有规定的应缴收入，由征收机关在收缴收入的当天汇总缴入财政专户。（　　）

三、思考题

1.什么是国家预算？国家预算分为哪几级，包括哪些部分？

2.国家预算是由哪些内容构成的？

3.什么是政府采购？政府采购应遵循哪些基本原则？

判断题

4.政府采购有哪些执行模式？政府采购方式有哪些？采购人应如何选择恰当的采购方式？

5.我国国库单一账户体系由哪些账户组成？财政收入的收缴方式和财政支出的支付方式各有哪些？

思考题

主要参考文献

［1］法律出版社法规中心. 财税法律法规全书［M］. 北京：法律出版社，2020.

［2］财政部会计资格评价中心. 经济法基础［M］. 北京：经济科学出版社，2021.

［3］中国注册会计师协会. 税法［M］. 北京：中国财政经济出版社，2021.

［4］梁伟样. 企业纳税实务［M］. 3版.北京：清华大学出版社，2016.

［5］财政部会计司. 企业内部控制规范讲解（2010）［M］. 北京：经济科学出版社，2010.

［6］国家税务总局全面推开营改增督促落实领导小组办公室. 全面推开营改增业务操作指引［M］. 北京：中国税务出版社，2016.

［7］侯永斌，中华会计网校. 经济法基础（应试指南）［M］. 北京：中国商业出版社，2021.

［8］国家税务总局官网：http://www.chinatax.gov.cn/.